中国社会科学院财经战略研究院报告
National Academy of Economic Strategy Report Series

中国公共财政建设报告2014

CHINA PUBLIC FINANCE DEVELOPMENT REPORT 2014

（全国版）

高培勇　张斌　王宁／主编

社会科学文献出版社

SOCIAL SCIENCES ACADEMIC PRESS (CHINA)

出版前言

中国社会科学院财经战略研究院始终提倡"研以致用",坚持"将思想付诸实践"作为立院的根本。按照"国家级学术型智库"的定位,从党和国家的工作大局出发,致力于全局性、战略性、前瞻性、应急性、综合性和长期性经济问题的研究,提供科学、及时、系统和可持续的研究成果,当为中国社会科学院财经战略研究院科研工作的重中之重。

为了全面展示中国社会科学院财经战略研究院的学术影响力和决策影响力,着力推出经得起实践和历史检验的优秀成果,服务于党和国家的科学决策以及经济社会的发展,我们决定出版"中国社会科学院财经战略研究院报告"。

中国社会科学院财经战略研究院报告,由若干类专题研究报告组成。拟分别按年度出版发行,形成可持续的系列,力求达到中国财经战略研究的最高水平。

我们和经济学界以及广大的读者朋友一起瞩望着中国经济改革与发展的未来图景!

中国社会科学院财经战略研究院

学术委员会

2012 年 3 月

《中国公共财政建设报告 2014（全国版）》
课题组名单

主　编	高培勇	张　斌	王　宁		
成　员	杨之刚	夏杰长	杨志勇	马　珺	马蔡琛
	张德勇	冯　静	范建鏋	姜明耀	汤林闽
	付敏杰	苑德宇	何代欣	蒋　震	尚铁力
	王　娜				

序　言

作为一项系列化、常规性研究成果，每年推出《中国公共财政建设报告》，已经成为我们的工作常态。屈指算来，这项工作已经持续8年之久。为了读者阅读、理解的方便，大致交代一下本报告系列的来龙去脉显然是必要的。

（一）

围绕本报告系列的研究工作实际是从2004年起步的。前期的基础性研究大致经历了如下几个阶段：

第一，理论分析，植根于中国的特殊国情，从公共财政概念的界说和演变脉络的梳理入手，构建中国公共财政理论体系。

第二，指标设计，立足于改革与发展，从公共财政制度建设的需要出发，构建中国公共财政建设指标体系。

第三，跟踪考评，着眼于实践层面的决策需要，将指标体系用之于中国公共财政建设的跟踪分析，系统评估中国公共财政建设状况。

第四，修正完善，在持续测度和跟踪考评的基础上，修正刻画因素和评价指标，进一步完善中国公共财政建设指标体系。

作为基础性研究的成果，分别形成了一本研究报告和一本理论专著。

研究报告取名为《为中国公共财政建设勾画"路线图"——重要战略机遇期的公共财政建设》。它立足于中国的现实国情，在全面梳理中国公共财政建设理论研究成果的基础上，以指标体系的形式，系统地勾画了中国公共财政制度建设的基本框架。作为中国社会科学院A类重大课题的研究成果和中国财政政策报告 2006/2007，它于 2006 年向社会发布。

理论专著取名为《中国公共财政建设指标体系研究》。这是我们所承接的国家社会科学基金重点项目（项目批准号：06AJY007）的研究成果。以前一项成果为基础，它着眼于实践的操作，在为中国公共财政建设提供"路线图"和"考评卷"的目标下，从理论与实践的结合上，经过反复验证、不断充实和完善，最终构建了中国公共财政建设指标体系。作为 2011 年入选"国家哲学社会科学成果文库"的重要研究成果，它于 2012 年由社会科学文献出版社出版发行。

可以说，上述的两项基础性研究成果，构成了《中国公共财政建设报告》系列的理论和方法论基础。

（二）

在前期研究成果的基础上，也是基于实践操作的目标定位，我们的研究逐步延伸到跟踪考评阶段——将指标体系用之于中国公共财政建设的跟踪分析。用于考评的数据，可区分为主观和客观两个类别。主观数据，来自全国范围的问卷调查。这项工作，我们委托了专业市场调查机构——北京美兰德信息公司。客观数据，则来自《中国统计年鉴》、《中国财政年鉴》、《中国卫生统计年鉴》、《中国环境统计年鉴》、《中国会计年鉴》、《中国能源统计年鉴》、《中国教育经费统计年鉴》、《中国固定资产投资统计年鉴》、《中国县（市）社会经济统计年鉴》和《中国劳动统计年鉴》等各种公开出版的权威资料。

根据这些数据和考评结果，从 2007 年起，我们推出了《中国公共财政建设报告（全国版）》。后来，又以此为基础，增加了《中国公共财政建设报告（地方版）》。两个版本互为补充，彼此对应，构成了全面反映中国公共财政建设进程的系列图景。

读者眼前的这本《中国公共财政建设报告 2014（全国版）》，就是我们推出的第八本全国版报告。

（三）

对中国公共财政建设状况进行定量评价最大的难点，在于客观指标打分标准的确定。我们选择采用的方法是：

第一，将原始得分 0～1 设为标准值，如监督抽查产品的合格率、工业废水达标排放率等指标。

第二，将该指标的历史极值作为标准值，如预算外收入占政府收入的比重，我们以 1978 年以来预算外收入占政府收入的比重最高值 52.53%（1992 年）作为 0 分的标准值。

第三，以典型市场经济国家的同类指标值作为标准值，如社会保险基金收入占 GDP 的比重、个人所得税占税收收入的比重等，我们以 OECD 国家的平均值作为打分的标准值。

第四，采用已有研究成果和判断作为标准值，如赤字率、国债相对规模、中央财政收入比重合理度等指标。

第五，以政策性文件提出的目标为标准值，如单位 GDP 能耗，我们将"十二五"规划纲要中提出的目标值作为满分的标准值。

由于打分标准值对指标的得分有较大影响，在不断完善打分标准的同时，我们对 8 个年度的各指标努力采用统一的打分标准进行评价。其目的，在于保证同一指标年度之间的可比性，刻画各层级指标年度间的动态变化，尽可能充分地反映中国公共财政建设的进程。

尽管我们已经尽力对指标体系进行完善，但受到数据可获得性和打分标准难以确定等方面因素的制约，仍有许多纳入指标体系的指标无法进行定量评价。对于它们，我们采取的做法是，暂且将其设为参考指标，有相关原始数据的尽量列出原始数据，未来具备条件时再进行定量评价。

（四）

在赋予财政和财税体制全新定位的同时，中共十八届三中全会第一次以现代财政制度标识新一轮财税体制改革的目标。从而，将财政和财税体制作为国家治理的基础性和支撑性要素与国家治理紧密对接，并且作为国家治理体系的一个重要组成部分，纳入到国家治理现代化的进程之中。

这是一个非常重要的转折点。如果说公共财政制度建设意在凸显财税体制的属性特征，瞩意于性质对接——只有公共财政性质的财税体制而非其他别的什么方面性质的财税体制，才是可以与社会主义市场经济体制相适应的，那么，现代财政制度则意在凸显财税体制的时代特征，瞩意于现代文明对接——只有跟上人类文明发展进程的现代化财税体制而非其他别的什么方面特点的财税体制，才是可以与国家治理的现代化相匹配的。这实际上意味着，公共财政制度与现代财政制度如同一枚硬币的两个方面，前者对应市场经济体制，以属性特征标识财税体制改革目标，表述为公共财政制度。后者则对应国家治理现代化，以时代特征标识财税体制改革目标，表述为现代财政制度。因而，两者实质是具有一脉相承关系的统一体。它表明，从 1998 年正式开始的中国公共财政建设进程，步入了一个新的历史阶段。

由此可以获得的一个重要启示是，在既有公共财政制度进程的基础上，将属性特征和时代特征融为一体，并且，从现代财政文明出发，进一步强化时代特征，是中国公共财政建设新阶段提交给我们的新任务。这不仅要求我们根据新任务不断完善中国公共财政建设指标体系，而且驱使我们根据新任务继续推进中国公共财政建设跟踪分析。也正是基于如此的认识，在这样的背景下，我们决定，从今年起，在国家治理现代化的框架下，启动中国公共财政建设指标体系修订工作，以期进一步完善中国公共财政建设的跟踪分析。

也正因为如此，在本报告正式付梓之时，我们特别想表达的一个意思是，正如中国公共财政建设的目标，需要我们以渐进的方式去逐步逼近一样，对于中国公共财政建设状况的跟踪分析，也要有一个渐进的过程。应当说，尽管经历了长达 10 年的持续研究和连续 8 年的跟踪分析，这本《中国公共财政建设报告 2014（全国版）》，仍只能算是一个靶子，错漏之处仍旧难免。它需要在尽可能多的人的参与和关注中不断获得新的提升。

（五）

在本报告系列的选题、立项、调研、写作和修订过程中，刘仲藜先生、项怀诚先生、金人庆先生、谢旭人先生、许善达先生、王军先生、张少春先生、王保安先生、王传纶教授、陈佳贵研究员、李扬研究员、何振一研究员、杜萌昆研究员、李茂生研究员、安体富教授等多位领导同志和学界前辈给予了我们多方面的指导、帮助和支持。他们的指导、帮助和支持，是支撑我们完成此项研究的重要条件。

在本报告系列全国范围的问卷调查工作中，北京美兰德信息公司周江先生、白雪峰先生、杜军峰先生和饶印莎女士做了大量的工作。中国人民大学团委唐杰老师也承担了部分调查以及相关的组织工作。他们的辛勤付出，是确保我们在科学的前提下完成此项研究的重要基础。

借此机会，谨向他们致以深深的谢意！

为中国公共财政建设提供"路线图"和"考评卷"，全面而系统地推进中国公共财政建设进程，是我们从事此项研究的梦想与追求。热切地期待着对我们这项研究有兴趣或愿意提供意见的各界朋友，分享我们的梦想和追求。希望能借着大家的帮助和参与，使我们的工作做得更充实，更成功。

高培勇

2014 年 11 月 9 日

目 录

图表目录

1. 中国公共财政建设指标体系：框架说明

1.1 指标体系的设计原则

1.1.1 指标体系设计的基本原则

中国当前的公共财政建设是在现阶段中国现实国情约束下进行的、以公共化为取向的财政制度变革和财政职能调整。刻画、判断、评价中国财政公共化进程的指标体系既要有扎实的理论基础，可以准确地体现公共财政的基本特征；又必须有现实基础，能够充分反映中国作为处于经济转轨阶段的发展中大国的具体国情；而且还需要获得相关数据和技术手段的支持。因此，在设计指标体系的过程中，我们主要遵循了以下原则。

1. 互补性原则

互补性原则是综合评价理论中设计指标体系的重要原则。在每一门学科的理论研究中，基本上都存在着对同一问题或现象，有不同的解释的情况。也就是说，不同的研究者，对同一系统或现象，经常有不同的见解或观点，从而建立了许多不同的甚至矛盾的理论。互补性就是在综合评价时处理理论差异的基本原则。

狭义互补性模型最早是丹麦著名学者、量子物理学创始人玻尔于1927年针对光的波粒二重性问题提出的，该模型认为，关于同一客观现象的相互矛盾、相互对立、得此失彼的两种认知理论，是相互补充、相互联系共同来完整地解释该现象所必需的。

互补性原理说明公共财政理论研究中存在的种种争论，并不构成设计公共财政建设指标体系的障碍。相反，综合评价技术恰恰是通过对不同理论观点进行互补性分析来构建完整、全面的指标体系的。

2. 动态化原则

公共财政是以满足社会公共需要为主旨的制度安排，而在经济社会发展的不同阶段，社会公共需要的具体内容和范围是发展变化的。中国的公共财政建设及其指标体系也应当是具有中国特色，随着经济社会进步而不断发展、演变的。

3. 可持续性原则

要反映财政公共化的动态过程，指标体系应当在反映现实的基础上，具有前瞻性和可持续性。在具体指标及权重调整的前提下，我们希望指标体系的基本框架能够在较长的时期内保持稳定。

1.1.2　指标体系设计的技术原则

根据综合评价技术的要求，结合指标体系设计的基本原则，在具体指标的筛选过程中，我们主要遵循了以下原则。

1. 相关性

公共财政建设指标体系的中心任务是描述、判断、评价中国财政的公共化进程，而不是评价财政制度的运行状况及效率，因此公共化程度的测度是指标体系的核心任务。基于这种认识，在选择具体指标时，我们着重筛选与公共化相关的指标，而不是面面俱到。

2. 完整性

公共财政指标体系所涉及的指标应尽可能反映财政公共化进程的主要方面，避免重大遗漏。指标的完整性是对多系统、多层次综合评价的基本要求。

3. 重要性

在相关性、完整性的基础上，应区分反映对象的重要程度来选择具体指标，对于那些特别关键和重要的特征应根据重要性原则进行详尽的测度和反映；对于那些必要但不太重要的指标则进行相对简略的测度。

4. 独立性

选出的指标应尽可能相互独立，不同的指标要评价公共化进程的不同方面，避免重复评价。

5. 精确性

所选指标在评价内容的度量上要具有精确性，客观指标的定义要准确、数据来源可靠。主观性指标的取得要符合综合评价技术的要求，评价方法科学。

6. 可比性

可比性原则首先是指所有评价对象的各评价因素或指标的数据信息，必须是可比的。为此，要求数据的来源、计算方法、统计口径、时间等方面具有一致性。

可比性原则还包括选择评价因素时，应选择评价对象之间在该因素方面具有差异性的指标。无差异性的评价因素对不同评价对象来讲，不具有可比性。

7. 经济性

指标的选取要考虑现实条件及可操作性，数据的获得应符合成本效益原则。在满足评价目标的前提下要减少指标之间的信息重复，选定的指标应包含尽可能大的信息量。

8. 客观性

客观性是指在选择指标时，应充分考虑指标的可监控性，尽可能减少人为因素和主观判断对指标的负面影响。

1.2 指标体系的基本设计思路

1.2.1 评价财政公共化的理论基础

要评价中国财政的公共化进程，首先应明确什么是公共化、如何实现公共化等基本问题。公共财政理论、财政职能理论、制度变迁理论是我们进行公共财政评价的主要理论依据。

1. 公共财政理论

目前，理论界对公共财政的认识有两种基本观点：第一种观点认为满足社会公共需要是公共财政的本质属性，公共财政是以满足社会公共需要为主旨的财政制度安排（高培勇，2000）；第二种观点将公共财政与市场经济联系起来，认为公共财政是为市场提供公共服务的政府分配行为，是社会公众的财政，是与市场经济相适应的财政类型（张馨，1999）。

尽管当前中国财政理论界对公共财政与市场经济的关系仍然存在着不同认识，但抛开理论层面的争论，我们认为，满足社会公共需要是公共财政的本质属性，无论公共财政是否在理论上与市场经济必然联系在一起，中国现实的公共财政建设和公共化进程始终是以市场化改革为背景展开的。如何在经济转轨过程中建立与市场机制相适应的财政体制，在政府与市场分工的大框架下更好地满足社会公共需要是当前中国公共财政建设面临的基本问题。

在这个意义上，就中国公共财政建设实践而言，上述两种理论观点的互补性多于冲突，共同构成了我们评价财政公共化的重要理论基础。

2. 财政职能理论

如果我们把中国的公共财政建设理解为在市场化改革背景下为更好地满足社会公共需要而进行的制度变革，那么在市场经济体制下，社会公共需要与私人个别需要之间的差异就构成了政府与市场分工的基本原则，同时也决定了财政的基本职能。

根据马斯格雷夫对市场经济条件下财政职能的论述，资源配置、收入分配和经济稳定是市场机制无法实现的功能。市场失灵意味着社会成员通过市场分工和交易无法满足其全部需求，无法通过市场满足的需求往往需要通过集体决策来满足，这就构成了社会公共需要的基本内容。在市场经济体制下，财政的公共性在很大程度上是通过履行财政职能的方式得以体现的。

对中国这样一个长期实行计划经济体制的发展中大国而言，除了市场失灵，还存在着由于市场机制不完善形成的市场残缺。在私人物品和服务的生产和分配中，市场残缺与政府越位并存，两者之间存在着错综复杂的相互影响和相互关联的关系。而在财政应当发挥职能的领域，则存在着市场失灵与政府缺位的问题。由于长期以来片面强调经济增长，尤其是GDP 的增长，许多地方政府在公共物品和服务的供给、社会事业发展、自然环境保护等方面存在着严重缺位。

因此，从财政职能的角度来看，中国当前的公共财政建设就是要配合政府职能的调整，解决好"越位"与"缺位"的问题，通过财政职能的调整来更好地满足社会公共需要，体现财政的"公共性"。

3. 制度变迁理论

中国的公共财政建设作为以公共化为取向的财政制度变革，与其他重要的制度变迁一样，是在政府主导下进行的主动、自觉的改革。改革的目标是要反映、体现财政的公共属性，而改革的过程就是财政制度和财政运行的公共化。

根据制度变迁理论，政府主导的制度变迁往往具有明确的改革目标，是从"起点模式"向"目标模式"逼近的过程，这一过程与我们构建公共财政建设"路线图"的思路是一致的。

在制度变迁理论中，某个具体制度的变迁是在其他更为基础的制度框架和制度背景的制约和影响下进行的，其变迁路径和过程受到诸多内外部因素的共同影响。就公共财政建设而言，市场化改革、政治体制改革、社会主义民主法制建设、公民的民主意识和参政议政能力构成了影响财政公共化进程的主要外部因素。

公共财政建设内部则包括了财政制度的公共化和职能绩效的公共化两个层面，如何通过制度安排更好地反映社会成员的公共需要偏好并对多种公共需求偏好进行符合社会利益最大化的排序是财政制度公共化的核心问题；而在公共需求偏好得到有效显示的基础上，如何通过财政职能的调整和财政运行绩效的提高有效率地实现社会成员的公共需求则是职能绩效公共化的主要内容。制度公共化和职能绩效公共化之间的相互作用是推动公共财政建设的两大内部因素。

1.2.2 设计指标体系的三种基本思路

公共财政建设是一个复杂的系统工程，由预算制度、财政收入制度、财政支出制度、公债制度等诸多子系统构成。而财政的公共化进程包括了财政制度和财政职能两个层次的公共化，并受到市场化进程、宪政制度框架、政府职能转变等基础性制度变迁的影响。因此，对公共财政的评价可以从多个角度、多个层面入手，我们认为构建公共财政建设指标体系有三种基本思路。

1. 按照财政制度的子系统构建

构建公共财政建设指标体系最为直接的思路是按照构成公共财政制度框架的各子系统分别构建指标体系。公共财政制度由公共支出制度、公共收入制度、政府预算制度、财政政策制度、社会保障制度、公共财政体制、公共财政管理制度等子系统构成，按照这一思路，公共财政建设指数或财政公共化指数分别由各子系统的公共化指数加权获得。

以财政制度的子系统构建指标体系的优点在于一级指标的设置贴近现实，易于理解，容易被实际工作部门接受。其缺点在于忽视了公共财政各子系统之间的内在关联，无法体现财政公共化的基本内涵和特征。而且，从系统论的观点来看，对系统各部分的评价与对系统本身的评价是两个问题，不能用对系统各组成部分的评价替代对系统本身的评价。

2. 按照财政公共化的影响因素构建

公共财政不仅是一个复杂的系统，也是一个开放的系统，中国的财政公共化进程受到内外部多种因素的共同影响。从外部分析，市场化进程、政治体制改革、社会主义民主法制建设、公民民主意识和参政议政能力的提高等都会对公共财政建设产生重大影响。从内部分析，公共财政制度变革和财政职能的公共化从程序和实体两个层面直接决定了财政的公共化程度。

按照上述影响财政公共化的内部外因素，公共财政建设指标体系可以按照基础性指标、制度建设指标、职能绩效指标的思路来构建。基础性指标反映外部因素变化对财政公共化的影响；制度建设指标反映公共财政制度变革的进展；职能绩效指标则反映财政运行结果的公共化程度。

按照影响因素构建公共财政指标体系的优点是能够明确区分内外部因

素及制度变革与职能调整对财政公共化进程的影响，可以较好地刻画公共财政建设过程中各项因素的作用。其缺点在于无法直观地体现公共财政的特征和要求，而且基础性指标、制度性指标、职能绩效性指标三者之间往往具有密切的关联，在实际操作中清楚划分的难度较大。

3. 按照公共财政的基本特征构建

按照公共财政所具有的基本特征来构建指标体系，有利于发挥公共财政理论对公共财政建设的指导功能，符合理论联系实际、理想与现实相结合的设计原则。而且根据综合评价中的互补性原理，以公共财政的基本特征来构建指标体系也有利于将不同的理论观点进行有机的整合，能够更加全面、准确地反映中国财政公共化的进程。

如前所述，尽管目前理论界对中国公共财政理论的某些方面尚有争论，但在与社会主义市场经济体制相适应的财政制度基本特征方面已经有较为全面、深入的研究。如张馨（1999）认为，从市场经济与公共财政的关系出发，财政公共性的实质是政府与市场的关系问题。公共财政所具有的基本特征和内涵，是在处理它与市场的关系过程中形成的。因此，弥补市场失效、对于市场正常和正当活动一视同仁、非市场营利性、法治化是公共财政的基本特征。

贾康（2005）将公共财政的基本特征概括为四个方面。第一，财政的公共性。公共财政的特征首先是以满足社会公共需要作为财政分配主要的目标和财政工作的重心。第二，财政应该以提供公共物品和服务作为"以财行政"的基本方式，财政系统、财政分配满足社会公共需要的基本方式，就是提供公共物品和公共服务。第三，公共财政要求以公民权利平等、政治权力制衡为前提的规范的公共选择作为决策机制。其实质内容是：理财的民主化、决策的科学化、社会生活的法治化。第四，公共财政在管理运行上必然是以现代意义的具有公开性、透明度、完整性、事前确定、严格执行的预算，作为基本管理制度。

我们认为，任何一个理论框架都不可能完全涵盖研究对象的所有特征，这是互补性原理的认识论基础。因此，综合考虑各理论流派对公共财政的观点，按照互补性原理归纳整合公共财政的基本特征，并以此为基础结合基础环境指标、制度性指标、职能绩效指标等内外部因素的划分来构建公共财政建设指标体系是一种较好的选择。

1.2.3 中国公共财政建设的职能与特征

中国的公共财政建设是一个复杂的系统工程，涵盖了财政制度变革和职能调整的方方面面，应按照怎样的逻辑框架和思路来描述、判断中国现阶段在非典型市场经济国情约束下的公共财政建设进程呢？

我们认为，满足社会公共需要是公共财政的本质属性，而社会公共需要的满足是通过公共财政职能得以实现的。在市场经济体制下，公共财政具有资源配置、收入分配、经济稳定三大职能。由于社会公共需要是不断发展变动的，在不同国家的不同阶段，公共财政这三大职能的具体内容也存在差异。就经济社会发展阶段来看，中国是一个处于经济转轨过程中的发展中大国，经济转轨、发展中国家、经济社会发展不均衡等因素构成了当前中国公共财政建设的基本环境，并对公共财政职能提出了具有中国特色的具体要求。

因此，要全面和系统地描述、判断中国财政的公共化进程，应将公共财政的一般特征与中国当前经济社会发展对财政职能的具体要求结合起来构建指标体系的基本框架。

1. 财政公共化的基本含义

如前所述，我们所理解的公共财政，是以满足社会公共需要为主旨的财政制度安排。公共性是公共财政的核心和本质特征，体现和反映公共性是公共财政制度的目标，而公共化则是由现实逼近公共财政目标的动态过程。

财政的公共化有两层基本含义：一是制度层面所要求的财政决策、执行、监督等财政运行机制的公共化，制度的公共化可以理解为"程序公共化"；二是财政职能的公共化，即财政收支安排的最终结果和绩效能够公平而有效率地满足社会公共需要，财政职能的公共化可以理解为"实体公共化"。程序公共化是实体公共化的制度保障，实体公共化是程序公共化的目标。因此，公共财政建设可以定义为以公共化为取向的财政制度变革和财政职能调整。

2. 公共财政的基本特征

公共性是公共财政的本质，公共财政的基本特征则是财政公共性的具体体现，也是判断财政是否实现公共化的基本理论依据。

公共财政的第一个基本特征，就是要以满足社会公共需要为口径界定财政的活动领域和职能范围，这里的关键点主要有两个：一是由财政所提供的公共需要是与私人个别需要相对而言的，是社会公民在生产、生活和工作中不可或缺的共同的需要，它难以由市场有效提供，是政府必须承担的职责；二是由财政所提供的公共需要，面对的是全体公众或整个社会，而不是只针对某一个阶级、某一阶层、某种所有制和某一类特殊利益集团的需要。这两点共同构成了社会公共需要的完整含义。满足社会公共需要，在市场经济条件下，是以提供公共物品或服务作为基本方式。

公共财政的第二个基本特征，就是立足于非营利性。也就是说，公共财政的收支安排是以公共利益的极大化——而不是以投资赚钱甚或夹带着投资赚钱的因素——为出发点和归宿。

公共财政的第三个基本特征，就是政府收支行为的规范化，这同样是由其公共性所决定的。政府收入体现的是从广大社会成员那里收取的"众人之财"，政府支出是用于与广大社会成员日常生活息息相关的"众人之事"，因此，政府的收钱和花钱行为就应当而且必须有所讲究，对社会成员要具有公开性、透明度，要接受社会公众的监督。

政府收支行为规范化的标志包括：一是以法制为基础。也就是说，财政收入的方式和数量或财政支出的去向或规模必须建立在法制的基础上。二是全部政府收支进预算。政府预算的实质是透明度和规范化。政府收支只有完整地在预算中反映出来，才能全部置于各级立法机关和全体社会成员的监督之下，也才能真正实现以民为本，反映和体现社会公众利益的要求。三是财政税务部门总揽政府收支。所有的政府收支，要完全归口于财政税务部门管理。从源头上明确收支两条线，以确保公共权力的正确行使。

公共财政的上述基本特征揭示了公共财政的基本规范，指明了公共财政制度建设的基本要点和思路，是构建公共财政建设指标体系的重要理论依据。

3. 评价指标的选择思路

根据公共财政的上述基本特征，我们可以大体归纳出公共财政建设指标体系所应具备的基本指标。

建立与社会主义市场经济体制相适应的财政制度框架是中国财政公共化面临的基本问题。在市场经济体制下，政府与市场的关系决定了财政的基本职能，由于社会公共需求无法通过市场途径获得满足，因此弥补市场失灵是公共财政的基本特征；而在政府与市场分工的前提下，政府的收支行为应当以公共利益最大化为目标，对于转轨国家而言，这意味着政府要退出竞争性领域，实现财政的非营利化；同时，为了防止政府利用收支行为干扰市场经济的正常运行，公共化的财政要求财政税收部门总揽政府收支，全部政府收支都要纳入预算管理，不应存在脱离预算管理的政府性收支，这是实现财政法治化和民主化的制度前提。

从财政运行机制，即程序公共化的角度分析，财政的公共化体现为财政的法治化、民主化以及政府间财政关系的规范化。

从财政职能，即实体公共化的角度分析，以全社会公共需要为出发点的财政应以"一视同仁"为原则实现基本公共服务的均等化；公共化的财政不仅应满足当代人的公共需要，其运行结果还应有利于经济社会及财政自身的可持续发展；而社会成员对公共服务的满意度则是对公共财政运行绩效最有效的度量指标。

最后，中国的公共财政建设是在经济全球化背景下进行的，应有适当的指标反映这一因素对中国财政公共化的影响。

1.3　指标体系的框架结构

1.3.1　评价财政公共化的十大因素指标

公共财政建设指标体系的评价对象是中国财政的公共化进程。公共性作为公共财政的本质属性，是通过财政职能得以体现的。在市场经济体制下，资源配置、收入分配、经济稳定是公共财政的三大职能。对于中国这样一个处于转轨过程的发展中大国而言，财政除了要弥补市场失灵，还要承担弥补市场残缺、促进市场机制完善的职能。

由于社会公共需求是不断发展变动的，因此我们在界定政府与市场关系的基础上，只能明确公共财政应具有的基本职能，而无法对特定财政收支结构进行公共化程度的评价。在这种情况下，财政公共化程度的测度只能根据公共财政制度和公共财政运行应具有的基本特征来进行。

在全面梳理指标的构建思路后，我们选用以下十个因素指标来刻画中国公共财政的建设进程：

（1）政府对市场的干预度（简称政府干预度）；

（2）财政的非营利化（简称非营利化）；

（3）政府收支的集中度（简称收支集中度）；

（4）财政法治化；

（5）财政民主化；

（6）政府间财政关系的规范度（简称分权规范度）；

（7）财政均等化；

（8）可持续性；

（9）财政绩效改善度（简称绩效改善度）；

（10）财政国际化。

1.3.2　因素的分项

根据影响财政公共化进程的内外部因素，我们将反映公共财政基本特征的十大因素指标划分为四个分项指数。

一是基础性分项，用来测度经济体制转轨过程中市场化改革对公共财政的影响，反映政府与市场关系调整对公共财政建设的要求。其中政府对市场的干预度因素反映了市场经济体制对财政职能的基本要求，而财政的非营利化和政府收支集中度因素则反映中国经济体制转轨对财政公共化的具体要求。

二是制度性分项，用来刻画财政制度公共化的进展。财政法治化、财政民主化两大因素反映了财政决策机制的公共化程度；而政府间财政关系的规范度则用来反映不同级次政府之间的分工规则对财政公共化的影响。

三是绩效性分项，公共财政在实现财政职能、满足社会公共需要的过程中应符合公平与效率的要求，财政均等化因素和财政绩效改善度因素分别从公平和效率两个方面反映财政运行结果的公共化程度。制度性因素与绩效性因素之间有着密切的关联关系，财政制度的公共化是财政运行结果公共化的程序保障，而财政运行的公平与效率则是财政制度公共化的目的。此外，促进经济社会可持续发展是市场经济条件下财政履行职能、弥补市场失灵的基本要求。而财政运行的可持续性也是财政运行绩效的重要体现。

四是辅助性分项，所谓辅助性分项是指对中国当前的公共财政建设非常重要，但又相对独立、无法按照上述公共财政基本特征进行归类的因素集。财政国际化就是用来反映在开放条件下推进公共财政建设的辅助性因素。

基于上述划分，我们建立了由上述各因素、各分项构成的中国公共财政建设指标体系框架，详见图 1－1。

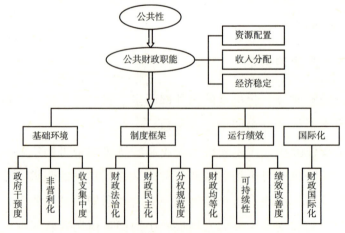

图 1－1　公共财政建设指标体系基本框架示意图

1.4 指标体系的解释[①]

1.4.1 政府干预度

市场机制虽然能够较好地解决效率问题，促进经济增长，但却无法提供公共物品和服务，也不能自动解决经济增长中产生的收入分配差距、区域差距、外部性、市场垄断、经济波动等问题。弥补市场失灵是政府干预经济的基本理由，也是市场经济条件下财政的基本特征，因此，我们把政府对市场经济的干预度（简称政府干预度）作为反映财政公共化程度的重要因素指数。

在理论上，政府的干预度可以从"质"和"量"两个方面进行测度。从质上看，市场经济条件下政府及其财政的职能是"弥补市场失灵"，主要包括：①为社会提供国防、治安、公共工程等公共物品和服务；②建立和维护市场经济的运行规则，实现公平竞争；③纠正"外部性"；④对自然垄断行业进行管制；⑤社会保障与收入分配；⑥制定并实施宏观经济政策维持经济的稳定。

从量上看，财政收支占 GDP 的比重反映了政府支配资源的数量，是政府履行各项职能、满足社会公共需要的物质保障。

根据综合评价方法对指标筛选的原则，结合中国公共财政建设的实际状况，我们选取了五个方面的二级指标来刻画和反映政府干预度，这五个方面是：建立规范和维护市场秩序、对"外部性"的纠正、社会保障与收入分配、行政管制和政府收支规模合理度。

[①] 我们对指标体系中十大因素指标的具体解释（评价）分为两个层次，第一个层次称为理论解释（评价），即在不考虑数据的可获得性等评价技术要求的情况下，根据公共财政理论对指标进行的阐述和分析；第二个层次称为技术解释（评价），是在理论解释的基础上，根据综合评价技术的要求，按照重要性、独立性、可比性、客观性等指标选取的技术原则对理论评价指标所做出的进一步筛选和提炼。对十大因素指标具体的理论解释和技术解释详见高培勇等著《中国公共财政建设指标体系研究》（社会科学文献出版社，2012）。为避免重复，本节只简要地介绍十大指标的结构与基本内容。

我们认为，在市场失灵的领域中，为社会提供公共物品和服务难以进行准确的测度。首先，在不同的国家和不同的经济发展阶段，经过公共选择程序决定的公共物品和服务的组合具有多样性和变动性，因此不存在，或者说难以准确界定在中国的财政公共化进程中公共物品和服务的标准范围。其次，公共物品和服务所涵盖的内容非常宽泛，在现代社会，政府提供的大量公共物品和服务都属于混合品，如教育、卫生、公共基础设施等，这些内容难以通过一个指标进行刻画与反映，而应分为不同指标，根据重要程度进行分类测度。

稳定经济是政府的重要职责之一，但也难以纳入公共财政建设指标体系中进行度量，这是因为宏观经济政策更多地具有相机抉择的特征，且大部分政策是通过调整收支数量和结构来实施的，其指标的独立性和相关性并不显著，因此无法将促进经济稳定的财政政策措施列为财政公共化进程独立的测度因素。

中国作为从计划经济向市场经济转轨的发展中国家，与成熟市场经济国家相比，政府通过行政手段对经济活动的干预范围更广、力度也更大，并不仅仅限于自然垄断行业。政府的行政管制在很大程度上是对中国经济体制市场化程度的反映。因此，从建立和完善市场经济体制的角度，政府行政管制的范围和力度是反映政府干预度的重要方面。

政府对"外部性"的纠正体现在经济社会的许多方面，当前环境保护与资源综合利用是"外部性"最为突出的两个领域，根据指标选取的重要性原则，我们以环境保护与资源综合利用来代表政府在纠正"外部性"方面的进展。

综上所述，刻画政府干预度的五个二级指标为：

F101 建立规范与维护市场秩序

F102 环境保护与资源综合利用

F103 社会保障与收入分配

F104 行政管制

F105 政府收支规模合理度

各二级指标的具体评价指标见表1-1。

表 1 - 1　政府干预度指标结构

序号	二级指标	序号	三级指标
F101	建立规范与维护市场秩序	F101.1	市场经济法律体系的完备度
		F101.2	维护市场经济秩序满意度
		F101.3	消费者权益保护满意度
		F101.4	监督抽查产品的合格率
F102	环境保护与资源综合利用	F102.1	工业废水排放达标率
		F102.2	工业二氧化硫排放达标率
		F102.3	城市污水(处理厂)集中处理率
		F102.4	城市生活垃圾无害化处理率
		F102.5	农村卫生厕所普及率
		F102.6	城市用水重复利用率
		F102.7	工业固体废物综合利用率
F103	社会保障与收入分配	F103.1	养老保险覆盖度
		F103.2	基本医疗保险覆盖度
		F103.3	最低生活保障覆盖度
		F103.4	社会保险基金收入占 GDP 的比重
		F103.5	税收的收入分配功能指数
F104	行政管制	F104.1	行政审批项目的范围与数量变化
		F104.2	政府定价的范围与比重
		F104.3	垄断行业市场准入标准的变化
		F104.4	利率管制项目占项目总数的比重
		F104.5	资本项下管制的项目占项目总数的比重
F105	政府收支规模合理度	F105.1	政府收入占 GDP 的比重
		F105.2	政府支出占 GDP 的比重

　　需要说明的是，尽管行政管制是反映政府对经济干预程度的重要指标，但在中国公共财政建设指标体系中，我们将其作为备选的参考指标而不是年度测评指标使用。这主要是因为行政审批、政府定价、市场准入、利率和资本项目管制等指标是国内外经济自由度指数和市场化指数重点刻画和反映的内容，① 在中国公共财政建设指标体系内对中国的市场

---

① 如世界经济自由度指数、中国市场化指数等，对上述指数具体内容的介绍参见高培勇主编《为中国公共财政建设勾画"路线图"——重要战略机遇期的公共财政建设》，中国财政经济出版社，2007，第 89 ~ 93 页。

化进程进行单独测度的成本较高，不符合指标筛选的重要性和经济性原则。

此外，尽管在理论上我们认为在市场经济条件下，应当把行政管制手段限制在必要的最低程度，但对于中国这样一个非典型市场经济国家而言，目前我们还难以对所谓的"必要的最低限度"进行准确的界定，这导致行政管制的大部分评价指标实际上无法得到准确的评价结果。

政府收支规模合理度指标在中国公共财政建设指标体系框架内也属于备选的参考指标，而不是年度测评指标。这首先是因为政府收支占 GDP 的比重并不是单调性指标，即政府收入占 GDP 的比重并非越大越好，也不是越小越好，政府收入占 GDP 比重的合理度在不同国家、不同经济社会发展阶段是不同的。也就是说，我们实际上难以确定中国现阶段政府收支占 GDP 比重的最优值，因此也就无法将其作为具体评价指标进行准确测度。

1.4.2　非营利化

中国的公共财政建设是在经济转轨的背景下进行的，随着计划经济向市场经济的转轨，政府与市场的分工逐渐明晰，在市场经济条件下，政府不能以追逐赢利为目的，而只能以社会公共利益为目的和最终归宿。财政资金逐渐从竞争性领域中退出，实现非营利化是经济体制转轨对公共财政建设的具体要求，也是反映公共财政建设基础环境的重要指标。

从现实看，中国公共财政建设的非营利化强调的是一个动态的过程，既要符合中国财政非营利化的现状，要做横截面判定，也要反映历史发展的轨迹，进行时间序列方面的描述，并形成两者间的有机结合。因此，对非营利化指标的测度可以从国有经济规模和财政投资的非营利化，即存量和增量两个基本方面进行。

F201　国有经济规模合理度

在存量方面，国有经济规模合理度指标对在建立和完善社会主义市场经济体制背景下，国有经济规模的调整变化情况进行刻画和判断。由于该指标是非单调指标，难以作出合理的定量判断，因此在指标体系框架内属于备选的参考指标，而不作为年度测评指标。

F202　财政投资的非营利化

在增量方面，财政投资的非营利化指标通过财政对竞争性领域的投资状况来反映财政的非营利化进程。

各二级指标的具体评价指标见表 1 – 2。

表 1 – 2　非营利化指标结构

序号	二级指标	序号	三级指标
F201	国有经济规模合理度	F201.1	国有经济增加值占 GDP 的比重
		F201.2	国有经济在全社会固定资产投资中的比重
F202	财政投资的非营利化	F202.1	预算内资金对竞争性行业投资的比重
		F202.2	预算内资金对竞争性行业投资的范围

1.4.3　收支集中度

政府收支的集中度指标反映政府收支纳入预算管理的程度。公共化的财政要求财政部门总揽政府收支，全部政府收支都要纳入预算管理，不应存在脱离预算管理的政府性收支，这是实现财政法治化和民主化的制度前提。

根据中国目前政府收支预算管理的现状，我们设置了两个二级指标反映政府收支的集中度。

F301　政府资金收支集中度

该指标通过预算外收支占政府收支的比重和行政事业单位财政拨款占全部收入的比重两个具体评价指标反映在资金数量层面政府资金收支的集中程度。

F302　政府资金管理集中度

该指标通过非财税部门组织的收入（税务部门、财政部门、海关之外的政府部门）占政府收入的比重和政府部门在预算外资金项目上的收支自主权反映政府资金管理的集中程度。由于非财税部门组织的收入难以获得详细的公开资料进行准确评价，而预算外资金收支自主权则属于制度变化的指标，难以进行年度测评，因此，该指标作为备选参考指标，不作为年度测评指标。

各二级指标的具体评价指标见表 1 - 3。

表 1 - 3　收支集中度指标结构

序号	二级指标	序号	三级指标
F301	政府资金收支集中度	F301.1	预算外收支占政府收支的比重
		F301.2	行政事业单位财政拨款占全部收入的比重
F302	政府资金管理集中度	F302.1	非财税部门组织的收入占政府收入的比重
		F302.2	预算外资金收支自主权

1.4.4　财政法治化

财政的公共化从制度层面分析，是由社会公共需求偏好的显示及排序机制决定的。公共化的财政制度应当能够使社会成员的公共需求偏好得以充分的表达，并且按照某种特定的、得到社会成员认可并普遍遵循的规则进行排序。公共需求偏好的显示越充分，偏好排序的规则越公正、合理，财政的公共化程度就越高。就这个意义而言，我们认为，财政的民主化是衡量公共需求偏好显示程度的主要指标，而财政的法治化是测度偏好排序规则公正合理程度的主要指标。

根据财政法治化的内涵和特征，我们分别从财政立法、财政权利保障、财政执法和财政司法四个方面来测度中国财政法治化的进程，即：

F401 财政立法

F402 财政权利保障

F403 财政执法

F404 财政司法

各二级指标的具体评价指标见表 1 - 4。

表 1 - 4   财政法治化指标结构

序号	二级指标	序号	三级指标
F401	财政立法	F401.1	税收立法指数
		F401.2	立法机关在财政收支中的作用
		F401.3	预决算差异度
F402	财政权利保障	F402.1	纳税人权利保障满意度
		F402.2	财政收支与个人利益的联系程度
F403	财政执法	F403.1	税务机关依法征税程度
		F403.2	行政复议指数
F404	财政司法	F404.1	司法机关在财政收支中的作用
		F404.2	行政诉讼指数

1.4.5   财政民主化

财政民主化是公共财政建设的重要内容，也是社会主义民主政治建设的重要组成部分。公共财政的本质是社会公众的财政，是以满足社会公共需求为基本特征的，应当建立怎样的机制将社会中分散的个人对公共需求的偏好转化为社会公共需求是公共财政制度建设必须面对的基本问题，而财政民主化是解决这一问题的基本思路。

财政民主化的根本目标是建立民主财政。民主财政下，公众能够对财政事务发表意见，参与财政决策，财政决策能够充分地反映民意。财政决策反映多数人的意见，但少数人的利益同时得到充分的保证。政府的财政收支行为受到民众的有效监督。公众对财政事务的意见表达可以是直接的，也可以是间接的，即委托选出的代表表达意见。公众参与财政决策的前提是获取充分和准确的信息，因此，财政信息的及时准确披露是实现财政民主的基础。

根据对民主财政的理解，我们将财政民主化概括为以下四个方面：知情权、参与权、决策权和监督权。其中，社会公众的财政决策权主要是通过立法机关财政立法和预算民主制度实现的，即体现为立法机关在财政收支中的作用，而这恰恰也是财政法治化的主要方面。因此，为了避免与财政法治化指标的重复，我们最终将反映财政民主化的二级指标确定为知情权、参与权和监督权。

F501 知情权指数

F502 参与权指数

F503 监督权指数

各二级指标的具体评价指标见表 1－5。

表 1－5　财政民主化指标结构

序号	二级指标	序号	三级指标
F501	知情权指数	F501.1	财政收支的透明度
		F501.2	媒体对财政收支的报道
		F501.3	获取信息的便利度
F502	参与权指数	F502.1	对财政收支事项的关注度
		F502.2	反映财政问题的积极性
		F502.3	参与财政问题的可能性
		F502.4	听证制度的有效性
F503	监督权指数	F503.1	社会舆论和媒体
		F503.2	政府及财政部门受监督程度
		F503.3	政府的回应性

1.4.6　分权规范度

财政分权是政府间财政关系的基础，完善财政分权，建立稳定、规范的中央与地方财政关系是公共财政建设的重要内容。如果说财政的法治化和民主化是对财政决策机制公共化的基本要求，那么在存在多级次政府的情况下，不同级次政府在满足社会公共需求方面的分工规则也是公共财政制度建设的重要内容。

尽管由于各国国情的差异，并不存在标准化的政府间财政关系模式，但是，政府间财政关系的明晰、规范和合理是公共财政制度的基本要求。因此，我们使用政府间财政关系规范度因素指标（简称分权规范度）来反映中央与地方财政分权关系的规范程度。

分权规范度的二级指标包括：

F601 中央财政收入合理度

F602 财力与事权的匹配度

F603 地方财政制度规范度

F604 转移支付制度规范度

各二级指标的具体评价指标见表 1 – 6。

表 1 – 6　分权规范度指标结构

序号	二级指标	序号	三级指标
F601	中央财政收入合理度	F601.1	中央财政收入占财政收入的比重
F602	财力与事权的匹配度	F602.1	财政资金在公共部门间分配的合理度
		F602.2	基层政府公共服务能力
F603	地方财政制度规范度	F603.1	地方税收立法权接受度
		F603.2	地方预算外收入与财政收入的比
F604	转移支付制度规范度	F604.1	专项转移支付制度规范度
		F604.2	均衡性转移支付占一般性转移支付的比重

1.4.7　财政均等化

所谓财政均等化，指的是政府通过财政活动生产或提供的公共物品和服务（简称公共服务）的效益与成本，应无差别地、一视同仁地落在每一位公民和每一个企业身上。也就是在财政上要坚持并实行"国民待遇"。财政均等化，就是用于考评公共服务的效益覆盖和成本分担状况的指标。

通常所说的财政均等化，主要包括两方面的内容。

其一，公共服务的均等化。公共服务均等化不是指所有公民和所有企业享受到的公共服务在财政支出上的绝对均等，而是指一个国家的公民和企业无论居住或经营在哪个地区，都有平等享受国家最低标准的基本公共服务的权利。公共服务均等化是反映财政运行绩效公共化最重要的指标之一。

其二，公共收入的非歧视性与公平。所谓非歧视性，是指一切市场主体都应适用基本统一的税收法律和制度以及其他公共收入法律和制度。市场主体所属阶层、集团或经济成分的不同，不会影响到税收待遇和其他公共收入待遇。所谓公共收入的公平，是指公共收入的筹集应当符合横向公平和纵向公平的原则，有助于缓解收入分配的差距。

考评中国财政公共化的进程，应立足中国的现实国情，中国是一个处于经济转轨进程中的发展中大国，与发达国家的国情存在着巨大差异。中国当前公共服务的不均等可以从区域差异、城乡差异和城乡内部差异三个方面进行刻画，因此我们设置了以下四个二级指标考评财政均等化的进展状况：

F701 公共服务区域均等化

F702 公共服务城乡均等化

F703 公共服务城乡内部均等化

F704 公共收入的公平度

各二级指标的具体评价指标见表 1-7。

表 1-7　财政均等化指标结构

序号	二级指标	序号	三级指标
F701	公共服务区域均等化	F701.1	省际人均财政支出的均等化
		F701.2	省际人均财政性教育经费的均等化
		F701.3	省际人均医疗卫生支出的均等化
F702	公共服务城乡均等化	F702.1	城乡义务教育经费的均等化
		F702.2	城乡医疗卫生服务的均等化
F703	公共服务城乡内部均等化	F703.1	城市公共服务均等化
		F703.2	农村公共服务均等化
F704	公共收入的公平度	F704.1	税收负担的公平性
		F704.2	省际人均财政收入的均等化

1.4.8　可持续性

可持续性，至少应当包括两方面的内容：一是财政应起到弥补市场失灵的作用，促进经济社会的可持续发展；二是财政自身的运行应具有可持续性，能够有效控制财政风险。可持续性是用于考评财政促进经济社会可持续发展及其自身的可持续运行状况的指标。

因此，我们设置了两个二级指标分别考评财政对经济社会可持续发展的贡献和财政自身的稳定与抗风险能力的状况，前者称之为"财政补偿度"，后者称之为"财政的可持续性"。

F801 财政补偿度

F802 财政的可持续性

各二级指标的具体评价指标见表 1 - 8。

表 1 - 8　可持续性指标结构

序号	二级指标	序号	三级指标
F801	财政补偿度	F801.1	资源补偿度
		F801.2	生态补偿度
F802	财政的可持续性	F802.1	赤字率指数
		F802.2	国债负担率指数

1.4.9　绩效改善度

绩效改善度是用于考评政府为社会公众提供公共物品和服务的效果究竟如何的因素指标，是评价公共财政总体运行绩效的重要内容。

可以用来评价绩效改善度的指标有很多，从指标数据来源的角度划分，大体可以分为客观性指标和主观性指标。客观性指标主要是指通过公共财政收支项目的投入 - 产出比来判断和评价财政收支的效率；主观性指标则主要是以公共服务的需求者对政府公共支出的主观满意度作为衡量支出绩效的标准。

在相关数据可获得的情况下，客观性指标具有易于比较、评价结果明晰准确等优点。但是，以效率为中心的投入 - 产出分析方法应用于政府及公共管理领域存在着许多难以解决的基本问题。

评价公共支出的标准与评价营利性部门的标准不同，对于基本公共服务和公共基础设施而言，以公平为中心的均等化目标往往比以效率为中心的投入－产出指标更为重要。

公共支出的目标是满足社会的公共需要，社会公众对公共支出的主观满意度是评价公共支出绩效改善更为基础和重要的指标，在这个意义上社会公众的满意度是公共支出最重要的产出。

与上面的问题相联系，从技术层面来看，财政支出项目的产出往往体现为无法准确计量的社会效益，将社会效益纳入投入－产出分析框架并构建评价指标体系的成本较高。而通过问卷调查等方法，以社会公众的主观满意度作为评价财政收支绩效的基本标准具有更大的可操作性。

因此，我们采用主观性指标对公共支出的绩效进行综合评价。根据指标筛选的原则，我们选择了以下九个方面的公共服务进行满意度问卷测评：

F901 对公共基础设施的满意度

F902 对市政设施的满意度

F903 对义务教育的满意度

F904 对高等教育和科研的满意度

F905 对社会保障的满意度

F906 对政府部门公共服务的满意度

F907 对环境保护的满意度

F908 对治安和司法服务的满意度

F909 对医疗卫生的满意度

绩效改善度指标各二级指标不设具体评价指标。

1.4.10　财政国际化

相对而言，在公共财政建设进程中，财政国际化是一个新的命题。在全球经济一体化的今天，中国的公共财政建设必须具有开阔的思路和国际化的视角。财政国际化是用于考评公共财政建设融入国际潮流并在国际公共物品的供给、国际财税协作等方面发挥作用状况的指标[①]。

总体来说，对于财政国际化的考评，可以由政府会计核算体系的国际化、财税国际合作与对外交流、国际援助与参与国际公共品供给三个方面着手。这三个方面，分别构成了财政国际化的三个二级指标："政府会计核算体系国际化"、"财税对外协作与国际交流"、"国际援助与参与国际公共物品供给"，即：

F1001 政府会计核算体系国际化

F1002 财税对外协作与国际交流

F1003 国际援助与参与国际公共物品供给

各二级指标的具体评价指标见表1-9。

表1-9 财政国际化指标结构

序号	二级指标	序号	三级指标
F1001	政府会计核算体系国际化	F1001.1	政府预算会计差异指数
		F1001.2	政府财务报告差异指数
		F1001.3	政府收支统计差异指数
F1002	财税对外协作与国际交流	F1002.1	双边与多边税收协定覆盖度
		F1002.2	国际反避税协作指数
		F1002.3	财税问题国际交流指数
F1003	国际援助与参与国际公共物品供给	F1003.1	接受援助指数
		F1003.2	对外援助指数
		F1003.3	参与国际公共物品供给指数

[①] 由于财政国际化指标中有大量制度性变化指标，不具备年度间的可测度性，还有大量指标在数据的可获得性方面存在困难。因此，我们在对有数据来源的指标打分的同时，将财政国际化指标设为参考评价指标，不计入综合评价得分。

2. 中国公共财政建设指标体系：方法论说明

在建立公共财政建设指标体系基本框架后，如何定量分析各层级、各因素的状态自然成为研究的重点。为最大限度地提高中国公共财政建设情况评价的准确性和可靠性，本章将集中讨论公共财政建设状况的定量考评体系。

2.1 公共财政建设指数框架

2.1.1 指数的结构

在翻阅大量文献资料，进行全面、深入论证的基础上，我们采用层次分析法，使用指数分析手段对中国财政公共化状况进行度量，以综合反映由多种因素组成的财政公共化状况在不同时间条件下变动的相对数。为使该指数具有指数综合和指数分析两项功能[①]，我们采用了三层次的递阶结构。具体如下。

（1）公共财政建设综合考评指数（简称综合指数），是综合各类有关因素而形成的用于反映我国公共财政建设总体状态的单一指标。根据不同

[①] 所谓指数综合作用，就是综合制约公共财政建设状态的相关因素或指标，并反映它们的总状态；而指数分析功能的作用，则是指在动态对比中，分析各因素的变动情况，以及不同因素的变动对总体动态变动的影响方向和影响程度。

时期综合考评指数所绘制出的指数曲线，能够动态地表现出财政公共化状况的变动方向和变动程度。

（2）公共财政建设分项考评指数（简称分项指数），包括基础环境考评指数、制度框架考评指数、运行绩效考评指数和国际化考评指数 4 个分项考评指数，分别用于反映中国公共财政建设主要方面的状态。根据不同时期各分项考评指数所绘制的指数曲线，能够动态地表现出公共财政建设有关方面状态的变动方向和变动程度。

（3）公共财政建设因素考评指数（简称因素指数），共有 10 个，分别是：政府干预度考评指数、非营利化考评指数、收支集中度考评指数、财政法治化考评指数、财政民主化考评指数、分权规范度考评指数、财政均等化考评指数、可持续性考评指数、绩效改善度考评指数和财政国际化考评指数。每个因素考评指数都是综合若干个反映该因素的考评指标而形成的。每个因素考评指数都将能够表现出所对应方面的公共财政建设状态。根据不同时期相关因素所绘制的指数曲线，也能够动态地反映出财政公共化状态的变动方向和变动程度以及各因素的影响大小。

2.1.2　几个关键问题

鉴于财政公共化考评体系是一个复杂的大系统，涉及众多指标和因素，因此，在研制公共财政建设考评指数时，需要解决以下问题。

（1）考评指标的选择和考评指标体系的建立。选择考评指标和建立考评指标体系是财政公共化评价的基础。考评指标在不同层次、范围和程度上能够直接或间接地反映出公共财政建设状态。因此，考评指标体系是否科学合理，必然会影响到评价结果的准确性和客观性与否。

（2）财政公共化相关因素重要程度的确定。财政公共化考评体系列出了财政公共化状况评价的递阶层次结构（见图 1-1），上一层级的公共财政建设考评指数是由下一层级的因素（指标）综合而成的，从而构成嵌套关系。实际上，在研制公共财政建设考评指数时，首先是从考评指标入手，由反映因素的考评指标综合给出因素考评指数；然后由因素合成各分项考评指数；最后将各分项考评指数合成综合考评指数。在此过程中，每一个指标或每一个因素对公共财政建设状态的影响程度不尽相同，换言之，考评指标或评价因素之间的相对重要程度是不完全等同的。因此，准确确定考评指标或因素的重要程度是财政公共化状况评价中需要解决的一个关键问题。

（3）公共财政建设考评指数的确定。在解决上述三个问题的基础上，如何运用映射方法以最终合成反映公共财政建设状态的公共财政建设考评指数也是必须解决的重要问题。

2.2　财政公共化考评指标的筛选

从理论上讲，在任一待筛选指标集中，难免会存在某些指标之间相关性较高、某些指标对评价结果的贡献不大等问题。要全面、合理、准确地表现出财政公共化状况，需要建立指标筛选分析模型对所有备选指标进行筛选。通常，这一过程需要建立三个考评指标分析模型。

一是效率考评指数分析模型，用于确定每个决策单元（就本研究而言，一年可作为一个决策单元）"最满意的"输入权向量和输出权向量，使决策单元获得其可能得到的"最大效率考评指数"[①]。

二是指标特性与效率考评指数关系分析模型，以便基于考评指标的特性，分析考评指标之间的相关性和指标的重要性，以消除输入指标之间、输出指标之间、输入指标与输出指标之间的相关性。

三是考评指标筛选分析模型，以剔出对最终评价结果没有影响或影响很小的指标。无疑，经过这三个模型筛选出的指标所构成的考评指标体系，才是待选指标集的最小完备集，其不仅能基本消除指标之间的重复性和相关性，而且还涵盖了评价财政公共化状况的主要指标。

然而，由于我国的公共财政建设起步较晚，现有数据尚不能支持有关

---

① 当每个决策单元所有输入指标的加权汇总（权重通过优化算法予以确定）作为"综合输入"，所有输出指标的加权汇总作为"综合输出"时，"综合输出"与"综合输入"之比即为该决策单元的"效率考评指数"。当其满足小于 1 的约束条件时，就是"最大效率考评指数"。

的建模工作，因此我们在此次指标筛选过程中，在遵循上文中所提到的相关性、完整性、重要性、独立性、精确性、可比性、经济性和客观性的同时，着重强调以下四项原则以最终选定指标。

第一，选用的指标应具有明确的经济含义，能够比较全面地反映所对应因素的主要方面，并对财政公共化状况产生最终的影响。

第二，选用的指标应能够敏感地反映财政公共化状况的变化，确保相关指数分析的及时性和准确性。

第三，用于生成相关指标的全部数据均应是有确切出处的直接数据，推算和估算数据一律不予考虑，以确保最终评价结果的可靠性和准确性。

第四，所使用的数据必须要能够及时、方便、持续地取得，以保证指数分析工作的时效性和延续性。

根据定量分析过程中对指标的上述筛选原则，我们在具体考评过程中，将具体评价指标分为两大类：现有数据能够支撑建模要求的为年度测评指标；在公共财政建设指标体系框架内具有理论测评意义，但由于现有数据不能支持有关建模工作，因此无法得到准确测评结果的指标为备选参考指标。

2.3 财政公共化因素重要程度的分析

公共财政建设考评指数是由三个层级构成的，任一层级的指数均由所支配的下一层级的财政公共化因素（或指标）所合成。由于这些因素（或指标）对公共财政建设状态的影响程度不同，即其在合成公共财政建设指数时的重要程度不同，对于重要程度较高的因素（或指标）应赋予较大的权重值；反之，则应赋予较小的权重值。这些权重值的科学、合理，事关公共财政建设考评指数的质量。

2.3.1 因素重要程度分析模型

我们在充分借鉴国内外有关指数权重生成方法的基础上，采用层次分析法（The Analytic Hierarchy Process，AHP）和群决策方法作为建立财政公共化因素重要程度分析模型的基本方法。

在研制过程中，考虑到确定每一个财政公共化因素的重要程度直接关系到公共财政建设考评指数反映公共财政建设状态的准确性，需要广泛听取有关专家、学者的意见，为此，我们设计了财政公共化因素重要程度比较表，并邀请80位专家、学者分别填写了相关表格参与决策（以下统称他们为"决策参与者"）。这些表格仅要求决策参与者对每两个财政公共化因素进行比较，做出定性判断。判断的选项共有9个，分别是：

前者比后者稍微重要、前者比后者重要、前者比后者重要得多、前者比后者绝对重要、两者同等重要、后者比前者稍微重要、后者比前者重要、后者比前者重要得多、后者比前者绝对重要。

公共财政建设指标体系各因素权重值就是依据每个决策参与者给出的分析方案，经群决策方法将这些方案汇总而构成的。这些权重值体现了决策参与者集体的智慧，从而具有较高的科学性、准确性和实用性。

我们研制的财政公共化因素重要程度分析模型包括三部分：

一是将决策参与者对财政公共化因素重要程度的定性判断定量化后，构成判断矩阵以确定每个决策参与者给出的财政公共化因素权重值；

二是确定每个决策参与者给出的财政公共化因素权重值在集成过程中的贡献率，换言之，就是确定每个决策参与者的权重值；

三是集成出实际投入使用的财政公共化因素权重值。

2.3.2 判断矩阵

80名决策参与者填写的财政公共化因素重要程度比较表是构造相应的80个判断矩阵的依据。首先需要按一定的规则将表中定性判断结论转换为一个正的数值，然后将其排列为一个方阵。这个矩阵的行数与列数相同，均等于待评价的因素个数。方阵的行或列分别表示一个财政公共化因素，且序号相同的行和列（如第二行、第二列）代表同一财政公共化因素。由于因素 i 与因素 j 的比值等于因素 j 与因素 i 比值的倒数，因此，称判断矩阵为正的互反矩阵。

根据培隆（Perron）定理，可以得出如下结论，即判断矩阵有最大正的特征根，且重数为1，其对应的特征向量中的分量均是正的。由于判断矩阵反映的是财政公共化因素之间的相对重要程度，因此，可以把最大特征根对应的特征向量作为财政公共化因素相对重要性权向量。至于是否投入使用，尚须进行一致性检验。

所谓一致性检验，实质上是分析决策者给出的定性判断的合理性。若因素1比因素2重要，因素2与因素3同等重要，与此同时又给出因素3比因素1重要，这样的判断结论显然是不合理的。一致性检验就是"诊断"是否存在不合理的现象，只有通过"诊断"认为"基本合理"的判断矩阵，才能真正投入使用。

2.3.3 决策参与者贡献程度分析

鉴于有80个专家、学者参与了财政公共化因素重要程度的定性判断，因此对同一组财政公共化因素就会相应得到80个财政公共化因素重要程度权向量。考虑到决策参与者对公共财政建设的认识存在或多或少的差异，使用其中任一结论都不能完全体现所有决策参与者的意见，因此将80组结论综合为一组真正使用的财政公共化因素重要程度权向量是非常必要的。由于每个决策参与者给出的结论"合理"程度不同，用简单算术平均方法进行综合显然是不科学的。本课题认为，如果某个决策参与者给出的结论"合理程度"高，则认为他的贡献越大，应赋予他大的权重值；反之，对于没有通过一致性检验的结论，则认为在综合过程中没有贡献，其相应的权重值为0。为科学、准确地反映每个决策参与者的贡献，我们确定了两个原则：一是一致性原则；二是多数原则。

我们把判断矩阵的"一致性程度"作为一致性原则的判断标准，并给出如下结论：由 n 个财政公共化因素构成的判断矩阵，其最大特征根大于等于 n；当且仅当这个判断矩阵是完全一致时，其对应的最大特征根才等于 n。基于此，我们把通过一致性检验的判断矩阵的最大特征根的倒数作为衡量决策参与者贡献程度的一个度量因子。

我们把每一个判断矩阵与其他判断矩阵的复合相似程度作为"多数原则"的判断标准。显然，倘若某个判断矩阵复合相似程度越高，则其所得出的结论认同"票数"越多，可信度就越高。这就是"多数原则"的基本出发点。本课题用复合相似系数表征复合相似程度，并作为衡量决策参与者贡献程度的另一个度量因子。

将两个贡献程度度量的因子进行综合后作为决策参与者的贡献率，即决策参与者的权重值。

2.3.4　财政公共化因素综合权向量的确定

财政公共化因素综合权向量是综合每个决策参与者分别给出的财政公共化因素权向量与每个决策参与者贡献率而形成的。综合方式为：将每个决策参与者的贡献率作为权重（未通过一致性检验的，其权值为 0），将80 个公共财政建设权向量进行加权汇总，合成一组财政公共化因素权重向量。这组权重向量就是本课题采用的财政公共化因素重要程度综合权重向量。

2.4　公共财政建设考评指数的构成方法

鉴于用于合成各层级公共财政建设考评指数的指标属性存在差异，其量纲和取值范围也不尽相同，倘若简单地直接汇总势必影响指数的经济含义。为此，在合成公共财政建设考评指数的研制上，我们没有采用通常的指标加权方法，而是遵循消除量纲、统一标度、保序的原则，采用指标加权映射方法，通过指标映射、合成权重来合成中国公共财政建设考评指数。

2.4.1　指标映射

为便于读者对各层级公共财政建设考评指数的理解，确保其中各指数均具有明确的经济指代，我们在兼顾人体思维和视觉习惯的同时，将各层级的公共财政建设考评指数设定为以 1% 为基本刻度，在 0 ~ 100 区间内变动的单调递增函数，即当某一指数数值为 0 时，意味着在该指数指代的经济领域中，财政公共化状况是最差的；随着该指数数值的增大，财政公共化状况将趋于好转；当其数值达到 100 时，其所指代的经济领域的财政公共化状况为最佳。如此，人们就可通过比较同一指数在不同时期的变动情况，了解中国财政公共化状况的变化。基于上述设计，我们在构建各层级公共财政建设考评指数时，采取了以下四个步骤。

第一步：消除指标量纲。为避免指标之间的量纲差异给指数合成带来的困难，我们在确保指标经济含义明确的前提下，采用有关数学方法，将所有选用指标均转换为百分比。

第二步：判断指标类别。依据指标单调性原则，我们将已筛选出来的指标划分为单调性[1]和非单调性两部分。其中，单调性指标又进一步细化为单调递增指标和单调递减指标两类[2]。

第三步：确定指标的合理单调变动区间。我们在依据有关经济学原理，结合中国国情确定出各单调性指标富有经济含义的变动区间上限（Ceiling）和下限（Bottom）的同时，根据各非单调指标历史循环的波动情形、在经济活动中的作用与性质、各历史时期所采取的宏观经济政策以及我国经济运行的发展趋势，并参考未来经济发展计划目标及各个指标在经济发展不同阶段的特征来综合考虑，通过寻找拐点等方式，分别将有关非单调指标划分出若干单调变化区间，确定相关单调区间的上限和下限。

第四步：有序映射。在已筛选出来的单调性指标中，对那些单调变化区间没有落在 0 ~ 100 刻度内的指标，我们根据指标的递增和递减特性，分别采用公式（2.1）和公式（2.2）将其映射到 0 ~ 100 的刻度区间内，以便将该指标换算成一个大于等于 0、小于等于 1 的正数（δ），确保下一步所生成的各个指数能够随所反映的财政公共化状况呈单调递增变化。

$$\delta_{up} = \frac{100 \times (X_i - Bottom)}{Ceiling - Bottom} \tag{2.1}$$

$$\delta_{down} = \frac{100 \times (Ceiling - X_i)}{Ceiling - Bottom} \tag{2.2}$$

---

[1] 在本研究中，指标的单调性是指随着财政公共化程度的不断提高，指标的数值一直呈现递增或递减趋势变化。显然，那些不具有这种特性的指标即为非单调性指标。

[2] 在单调性指标中，随着财政公共化程度的提高，指标数值一直呈现递增趋势的为单调递增指标；反之，则属单调递减指标。

其中：δ_{up} 为递增指标的正数；

δ_{down} 为递减指标的正数；

X_i 为某一指标在 i 期的数值。

显然，这种映射方法所设定的 0～100 数值区间不具有特殊的含义，只是由此形成的公共财政建设考评指数本身及其所绘制的曲线比较适宜人们的认知习惯。假如改变这些区间的刻度取值范围，既不会影响公共财政的相对状态及其变化趋势，又不会影响评价效果。将考评指标的映射值加权之后汇总，就可以形成各层级公共财政建设考评指数。

2.4.2　权重合成

图 1-1 展示了公共财政建设考评指数的递阶层次结构，图中标识了上层元素对下层元素的支配关系，即上层中的一个元素（称为支配元素）支配下层若干个元素（称为被支配元素）。以上层一个支配元素为准则，所确定出的下层被支配元素相对重要程度权重值，被称为单一准则下确定的权重值。在此之前讨论的权重概念都是在单一准则下确定的。但是，这种形态的权重值只能直接用于构成上层支配元素的公共财政建设考评指数，不能直接用于构成更高层级元素的公共财政建设考评指数。

我们研制的公共财政建设考评指数位于三个层级，依据的都是财政公共化状况考评指标体系，因此，需要引进"合成权重"的概念。所谓"合成权重"，实质上是在单一准则下确定出各层级元素权重的基础上，逐步形成的被支配元素相对于跨层级具有间接支配关系的支配元素的权重值。"合成权重"的构成方法为：用被支配元素在单一准则下确定的权重值，乘以其上一层支配元素在上上层单一准则下确定的权重值，作为被支配元素相对于上上层具有跨层级支配关系的支配元素的合成权重值。按照这种方式，逐层级向上递推，即可得到考评指标相对于所对应的因素考评指数、分项考评指数以及综合考评指数的合成权重。

2.4.3　公共财政建设考评指数的构成

由于考评指标体系在形成各层级公共财政建设考评指数时，需要使用合成权重，因此有必要讨论保序性概念。保序性有多种含义，在此专指考评指标体系中的考评指标以财政公共化因素层中某个因素为准则确定的权重所具有的次序关系，经权重合成后，其对体系中各层级公共财政建设指数依然保持原有的次序关系。否则，一旦出现"逆序"现象，则由合成权重形成的公共财政建设考评指数是不可采信的。

在本课题确定的财政公共化状况评价系统的递阶层次结构中，层级内部是独立的，并且没有考虑下一层级对上一层级的反馈作用。在这种情况下，可以证明，采用合成权重构成的公共财政建设考评指数具有保序性。根据这个结论可以基于考评指标计算出三个层级的公共财政建设考评指数。具体计算方法如下。

（1）财政公共化因素考评指数的计算方法。以一个财政公共化因素作为准则，首先将被其支配的考评指标在每一时点上的数值分别映射到统一标度区间，然后把考评指标映射值乘以这个指标的权重值，最后将同一时点被支配指标的加权映射值相加，所得到的结果就是各对应时点的该财政公共化因素考评指数。

（2）财政公共化分项考评指数。以基础环境、制度框架、运行绩效和国际化等财政公共化分项状况为准则，将被其支配的财政公共化因素所支配的考评指标映射值，分别乘以考评指标相对于各分项财政公共化合成权重值，并依据时点进行加总，所得出的结果就是各对应时点的财政公共化分项考评指数。

（3）财政公共化综合考评指数。将财政公共化考评指标体系中每个指标的映射值，分别乘以对应的考评指标相对于整个财政公共化程度的合成权重，并依据时点进行加总，所得结果就是各对应时点的财政公共化综合考评指数。

3. 公共财政建设状况的考评： 指标权重与考评过程

为客观评价中国财政公共化的进程，课题组运用综合评价技术，在充分利用公开权威统计资料的基础上，结合专家打分、问卷调查、统计分析等方法对中国公共财政建设状况进行了定量分析，现将指标权重与考评过程介绍如下。

3.1　指标权重及其意义

中国的公共财政建设有着自身特殊的制度背景和发展轨迹，不同阶段的公共财政建设中心任务也有所不同。在中国公共财政建设指标体系研制过程中，考虑到确定每一个财政公共化分项和因素的重要程度直接关系到公共财政建设考评指数反映公共财政建设状态的准确性，因此需要广泛听取有关专家、学者的意见。

我们在充分借鉴国内外有关指数权重生成方法的基础上，采用层次分析法（The Analytic Hierarchy Process，AHP）和群决策方法作为建立财政公共化因素重要程度分析模型的基本方法。

我们分别设计了财政公共化分项和因素重要程度比较表，并邀请80位专家、学者分别填写了相关表格参与决策（以下统称他们为"决策参与者"）。

课题组依据每个决策参与者给出的分析方案，采用群决策方法运算、判别、汇总后，生成各财政公共化因素的权重值，以便在充分汲取决策参与者集体智慧的基础上，确保各指标权重能够较为科学、准确地反映现阶段公共财政建设不同方面在重要性上的差异，从而使财政公共化指标体系具有较高的实用性。

从群决策判别结果看，决策参与者的认识总体上可归纳为四点。

一是当前，公共财政基础环境建设是我国公共财政建设的重中之重，其后依次是公共财政制度建设、运行绩效和财政国际化。

二是在现阶段基础环境建设中，实现财政支出由生产建设领域和竞争性行业向社会公共服务的转变最为重要（非营利化）；其后依次是完善政府在维护市场秩序、促进环境保护和资源综合利用以及收入分配方面的职能（政府干预度）和政府收支集中度。

三是在现阶段公共财政制度框架建设中，财政法治化和财政民主化的重要性要高于分权规范度，而财政法治化则比财政民主化要更重要些。

四是在公共财政运行绩效方面，财政均等化的权重最高。专家普遍认为，当前推进基本公共服务的均等化是评价公共财政运行绩效最主要的方面。

应当说明的是，决策参与者们的上述判断具有阶段性特征，随着中国公共财政建设的进展，公共财政建设各个方面的相对重要性会悄然发生相对变化，指标体系经过一段时间的运行后，课题组将根据实际情况运用层次分析法和群决策方法对有关权重做适当调整，以体现与时俱进的原则。

3.2 考评过程

中国公共财政建设指标体系的数据来源可分为两类：一是采用《中国统计年鉴》、《中国财政年鉴》、《中国劳动年鉴》、《中国会计年鉴》、《中国固定资产投资统计年鉴》、《中国卫生统计年鉴》、《中国教育年鉴》、《中国教育经费统计年鉴》和《中国环境统计年鉴》等具有权威性的统计资料公开发布的相关年度数据，经必要的合成运算而生成有关指标数据；二是将面对面问卷访问方式所获得的结果，经统计、整理后生成相关指标数据。有关的调查程序和内容如下。

3.2.1 调查对象确定

为使调查结果具有充分的代表性和一致性，我们将问卷范围限定为全国除省会和计划单列市之外的地级市，并根据国情，将所有地级市按所在地域划分为东、中、西三组；再根据地区生产总值将每组细分为高、中上、中下、下四类。对各类型内的城市按 GDP 大小顺序进行统一编号后，根据各类型需要调查的城市数量，进行随机抽样，如果选中的城市属于同一省份，则重新抽取，以保证每省只有一个城市作为问卷对象。最终确定了以下十二个城市作为问卷调查对象（各区域按 GDP 高低排序）：

东部：山东烟台、福建泉州、河北廊坊、广东清远；
中部：安徽马鞍山、吉林辽源、河南鹤壁、湖北黄冈；
西部：甘肃天水、四川资阳、宁夏中卫、陕西汉中。

为保证调查对象具有广泛性和代表性，我们将政府及其所属部门、事业单位、企业（包括个别民间非营利组织）和居民均列入调查范围。其中政府及其所属部门采用典型抽样法；事业单位在采用典型抽样法的同时，优先选取享受财政拨款的事业单位；对企业样本的抽选，兼顾行业、规模、性质进行样本分配；在居民样本的抽取上，我们随机抽取市区年龄在 20～60 岁且文化程度在大专以上的常驻居民，同时兼顾性别与职业的分配。

在四类访问对象的样本分布上，我们从财政公共化的主旨出发，按照政府部门、事业单位、企业、居民 10：20：25：45 的比例分配进行。为确保结果的可靠性，我们将每次调查的样本总量设定为 2000 个，有效样本限定在 1800 个以上，样本量分布参见表 3－1。

表 3 - 1　有效样本量分布表

区域	政府部门	事业单位	企业	居民	合计
东	15 个/市 × 4 市 = 60 个	30 个/市 × 4 市 = 120 个	37 个/市 × 4 市 = 148 个	68 个/市 × 4 市 = 272 个	600 个
中	15 个/市 × 4 市 = 60 个	30 个/市 × 4 市 = 120 个	37 个/市 × 4 市 = 148 个	68 个/市 × 4 市 = 272 个	600 个
西	15 个/市 × 4 市 = 60 个	30 个/市 × 4 市 = 120 个	37 个/市 × 4 市 = 148 个	68 个/市 × 4 市 = 272 个	600 个
合计	180 个	360 个	444 个	816 个	1800 个

3.2.2　调查问卷设计

为确保调查的科学性和中立性，我们依据财政公共化考评体系的要求，针对权威统计资料和政府公报中难以查找的数据开展调查。除调查所需的一些背景资料外，调查问卷的内容主要涉及以下方面：政府对市场的干预度、财政法治化、财政民主化、绩效改善度、分权规范度。同时，为提高调查的针对性，我们将根据被访者不同的社会特征和社会背景，对具体指标略做调整。

在调查内容的量化上，我们引入了"满意度"，即通过评价分值的加权计算，得到测量满意程度（深度）的一种指数概念。在本次调研中，每道题的评价均为 0 ~ 10 分。计算满意度时，将每个得分的样本比例乘以分值，汇总得出一个十分制的满意度得分，然后换算成百分制计算的满意度得分。具体计算方法是：

满意度（十分制）= 0 × 该项比例 + 1 × 该项比例 + … + 10 × 该项比例

满意度（百分制）= 满意度得分（十分制）× 10

3.2.3　调查质量控制

为确保面对面问卷访问工作的质量，我们委托专业市场调查公司——北京美兰德信息公司进行独立第三方的问卷调查（美兰德公司出具的调研数据报告参见附录三）。在调查过程中，采取了以下措施对调查工作进行全程质量控制。

对调查队伍提出了严格要求，不仅要求督导员要拥有丰富的项目管理经验，可独立运作大型的面访项目；而且要求调查员须具备良好的沟通及应变能力，以及认真的工作态度。在此基础上，依据调查宗旨和问卷内容，对督导员和调查员进行了系统的财政公共化调查方法培训。全部问卷完成后，进行全面复核，主要流程可分为三步。一是省级实地复核。要求在调查员离开被调查城市之前，对每个访问员的问卷，随机抽取 20% 进行复核。二是省级电话复核。各省级执行机构在现场复核的基础上，再对每个访问员其余的问卷，随机抽取 30% 进行电话复核。三是调查公司电话复核。在省级执行机构复核的基础上，再对每个访问员的全部问卷，随机抽取 50% 进行电话复核，以确保总复核率不低于70%。

在复核过程中，一旦发现某个访问员的问卷有问题，不仅该问卷作废，重新补做，而且对该访问员所有问卷全部再复核。如再发现一份问题卷，该访问员问卷全部作废，由省级调查机构重做。

调查问卷经复核无误后，我们将采用双向录入法把调查结果录入数据库，以便将数据错误率限制在最小。

3.2.4　抽样精度

一个抽样调查方案所能达到的精度取决于总体调查指标的性质、有效样本量及抽样设计的效率。

在理论上，当设计为（不放回）简单随机抽样时，在置信度为 α 时，为达到要求的最大相对误差（也称相对误差限）γ，所需的简单随机抽样的样本量 n，在忽略有限总体修正系数时等于：

$$n = \frac{u_\alpha^2 S^2}{(\gamma \bar{y})^2} = \frac{u_\alpha^2}{\gamma^2} C^2 \qquad (3.1)$$

其中，$C = \dfrac{S}{\bar{y}}$ 为指标的（总体指标的）变异系数；u_α 为标准正态分布的 α 分位数；$\bar{y}$、S 分别为（总体指标的）均值和标准差。

　　为保证调查结果的可靠性，本研究的调查精度要求是：在 95% 置信水平下的最大相对误差不大于 4%。为此，课题组将简单随机抽样的样本量（n）与实际样本量（n^*）和表示抽样设计效率的设计效应（$deff$）的关系表示如下：

$$n = n^* / deff \qquad\qquad (3.2)$$

　　在满意率变异系数为 0.5 左右的情况下，确定调查的有效样本数量。

4. 公共财政建设状况的描述

　　课题组运用综合评价技术，通过专家打分、问卷调查、统计分析等方法对中国公共财政建设状况进行了定量分析和评价，得到了 2014 报告年度中国公共财政建设指数及其分项指数，客观指标的得分主要依据 2013 年公开发布的各种统计年鉴和相关资料①，主观指标得分来自 2013 年进行的问卷调查。

4.1　公共财政建设指数

4.1.1　公共财政建设综合评价指数

　　中国公共财政建设指标体系分为三个层次。

　　第一层次是公共财政建设综合评价指数（简称综合指数），是综合各类有关因素而形成的用于反映我国公共财政建设总体状态的单一指标。

　　根据测算，2014 报告年度，中国公共财政建设综合指数的得分为 69.08 分，比 2013 报告年度的得分 67.53 分提高了 1.55 分，比 2012 报告年度的得分 66.67 分提高了 2.41 分，比 2011 报告年度的得分 66.90 分提高了 2.18 分，比 2010 报告年度的得分 66.54 分提高了 2.54 分，比 2009

---

　　①　数据年份为 2012 年，由于数据发布年份的限制，部分指标采用 2011 年数据。

报告年度的得分 64.65 分提高了 4.43 分，比 2008 报告年度的得分 63.55
分提高了 5.53 分，比 2007 报告年度的得分 62.37 分提高了 6.71 分（见
图 4 – 1）。

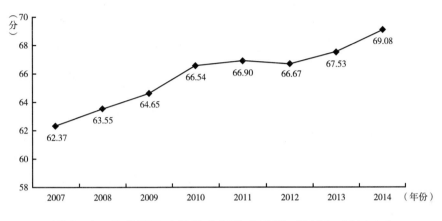

图 4 – 1　公共财政建设综合指数变动图（2007～2014 年）

从总体上看，与评价的初始年份——2007 报告年度相比，七年来中
国公共财政建设取得了显著的进展，年均增幅为 0.96 分。

4.1.2　公共财政建设分项评价指数

第二层次是公共财政建设分项评价指数（简称分项指数），共有 4
个，包括基础环境评价指数、制度框架评价指数、运行绩效评价指数和财
政国际化评价指数，分别用于反映我国公共财政建设备主要方面的状态。

2014 报告年度，基础环境分项指数的得分为 71.58 分，比 2013 报告
年度的得分 70.41 分提高了 1.17 分，增幅为 1.66%，是得分最高的分项
指数；基础环境分项指标比 2007 报告年度的得分 67.31 分提高了 4.27
分，累计增幅为 6.34%。

2014 报告年度，制度框架分项指数的得分为 64.68 分，比 2013 报告
年度的得分 62.94 分提高了 1.74 分，增幅为 2.76%；比 2007 报告年度的
得分 58.27 分提高了 6.41 分，增幅为 11%。

2014 报告年度，运行绩效分项指数的得分为 70.16 分，比 2013 报告

年度的得分 67.86 分提高了 2.30 分，增幅为 3.39%；比 2007 报告年度的得分 55.73 分提高了 14.43 分，增幅为 25.89%。

2014 报告年度，财政国际化分项指数的得分为 56.97 分，比 2013 报告年度的得分 56.32 分提高了 0.65 分，增幅为 1.15%；比 2007 报告年度的得分 53.25 分提高了 3.72 分，增幅为 6.99%。

从表 4-1 中可以看出，2014 报告年度的四项分项指数中，与 2007 报告年度相比，运行绩效取得的进展最为显著，累计提高了 25.89%；其次是制度框架，累计提高了 11%；再次是财政国际化，累计提高了 6.99%；最后是基础环境，累计提高了 6.34%。

表 4-1 分项指数对比表（2007~2014 年）

分项指标	得分								2014 年比 2013 年		2014 年比 2007 年	
	2007 年	2008 年	2009 年	2010 年	2011 年	2012 年	2013 年	2014 年	差异值	变化率（%）	差异值	变化率（%）
基础环境	67.31	67.51	68.67	70.41	71.10	69.27	70.41	71.58	1.17	1.66	4.27	6.34
制度框架	58.27	60.00	60.28	61.39	61.67	62.87	62.94	64.68	1.74	2.76	6.41	11.00
运行绩效	55.73	58.75	61.26	65.02	64.52	66.30	67.86	70.16	2.30	3.39	14.43	25.89
财政国际化	53.25	54.71	53.76	54.34	54.34	56.65	56.32	56.97	0.65	1.15	3.72	6.99

与 2013 报告年度相比，运行绩效分项指数的增幅最大，为 3.39%；其次是制度框架分项指数，为 2.76%；基础环境分项指数的增幅为 1.66%；财政国际化分项指数增幅为 1.15%。

图 4-2 是 2007~2014 八个报告年度四大分项指数得分的变动图，从图中可以看出，基础环境分项指数的绝对得分较高，但增幅较小；运行绩效分项指数的初始得分较低，但几年来增幅显著，2009 报告年度超过了制度框架指标的得分；制度框架分项指数从总体上看保持持续增长，但增幅相对较小；财政国际化指标的绝对得分较低，除 2012 报告年度外，该指标的得分变动幅度相对较小。

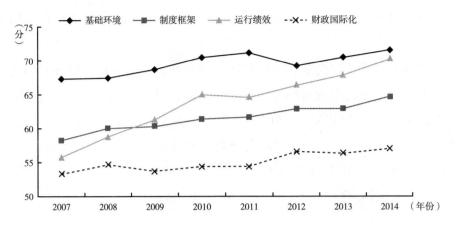

图4-2　公共财政建设分项指数变动图（2007～2014年）

4.1.3　公共财政建设因素评价指数

第三层次是公共财政建设因素评价指数（简称因素指数），共有10个，分别是：政府干预度、非营利化、收支集中度、财政法治化、财政民主化、分权规范度、财政均等化、可持续性、绩效改善度和财政国际化。每个因素评价指数都是综合若干个反映该因素的评价指标而形成的。每个因素评价指数都能够表现出所对应方面的公共财政建设状态。

上述10个因素评价指标在2014报告年度的得分分别为：

政府干预度（反映政府在维护市场秩序、环境保护与资源利用和收入分配方面对市场进行干预的有效性）：74.08分；

非营利化（财政退出竞争性行业的情况）：61.67分；

收支集中度（政府资金收支和管理的集中程度）：88.89分；

财政法治化（财政立法、财政权利保障、财政执法和财政司法）：66.32分；

财政民主化（居民对财政事务的知情权、参与权和监督权）：63.83分；

分权规范度（各级政府财权与事权划分的规范性）：62.93分；

财政均等化（公共服务均等化与公共收入的公平性）：69.18分；

可持续性（反映财政对资源、生态的补偿及财政风险状况）：74.03分；

绩效改善度（居民对各项政府职能和公共服务的满意度）：68.23分；

财政国际化（财税国际合作与对外交流）：56.97分。

从图4－3中可以看出，2014报告年度十大因素指标的得分分布仍不均衡，收支集中度、政府干预度与可持续性指标的得分超过70分，分别为88.89分、74.08分与74.03分。非营利化指标2014年继续下滑，且得分比2013报告年度进一步下滑，仅为61.67分。

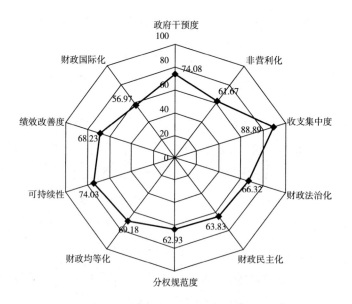

图4－3　因素指标雷达图（2014年）

除非营利化指标外，得分在60～70分的指标还有5个，分别是财政均等化（69.18分）、绩效改善度（68.23分）、财政法治化（66.32分）、财政民主化（63.83分）、分权规范度（62.93分）；2014报告年度，得分仍低于60分的指标只有财政国际化（56.97分）。

从表4－2中可以看出，公共财政建设十大因素指标中，2014报告年度与2007报告年度相比，累计增幅最大的是可持续性指标，达到74.52%；其次是政府干预度，累计增幅为30.24%；增幅超过10%的指标还包括收支集中度（29.84%）、财政均等化（15.98%）、分权规范度（14.36%）、绩效改善度（11.87%）、财政法治化（10.98%）。

表4-2　十大因素指数对比表（2007～2014年）

因素指数	得分								2014年比2013年		2014年比2007年	
	2007年	2008年	2009年	2010年	2011年	2012年	2013年	2014年	差异值	变化率（%）	差异值	变化率（%）
政府干预度	56.88	58.85	61.70	64.89	67.36	69.18	72.29	74.08	1.79	2.48	17.20	30.24
非营利化	76.74	75.35	73.99	73.23	71.67	64.11	63.28	61.67	-1.61	-2.54	-15.07	-19.64
收支集中度	68.46	68.47	71.70	76.04	78.03	81.35	82.71	88.89	6.18	7.47	20.43	29.84
财政法治化	59.76	62.78	62.63	62.96	63.87	65.74	64.73	66.32	1.59	2.46	6.56	10.98
财政民主化	58.31	58.93	58.42	59.91	60.35	60.88	61.57	63.83	2.26	3.67	5.52	9.47
分权规范度	55.03	56.27	59.07	61.09	59.59	60.84	61.90	62.93	1.03	1.66	7.90	14.36
财政均等化	59.65	61.23	62.72	65.42	67.00	67.53	68.13	69.18	1.05	1.54	9.53	15.98
可持续性	42.42	48.50	56.07	64.42	59.15	65.01	68.94	74.03	5.09	7.38	31.61	74.52
绩效改善度	60.99	64.07	63.46	64.74	64.56	64.83	66.08	68.23	2.15	3.25	7.24	11.87
财政国际化	53.25	54.71	53.76	54.34	54.34	56.65	56.32	56.97	0.65	1.15	3.72	6.99

非营利化是2014报告年度与2007报告年度相比唯一一个得分累计下降的指标，累计降低了15.07分，累计降幅为19.64%。财政国际化七年的累计增幅仅为6.99%，排名倒数第二；排名倒数第三的是财政民主化（9.47%）。

图4-4是2007～2014八个报告年度十大因素指标得分的变动情况，从图中可以比较直观地看出十大指标七年来的走势。

2014报告年度与2013报告年度相比，只有一个因素指标（非营利化指标）出现了下降，降幅为2.54%。其他九个因素指标的得分均有不同程度的上升，其中增幅最大的是收支集中度指标，增幅7.47%；其次是可持续性指标，增幅为7.38%；财政民主化、绩效改善度、政府干预度和财政法治化的增幅为2%～4%；分权规范度、财政均等化和财政国际化的增幅均为1%～2%。

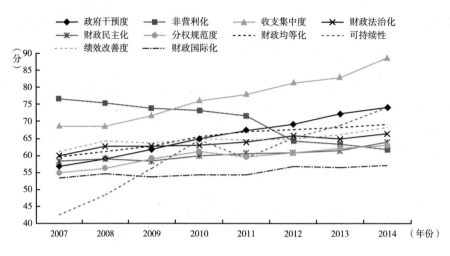

图 4 - 4　公共财政建设十大因素指数变动图（2007 ~ 2014 年）

4.2　基础环境评价指数

作为最重要的分项评价指数，基础环境指数用来测度经济转轨过程中市场化改革对公共财政的影响，反映政府与市场关系调整对公共财政建设的要求。该指数由三个因素评价指数合成，其中政府对市场的干预度（以下简称政府干预度）指标反映在市场经济体制下，政府履行公共财政职能的基本情况；财政非营利化和财政收支集中度则反映了经济体制转轨对财政公共化的具体要求。

2014 报告年度，基础环境分项指数为 71.58 分，与之前几个报告年度一样，仍是四大分项指数中最高的。在基础环境指数的因素指标中，收支集中度指标的得分最高且涨幅最大，2014 报告年度该指标得分为 88.89 分，比上一报告年度的 82.71 分提高了 6.18 分；政府干预度指标得分也有一定程度的提高，2014 报告年度该指标得分为 74.08 分，比 2013 报告年度的 72.29 分上升了 1.79 分；非营利化指标得分仍然延续前几个报告年度的下降态势，2014 报告年度该指标的得分为 61.67 分，比上一报告年度的 63.28 分下降了 1.61 分。

4.2.1　政府干预度指数

在市场经济体制下，政府对市场经济的干预度是反映财政公共化程度的基础性指标。根据指标设计的独立性、客观性原则，我们从公共财政的基本特征与中国现阶段公共财政职能的现实要求出发，最终确定从建立规范与维护市场秩序、环境保护与资源综合利用、社会保障与收入分配三个方面反映政府干预市场经济运行，履行公共职能方面的状况。[①]

表4-3、图4-5是2007~2014八个报告年度构成政府干预度的三个二级指标的得分及其变动情况，从中可以看出，建立规范与维护市场秩序的得分七年来变动幅度最小，2014报告年度仅比2007报告年度增长了6.30分；环境保护与资源综合利用指标得分在三个二级指标中最高，2014报告年度的得分达到了80.76分；社会保障与收入分配的得分较低，但七年来出现较大幅度的增长，2014报告年度的得分为66.97分，比2013报告年度提高了3.56分，比2007报告年度提高了28.09分。

表4-3　政府干预度二级指标构成（2007~2014年）

二级指标	2007年	2008年	2009年	2010年	2011年	2012年	2013年	2014年
建立规范与维护市场秩序	68.22	69.30	68.61	70.84	71.40	71.43	72.56	74.52
环境保护与资源综合利用	63.55	64.84	68.88	72.35	75.51	79.49	79.70	80.76
社会保障与收入分配	38.88	42.42	47.60	51.50	55.16	56.61	63.41	66.97

注：2014报告年度的环境保护与资源综合利用指标得分与2012及之前报告年度的得分不可比。

F101　建立规范与维护市场秩序

建立规范与维护市场秩序是市场经济正常运行的必要条件，也是政府必须履行的基本公共职能。在市场经济体制下，专业化分工会在一定程度上产生信息的不对称，技术进步和经济组织的复杂要求政府提供诸如反垄断、反不正当竞争等"补救性"的基本公共服务，现实中谈判能力差异

---

① F104行政管制、F105政府收支规模合理度两个指标作为参考指标，不进行年度考评。

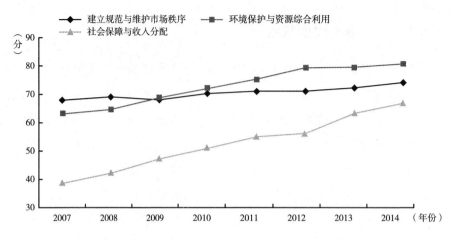

图 4 - 5　政府干预度二级指标变动图（2007～2014 年）

导致的实际权责的不对称也需要政府通过《劳动法》《消费者权益保护法》等对相对弱势的当事人予以法律援助。因此，建立规范与维护市场秩序是政府在市场经济条件下所提供的最基本的公共服务。

建立规范与维护市场秩序涉及立法、司法、行政等多个环节，包括知识产权保护、安全生产、打击假冒伪劣商品等多个领域。根据重要性、可比性、可持续性等指标设计原则，我们最终选取的用于刻画政府在建立规范与维护市场秩序方面的具体评价指标有三个，即社会公众对政府维护市场秩序的满意度、消费者权益保护状况的满意度和监督抽查产品的合格率。F101.1 市场经济法律体系的完备度指标作为参考指标不进行年度测评。

1. 社会公众对政府维护市场秩序的满意度

F101.2 维护市场经济秩序满意度是通过问卷获取的主观评价指标，反映了社会公众对政府维护市场秩序的主观感受。该指标的数据根据政府机关、事业单位、企业和居民四类问卷主体对以下问题按 0～10 分打分获得：

请问您对目前政府在维护市场经济正常运行方面的满意程度如何？
（0＝非常不满意，10＝非常满意）＿＿＿

最终得分为按权重汇总计算的百分制满意度。

2013 年调查问卷中①，该指标最终权重得分为 67.71 分，比 2012 年问卷调查得分小幅上升了 0.12 分。在四类问卷对象中，居民和企业的打分上升；相反，政府和事业单位的打分却有所下降。七年来，居民对维护市场经济秩序的满意度最低，而事业单位的打分则相对较高（参见表 4 - 4，问卷数据详见附录三②）。

表 4 - 4　维护市场经济秩序满意度（2006 ~ 2013 年）

样本性质	2006 年	2007 年	2008 年	2009 年	2010 年	2011 年	2012 年	2013 年
政　　府	71.70	74.78	66.67	72.89	71.78	70.62	70.90	70.52
事业单位	71.12	75.94	71.82	76.47	75.71	75.48	73.99	72.64
企　　业	63.60	67.05	64.02	67.33	69.41	68.98	70.36	72.08
居　　民	62.00	61.26	60.88	64.60	63.45	63.43	62.46	62.47
权重得分	65.19	67.00	64.43	68.49	68.23	67.95	67.59	67.71

资料来源：调查问卷。

2. 消费者权益保护满意度

F101.3 消费者权益保护满意度指标是通过对居民问卷获取的主观评价指标，反映居民（消费者）对政府保护消费者权益的主观感受。该指标的数据根据居民问卷中对以下问题按 0 ~ 10 分打分获得：

您对目前消费者权益受保护状况的满意程度如何？
（0 = 非常不满意，10 = 非常满意）＿＿＿＿

最终得分为汇总计算的百分制满意度。

2013 年调查问卷该指标的最终得分为 63.40 分，比 2012 年调查问卷的得分 60.53 分提高了 2.87 分，比 2006 年调查问卷的得分 54.88 分提高了 8.52 分。

---

① 由于问卷调查年度比报告年度早一年，因此 2014 报告年度对应 2013 年的调查问卷得分。
② 报告正文中凡是涉及加权评价的问卷数据，各问卷主体的具体打分情况参见报告附录三。

2013年问卷调查中，有72.4%的样本打分在6分以上，有28.89%的样本打分在8分以上，分别比2012年调查结果提高了6.7个百分点和5.16个百分点，相比2008年的调查结果提高了20.49个百分点和9.38个百分点（见表4-5和图4-6）。

表4-5　消费者权益保护满意度样本分布与得分（2006～2013年）

单位：%

分值	2006年	2007年	2008年	2009年	2010年	2011年	2012年	2013年
0	5.47	4.13	5.69	2.65	3.14	2.89	2.78	1.64
1	1.46	0.83	1.16	1.81	1.06	0.58	0.81	1.29
2	3.52	2.59	4.30	4.21	3.85	4.74	2.38	1.52
3	5.83	6.13	7.08	5.66	5.87	6.24	4.10	2.46
4	8.75	6.60	7.32	7.70	8.60	6.82	7.94	6.32
5	23.82	19.34	22.53	20.46	18.17	19.88	16.34	14.39
6	16.52	16.86	15.21	19.25	16.50	16.30	21.09	20.35
7	15.92	17.22	17.19	17.45	19.79	22.43	20.84	23.16
8	12.76	17.81	11.85	14.20	16.24	13.53	15.43	20.94
9	3.40	5.07	4.18	4.21	3.64	4.28	4.81	6.08
10	2.55	3.42	3.48	2.41	3.14	2.31	3.49	1.87
得分	54.88	59.15	55.18	57.35	58.32	58.01	60.53	63.40

资料来源：调查问卷。

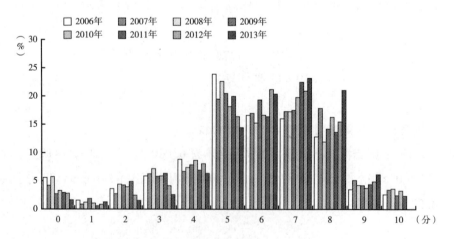

图4-6　消费者权益保护满意度样本比例分布图（2006～2013年）

3. 监督抽查产品合格率

我们采用监督抽查产品合格率这一客观指标反映政府在消费者权益保护方面的实际绩效。2009 年及之后年份的《中国统计年鉴》将《产品质量监督检查情况》的数据细分为《产品质量国家监督抽查情况》和《产品质量省级监督抽查情况》。2012 年，国家监督抽查产品 149 种，抽查企业 18791 家，抽查产品 20355 批，其中不合格产品 2072 批，产品合格率为 89.82%，比上年（87.50%）有所上升。省级监督抽查产品 3522 种，抽查企业 186700 家，抽查产品 277223 批，其中不合格产品 20354 批，产品合格率为 92.66%，同样比上年（91.70%）有所上升。国家和省级合计的产品合格率为 92.46%（见表 4 - 6）。

表 4 - 6　产品质量监督检查情况（2012 年）

	抽查产品（种）	抽查企业（家）	抽查产品（批）	不合格产品（批）	产品合格率（%）
国　家	149	18791	20355	2072	89.82
省　级	3522	186700	277223	20354	92.66
合　计	3671	205491	297578	22426	92.46

资料来源：《中国统计年鉴 2013》。

我们以批次合格率 0 ~ 100% 作为监督抽查产品合格率指标的标准值计算得到 2014 报告年度 F101.4 监督抽查产品的合格率指标的得分为 92.46 分。

F102　环境保护与资源综合利用

环境保护与资源综合利用对于当前中国经济社会可持续发展具有非常重要的意义。我们选取了七个具体评价指标来反映环境保护与资源综合利用领域的进展状况，这七个指标分为三个方面。

一是反映工业污染治理情况的指标，由 F102.1 工业废水排放改善度和 F102.2 工业废气排放改善度两个指标构成。

二是反映城乡环境保护的指标，由 F102.3 城市污水（处理厂）集中处理率、F102.4 城市生活垃圾无害化处理率、F102.5 农村卫生厕所普及率三个指标构成。

三是反映资源综合利用的指标，由 F102.6 城市用水重复利用率、F102.7 工业固体废物综合利用率两个指标构成。

2014 报告年度，F102 环境保护与资源综合利用指标的得分为 80.76 分①（见表 4 – 7）。

表 4 – 7　环境保护与资源综合利用（2005~2012 年）

年　份	2005	2006	2007	2008	2009	2010	2011	2012
工业废水排放达标率(%)	91.2	90.7	91.7	92.4	94.2	95.3	—	—
工业二氧化硫排放达标率(%)	79.4	81.9	86.3	88.8	91.0	97.9	—	—
工业废水中化学需氧量含量(千克/百吨)	22.82	22.54	20.72	18.94	18.76	18.31	15.37	15.27
工业废水中氨氮含量(千克/百吨)	2.16	1.77	1.38	1.23	1.17	1.15	1.22	1.19
工业废水排放中主要污染物含量(千克/百吨)	24.98	24.31	22.10	20.16	19.93	19.46	16.59	16.46
工业废水排放改善度得分	91.2	90.7	91.7	92.4	94.2	95.3	96.0	96.02
工业废气中二氧化硫排放浓度(千克/万立方米)	8.06	6.75	5.51	4.93	4.28	3.59	2.99	3.10
工业废气中烟粉尘排放浓度(千克/万立方米)	6.92	5.05	3.79	3.11	2.59	2.03	1.63	1.62
工业废气排放中主要污染物浓度(千克/万立方米)	14.98	11.81	9.30	8.04	6.87	5.62	4.62	4.72
工业废气排放改善度得分	79.4	81.9	86.3	88.8	91.0	97.9	98.3	98.24
城市污水(处理厂)集中处理率(%)	39.36	43.06	49.55	57.64	65.80	73.76	78.10	82.5
城市生活垃圾无害化处理率(%)	51.70	52.20	62.00	66.80	71.40	77.90	79.80	84.8

---

①　从 2013 报告年度起，构成 F102 环境保护与资源综合利用的具体评价指标中，F102.1、F102.2 和 F102.7 较之前报告年度发生了变化。

年　份	2005	2006	2007	2008	2009	2010	2011	2012
农村卫生厕所普及率(%)	55.30	55.00	57.00	59.70	63.20	67.40	69.18	71.71
城市用水重复利用率(%)	71.80	70.95	73.55	76.83	75.96	77.39	80.18	80.10
工业固体废物综合利用率(%)	47.98	51.61	55.70	57.64	61.19	61.77	56.31	51.93

注：1. 2005～2010 年工业废水排放改善度得分和工业废气排放改善度得分分别用工业废水排放达标率和工业二氧化硫排放达标率表示。2012 年后，《中国环境统计年鉴》中无工业废水排放达标率和工业二氧化硫排放达标率的统计，为使 2011 年及以后的工业废水排放改善度得分和工业废气排放改善度得分能够与 2011 年以前具有可比性，我们采用了如下测算方法：设定 2010 年工业废水排放中主要污染物含量 19.46 对应该年工业废水排放不达标率 4.7%（100% - 95.3%），计算得到 2011 年和 2012 年工业废水排放中主要污染物含量 16.59 和 16.46 对应的 2011 年和 2012 年工业废水排放不达标率为 4.0% 和 3.98%，由此得到工业废水排放改善度得分为 96.0 分和 96.02 分。同理我们测算得到 2011 年和 2012 年工业废气排放改善度的得分情况。

2. 本表中"工业固体废物综合利用率"是由"工业固体废物综合利用量/（工业固体废物产生量＋上年工业固体废物贮存量）"计算得到，与以前年度报告中的"工业固体废物综合利用率"不可比。

资料来源：历年《中国环境统计年鉴》。

1. 工业污染治理情况

从表 4-7 中可以看出，与 2011 年相比，2012 年工业废水排放中主要污染物含量有一定程度的下降，相应工业废水排放改善度得分（96.02 分）也略有提高。然而，2012 年的工业废气排放中主要污染物浓度指标却因工业废气中二氧化硫排放浓度比上年大幅提高而上升，致使工业废气排放改善度的得分（98.24 分）低于上年（98.3 分）。

2. 城乡环境保护

从表 4-7 中可以看出，2012 年与城乡环境保护有关的三个指标的得分均有显著提高。其中，城市污水（处理厂）集中处理率 2012 年达到了 82.50%，比上年的 78.10% 提高了 4.4 个百分点，比 2005 年的 39.36% 提高了 43.14 个百分点；城市生活垃圾无害化处理率 2012 年达到了 84.80%，比上年的 79.80% 大幅提高了 5 个百分点，比 2005 年的

51.70%提高了33.1个百分点；农村卫生厕所普及率2012年达到71.71%，比上年的69.18%提高了2.53个百分点，比2005年的55.3%提高了16.41个百分点。

3. 资源综合利用

2012年城市用水重复利用率为80.10%，比上年的80.18%略有下降，但比2005年的71.80%提高了8.3个百分点；2012年工业固体废物综合利用率为51.93%，比上年的56.31%下降了4.38个百分点。相比于反映环境保护的工业废水、废气的治理，工业固体废物综合利用率仍处于较低水平（见表4-7）。

F103 社会保障与收入分配

通过各种政策措施对收入进行二次分配以尽可能实现符合社会公平要求的收入分配格局，是政府最基本的职能之一。在财政支出方面，建立完善的社会保障体系是当前中国缓解收入分配差距、维护社会稳定的主要措施。因此，我们最终选取养老保险覆盖度、基本医疗保险覆盖度、最低生活保障覆盖度、社会保险基金收入占GDP的比重四个指标来反映现阶段政府提供社会保障的水平。

在财政收入方面，由于流转税，尤其是采用比例税率征收的一般流转税通常具有累退效应，而超额累进的个人所得税的收入分配效应比较显著，因此，我们用个人所得税占税收收入的比重来反映税收对收入分配的调节力度。

社会保障与收入分配指标的绝对得分较低，但增幅显著。2014报告年度，F103社会保障与收入分配的得分为66.97分，比2013报告年度的63.98分提高了2.99分，比2007报告年度的38.88分提高了28.09分，累计增幅高达72.25%。

1. 基本养老保险

从表4-8中可以看出，1998年以来，我国城镇基本养老保险稳步发展，2012年在职职工参保人数占城镇从业人员的比例（城镇从业人员基本养老保险参保率）为61.94%，比上年的60.05%提高了1.89个百分点，比1998年的39.21%提高了22.73个百分点。

表 4 – 8　城镇基本养老保险发展状况（1998～2012 年）

年份	合计 （万人）	在职职工 参保数（万人）	离休和退休人员 参保数（万人）	城镇从业 人员数（万人）	城镇从业人员 参保率（%）
1998	11203.1	8475.8	2727.3	21616	39.21
1999	12485.4	9501.8	2983.6	22412	42.40
2000	13617.4	10447.5	3169.9	23151	45.13
2001	14182.5	10801.9	3380.6	24123	44.78
2002	14736.6	11128.8	3607.8	25159	44.23
2003	15506.7	11646.5	3860.2	26230	44.40
2004	16352.9	12250.3	4102.6	27293	44.88
2005	17487.0	13120.4	4367.5	28389	46.22
2006	18766.3	14130.9	4635.4	29630	47.69
2007	20136.9	15183.2	4953.7	30953	49.05
2008	21891.1	16587.5	5303.6	32103	51.67
2009	23549.9	17743.0	5806.9	33322	53.25
2010	25707.3	19402.3	6305.0	34687	55.94
2011	28391.27	21565.0	6826.2	35914	60.05
2012	30426.8	22981.1	7445.7	37102	61.94

注：1. 城镇从业人员参保率为在职职工参保数比城镇从业人员数；

2. 从 2005 年起，退职人员数并入退休人员数。

资料来源：《中国统计年鉴 2013》。

我们以全国全部城乡就业人口和 65 岁及以上人口合计数作为养老保险应覆盖的人口，以城镇职工基本养老保险参保人数、农村社会养老保险参保人数、国有机关和事业单位就业人数的合计数作为享受基本养老保险的人数来计算全国城乡基本养老保险的覆盖度。

2012 年，全国城乡就业人口为 76704 万人，65 岁及以上人口为 12714 万人，合计为 89418 万人。城镇基本养老保险参保人数为 30426.8 万人；参加农村社会养老保险人数为 36000 万人；国有机关和事业单位就业人数合计为 4285 万人；[1] 上述三项合计为 70711.8 万人。由此，计算得到 2014

---

① 《中国人力资源和社会保障统计年鉴 2013》。

报告年度全国城乡基本养老保险覆盖度为 79.08%，比 2013 报告年度的 73.43% 提高了 5.65 个百分点，比 2007 报告年度的 31.51% 提高了 47.57 个百分点（见表 4-9）。

表 4-9　养老保险覆盖度计算表（2005~2012 年）

单位：万人，%

年份	城乡就业人口	65 岁及以上人口	城镇职工基本养老保险参保人数	农村社会养老保险参保人数	国有机关和事业单位就业人数	养老保险覆盖度
2005	74647	10055	17487.90	5441.9	3758.2	31.51
2006	74978	10419	18766.30	5373.7	3814.7	32.73
2007	75321	10636	20136.90	5171.5	3870.4	33.95
2008	75564	10956	21891.10	5595.1	3946.0	36.33
2009	75828	11307	23549.89	7277.3	3998.8	39.97
2010	76105	11894	25707.30	10276.8	3999.0	45.44
2011	76420	12298.9	28391.27	32643.45	4110.03	73.43
2012	76704	12714.0	30426.80	36000.00	4285.0	79.08

注：1. 城乡就业人口、65 岁及以上人口数按《中国统计年鉴 2013》调整；

2. 2012 年国有机关和事业单位就业人数根据《中国人力资源和社会保障统计年鉴 2013》相关数据计算得到，其他年份数据来自《中国劳动统计年鉴》；

3. 2012 年 8 月起，新型农村社会养老保险和城镇居民社会养老保险制度全覆盖工作全面启动，合并为城乡居民社会养老保险。相应的，2012 年也未给出"农村社会养老保险参保人数"统计数据。但根据人力资源和社会保障部《社会保障"十二五"规划纲要》，2012 年新农保计划参保人数为 3.6 亿人，在表中我们采用这个数据作为 2012 年的"农村社会养老保险参保人数"。

资料来源：历年《中国统计年鉴》和《中国劳动统计年鉴》。

2. 基本医疗保险

2012 年，在职职工参保人数占城镇从业人员的比例（城镇职工基本医疗保险参保率）为 53.53%，比 2011 年的 52.76% 提高了 0.77 个百分点，比 1998 年的 6.98% 提高了 46.55 个百分点。但是，从基本医疗保险的覆盖度来看，其绝对水平仍然偏低，2012 年城镇从业人员的医疗保险参保率比城镇从业人员基本养老保险参保率（61.94%）低了近 9 个百分点（见表 4-8 和表 4-10）。

表4-10　城镇职工基本医疗保险发展状况（1998～2012年）

年份	合计（万人）	在职职工参保数（万人）	离休和退休人员参保数（万人）	城镇从业人员（万人）	城镇从业人员参保率(%)
1998	1877.7	1508.7	369.0	21616	6.98
1999	2065.3	1509.4	555.9	22412	6.73
2000	3787.0	2862.8	924.2	23151	12.37
2001	7285.9	5470.7	1815.2	24123	22.68
2002	9401.2	6925.8	2475.4	25159	27.53
2003	10901.7	7974.9	2926.8	26230	30.40
2004	12403.7	9044.5	3359.2	27293	33.14
2005	13782.9	10021.7	3761.2	28389	35.30
2006	15731.8	11580.3	4151.5	29630	39.08
2007	18020.0	13420.0	4600.0	30953	43.36
2008	19995.6	14987.7	5007.9	32103	46.69
2009	21937.4	16410.5	5526.9	33322	49.25
2010	23734.7	17791.2	5943.5	34687	51.29
2011	25227.1	18948.5	6278.6	35914	52.76
2012	26485.8	19861.6	6624.2	37102	53.53

注：城镇从业人员参保率为在职职工参保数比城镇从业人员数。

资料来源：《中国统计年鉴2013》。

　　根据《国务院关于开展城镇居民基本医疗保险试点的指导意见》（国发〔2007〕20号）的规定，2007年在有条件的省份选择2～3个城市启动试点，2008年扩大试点，2010年在全国全面推开，逐步覆盖全体城镇非从业居民。在此背景下，从2007年起，参加城镇居民基本医疗保险的人数迅速增长：2007年为4291万人，2008年为11826万人；2009年、2010年、2011年和2012年分别增长为18209.6万人、19528.3万人、47343万人和53641万人。①

　　由于农村新型合作医疗的迅速发展，近几年来基本医疗保险的覆盖度有了突飞猛进的发展。截至2012年底，全国已有2566个县（区、市）开

---

① 《人力资源和社会保障事业发展统计公报》（各年度）。

展了新型农村合作医疗，参合农民8.05亿人，参合率高达98.3%。2012年全国基本医疗保险基金支出为2408.0亿元，受益人次达到了17.47亿人次，分别比上年增长了40.80%和32.85%（见表4-11）。

表4-11　新型农村合作医疗发展情况（2004～2012年）

年份	开展新农合县（市、区）(个)	参加新农合人数(亿人)	参合率（%）	当年基金支出(亿元)	补偿支出受益人次(亿人次)
2004	333	0.80	75.2	26.4	0.76
2005	678	1.79	75.7	61.8	1.22
2006	1451	4.10	80.7	155.8	2.72
2007	2451	7.26	86.2	346.6	4.53
2008	2729	8.15	91.5	662.0	5.85
2009	2716	8.33	94.2	922.9	7.59
2010	2678	8.36	96.0	1187.8	10.87
2011	2637	8.32	97.5	1710.2	13.15
2012	2566	8.05	98.3	2408.0	17.47

资料来源：《中国统计年鉴2013》。

由于参加新农合的农村居民中有部分进城务工人员同时参加了城镇职工基本医疗保险，因此有重复参保的现象。我们最终以城镇基本医疗保险（包括城镇职工医疗保险和城镇居民基本医疗保险两部分）参保人数占城镇人口的比例作为基本医疗保险覆盖度指标的打分依据。①

2012年城镇人口为71182万人，城镇职工基本医疗保险参保人数为26485.6万人，城镇居民基本医疗保险参保人数为27155.7万人，据此计算的2012年城镇基本医疗保险覆盖度为75.36%，比2011年的68.53%提高了6.83个百分点，比2005年24.52%的覆盖度提高了50.84个百分点（见表4-12）。

---

① 目前国有机关和事业单位以及离退休人员中仍有部分实行公费医疗制度，由于缺乏相应的数据，我们未考虑公费医疗制度覆盖的人口，因此基本医疗覆盖度的得分相对偏低。随着城乡一体化进程的推进，应有越来越多的农村人口转变为城镇人口纳入城镇基本医疗保险的范围，同时公务员和事业单位改革也应逐步将公费医疗纳入城镇职工养老保险的范围，考虑到这些因素，以城镇基本医疗保险覆盖城镇人口的角度衡量中国基本养老保险覆盖度的变化也具有重要的考评价值。

表 4 – 12　城镇医疗保险覆盖度计算表（2005 ~ 2012 年）

单位：万人，%

年份	城镇人口	参加城镇职工基本医疗保险人数	参加城镇居民基本医疗保险人数	覆盖度
2005	56212	13782.9	—	24.52
2006	58288	15731.9	—	26.99
2007	60633	18020.0	4291.0	36.80
2008	62403	19995.6	11826.0	50.99
2009	64512	21937.4	18209.6	62.23
2010	66978	23734.7	19528.3	64.59
2011	69079	25227.1	22116.1	68.53
2012	71182	26485.6	27155.7	75.36

资料来源：历年《中国统计年鉴》和《人力资源和社会保障事业发展统计公报》。

3. 最低生活保障制度

20 世纪 90 年代中期，我国首先在城市地区建立了最低生活保障制度，2000 年中央明确规定："城市居民最低生活保障所需资金，由地方各级人民政府列入财政预算，专户管理，专款专用。中央和省级财政对财政困难地区和老工业基地给予补助。"这一规定对全面推进和进一步完善城市居民最低生活保障制度提供了可靠保证，截至 2002 年 7 月，全国城市地区实现了应保尽报。

2002 年前后，在农村传统救济体制的基础上，全国多个省市开展了农村最低生活保障制度。目前，农村最低生活保障制度在全国范围内已普遍建立。

根据《2012 年社会服务发展统计公报》，截至 2012 年底，全国共有 1114.9 万户、2143.5 万名城市居民得到了最低生活保障。2012 年全国城市平均低保标准为每人每月 330.1 元，比上年提高了 14.8%；2012 年全年累计支出城市低保资金 674.3 亿元，比上年增长了 2.2%。截至 2012 年底，全国共有农村低保对象 2814.9 万户、5344.5 万人。2012 年全国农村平均低保标准为每人每年 2067.8 元，比上年提高了 20.3%；2012 年全年累计支出农村低保资金 718 亿元，比上年增长了 7.5%。

4. 社会保险基金收入占 GDP 的比重

根据《中国统计年鉴》的口径，社会保险基金由基本养老保险、城镇基本医疗保险、失业保险、工伤保险和生育保险五项基金构成。表 4 - 13 是 2000~2012 年社会保险基金收入额及其占 GDP 的比重。从表中可以看出，2012 年社会保险基金收入为 28909.5 亿元，占 GDP 的比重为 5.57%，比 2011 年上升了 0.49 个百分点。

表 4 - 13　社会保险基金收入占 GDP 的比重（2000~2012 年）

单位：亿元，%

年份	GDP	社会保险基金收入	社会保险基金收入占 GDP 的比重	折算得分
2000	99214.6	2644.9	2.67	29.95
2001	109655.2	3101.9	2.83	31.78
2002	120332.7	4048.7	3.36	37.80
2003	135822.8	4882.9	3.60	40.39
2004	159878.3	5780.3	3.62	40.62
2005	184937.4	6975.2	3.77	42.38
2006	216314.4	8643.2	4.00	44.90
2007	265810.3	10812.3	4.07	45.70
2008	314045.4	13696.1	4.36	49.00
2009	340902.8	16115.6	4.73	53.12
2010	401513.0	18822.8	4.69	52.67
2011	473104.0	24043.2	5.08	57.13
2012	518942.1	28909.5	5.57	62.58

资料来源：《中国统计年鉴 2013》。

我们以 OECD 国家 2005 年、2006 年、2007 年三年社会保障缴款（Social Security Contributions）占 GDP 比重的平均值 8.9%[1]作为满分的标准值测算各报告年度社会保险基金收入占 GDP 的比重指标得分。经测

———————

① 根据 OECD *Revenue Statistics 1965 - 2009* 数据计算得到。

算，2012 年社会保险基金收入占 GDP 的比重指标得分为 62.58 分，比 2011 年的 57.13 分提高了 5.45 分，比 2005 年的得分 42.38 分提高了 20.20 分。

5. 税收的收入分配功能

近年来，中国的税收收入在持续快速增长的同时，税制结构保持了基本稳定。增值税、消费税、营业税、关税、城市维护建设税等主要流转税收入占税收收入的比重为 60% 左右，占 GDP 的比重为 10% 以上。而个人所得税占税收收入的比重为 6.5% 左右，占 GDP 的比重仅为 1% 左右（见表 4 - 14）。

表 4 - 14   中国的税制结构（2002~2012 年）

单位：亿元，%

年份	税收收入	主要流转税合计	主要流转税种的比重	个人所得税	个税比重	个税占GDP 的比重	折算得分
2002	17636.45	11585.78	65.69	1211.78	6.87	1.01	21.19
2003	20017.31	13536.39	67.62	1418.04	7.08	1.04	21.84
2004	24165.68	16035.98	66.36	1737.06	7.19	1.09	22.16
2005	28778.54	18683.07	64.92	2094.91	7.28	1.13	22.45
2006	34804.35	21966.20	63.11	2453.71	7.05	1.13	21.74
2007	45621.97	27366.60	59.99	3185.58	6.98	1.20	21.53
2008	54223.79	32830.84	60.55	3722.31	6.86	1.19	21.17
2009	59521.59	35043.71	58.88	3949.35	6.64	1.16	20.46
2010	73210.79	45401.21	62.01	4837.27	6.61	1.20	20.37
2011	89738.39	54575.92	60.82	6054.11	6.75	1.28	20.81
2012	100614.28	60321.56	59.95	5820.28	5.78	1.12	17.82

注：主要流转税合计数由国内增值税、国内消费税、进口环节"两税"、营业税、关税、城市建设维护税减出口退税得到。

资料来源：根据相关年份《中国统计年鉴》计算得到。

由于目前中国缺乏对居民个人征收的财产税，未开征遗产与赠予税，因此我们以个人所得税占税收收入的比重来评价税收的收入分配功能。在此，我们以 2005 年、2006 年、2007 年三年 OECD 国家个人所得税占税收收入比重的平均值——32.43% 为满分的标准值测算中国的税收收入的分配功能指标得分。[①] 2012 年个人所得税占税收收入的比重为 5.78%，利用此法算得 2012 年税收收入的分配功能指标的得分为 17.82 分，比上年下降了 2.99 分。

由表 4-14 可以看到，税收的收入分配功能指标得分从 2005 年的 22.45 分持续下滑至 2010 年的 20.37 分。但在 2011 年，出现了逆转，小幅上升至 20.81 分。此后，2012 年又延续了 2011 年之前的趋势，大幅下降至 17.82 分。

4.2.2 非营利化指数

财政非营利化的进展可以从存量和增量两个方面得以反映。在存量方面，我们用国有经济规模合理度指标反映国有经济结构的调整。在增量方面，我们采用财政投资的非营利化指标反映财政资金投向竞争性行业的状况，以此刻画公共财政在非营利化方面的进展。

改革开放以来，随着经济体制的转轨，财政非营利化进程不断加快，国有经济布局调整取得了明显成效。2007～2014 八个报告年度，非营利化的得分每年均有不同程度的下降。其中，2012 报告年度的此项得分降幅最大，高达 7.56 分。2014 报告年度，非营利化的得分为 61.67 分，比 2013 报告年度的 63.28 分进一步下滑了 1.61 分（见表 4-2）。

F201 国有经济规模合理度

我们用国有经济增加值占 GDP 的比重和国有经济在全社会固定资产投资中的比重变化来反映国有经济规模的变动。

1. 国有经济增加值占 GDP 的比重

受到数据可获得性的限制，我们无法准确测算国有经济增加值占 GDP 的比重，而且该指标为非单调性指标，难以获得评价的标准值，因此该指标在公共财政评价指标体系中作为参考指标使用，不进行年度评价。

[①] 根据 OECD *Revenue Statistics 1965 - 2009* 数据计算得到。

我们用国有及国有控股工业企业的企业数、工业增加值、资产总额、主营业务收入、利润总额、从业人员数六项指标占规模以上工业企业的比重反映国有经济在国民经济中地位的变化。从表4-15中可以看出，与2011年相比，2012年国有及国有控股企业的六项指标占规模以上工业企业的比重均有一定程度下降。

表4-15 国有及国有控股工业企业相关指标的变化（1998～2012年）

单位：%

年份	企业数	工业增加值	资产总额	主营业务收入	利润总额	从业人员
1998	39.22	57.03	68.84	52.33	36.02	60.49
1999	37.83	56.26	68.80	51.47	43.61	58.48
2000	32.84	54.25	66.57	50.15	54.82	53.88
2001	27.31	51.72	64.92	47.41	50.46	49.16
2002	22.65	48.30	60.93	43.70	45.52	43.90
2003	17.47	44.86	55.99	40.53	46.01	37.62
2004	12.88	42.36	50.94	35.91	45.71	29.80
2005	10.11	37.65	48.05	34.43	44.04	27.19
2006	8.27	35.78	46.41	32.34	43.51	24.52
2007	6.14	34.15	44.81	30.68	39.75	22.13
2008	5.00	28.37	43.78	29.50	29.66	20.30
2009	4.72	26.74	43.70	27.96	26.89	20.42
2010	4.47	26.61	41.79	27.85	27.78	19.24
2011	5.24	26.18	41.68	27.19	26.81	19.77
2012	5.19	25.14	40.62	26.37	24.51	18.43

资料来源：根据历年《中国工业统计年鉴2013》相关数据计算，2008～2012年无"工业增加值"统计数据，替换为"工业总产值"数据。

2. 国有经济在全社会固定资产投资中的比重

从表4-16中可以看出，国有经济在全社会固定资产投资中的比重从1998年至2008年出现了持续下降的现象，至2008年，该指标已下降为28.18%。但在2009年，该指标出现了反弹，上升为31.03%，略高于2006年、2007年和2008年的水平。此后几年，该指标又延续了2009年之前的持续下降态势，2010 年、2011 年和 2012 年分别下降为 29.96%、26.48% 和 25.68%。

表 4 - 16　国有经济占全社会固定资产投资的比重（1998～2012 年）

年份	全社会固定资产投资总额（亿元）	国有经济投资总额（亿元）	国有经济投资比重（%）
1998	28406.2	15369.4	54.11
1999	29854.7	15947.8	53.42
2000	32917.7	16504.4	50.14
2001	37213.5	17607.0	47.31
2002	43499.9	18877.4	43.40
2003	55566.6	21661.0	38.98
2004	70477.4	25027.6	35.51
2005	88773.6	29666.9	33.42
2006	109998.2	32963.4	29.97
2007	137323.9	38706.3	28.19
2008	172828.4	48704.9	28.18
2009	224598.8	69692.5	31.03
2010	278121.9	83316.5	29.96
2011	311485.1	82494.8	26.48
2012	374694.7	96220.2	25.68

资料来源：历年《中国统计年鉴》。

由于该指标为非单调性指标，难以确定合理的标准值进行打分评价，因此作为参考指标使用。

F202　财政投资的非营利化

我们用预算内资金对竞争性行业投资的比重和投资的范围两个指标反映财政投资的非营利化的进展状况。

1. 预算内资金对竞争性行业投资的比重

2007 年政府收支分类改革后，财政支出分类发生变化，企业亏损补贴、增拨企业流动资金和挖潜改造资金无法获得数据，因此将指标统一改为预算内资金对竞争性行业投资的比重。指标中的竞争性行业，我们界定为国民经济行业中的制造业、批发零售业、住宿和餐饮业、房地产业、租赁和商业服务业、居民服务和其他服务业（不含殡葬服务）等行业。

根据《中国固定资产投资统计年鉴2012》的数据①，在2011年国民经济行业小类城镇投资资金来源构成中，竞争性行业固定资产投资中来自国家预算内资金的比重为12.83%，比2008年的6.66%大幅提高了6.17个百分点（见表4-17）。

表4-17　预算内资金对竞争性行业投资的比重和范围（2004～2011年）

年份	预算内资金对竞争性行业投资的比重			预算内资金对竞争性行业投资的范围		
	竞争性行业国家预算内资金投资额（万元）	国家预算内资金投资总额（万元）	国家预算内资金对竞争性行业投资的比重(%)	竞争性行业中行业小类的数量(个)	有国家预算内投资的竞争性行业中行业小类的数量(个)	国家预算内资金对竞争性行业投资的范围(%)
2004	1563878	28555594	5.48	614	252	41.04
2005	1939117	36378711	5.33	614	270	43.97
2006	2773673	44387391	6.25	614	281	45.77
2007	3265365	54641294	5.98	614	292	47.56
2008	4913541	73770095	6.66	614	307	50.00
2009	10237259	114936270	8.91	614	386	62.87
2010	14939074	131046650	11.40	614	381	62.05
2011	19039692	148432898	12.83	614	392	63.84

资料来源：根据历年《中国固定资产投资统计年鉴》计算得到。

经测算，2014报告年度预算内资金对竞争性行业投资的比重指标得分为87.17分，比2013报告年度的得分88.60分下降了1.43分。

2. 预算内资金对竞争性行业投资的范围

尽管预算内资金直接投向企业的比重持续下降，竞争性行业固定资产投资中来自国内预算内资金的比重较低，但各级政府预算内资金投资的行

---

① 由于《中国固定资产投资统计年鉴》的出版时间较晚，因此F202.1预算内资金对竞争性行业投资的比重、F202.2预算内资金对竞争性行业投资的范围两个指标在2014报告年度使用2011报告年度的数据。

业分布仍然过宽。根据《中国固定资产投资统计年鉴 2012》的数据，2011 年竞争性行业 614 个行业小类中有 392 个行业小类有国家预算内资金投入，比 2010 年的 381 个行业小类增加了 11 个行业，比 2004 年累计增加了 140 个行业。

相应的，有国家预算内资金投入的行业小类占全部竞争性行业小类的比重由 2004 年的 41.04% 提高至 2008 年的 50%，2009 年又大幅提高至 62.87%。然而，在 2010 年，上述上升趋势出现了逆转，该指标小幅下降为 62.05%；到 2011 年，该指标又进一步抬头，上升为 63.84%。有超过 60% 的竞争性行业有国家预算内资金的投入，这与财政资金退出竞争性领域的改革方向是背道而驰的（见表 4-17）。

2014 报告年度，该指标得分为 36.16 分，比 2013 报告年度的 37.95 分下降了 1.79 分，比 2007 报告年度该指标 52.44 分的得分下降了 16.28 分。预算内资金对竞争性行业固定资产投资范围大是非营利化指标得分低的主要原因。

4.2.3 收支集中度指数

社会利益最大化是财政公共化的核心要求，这不仅反映为国有资本从竞争性领域的退出，即财政的非营利化过程。更重要的是，财政公共化要求约束政府部门的权力，禁止利用政治权力为部门和个人谋求利益。而要做到这一点，需要将全部政府收支纳入预算管理，所有政府收支归口于财税部门管理。

2010 报告年度，收支集中度的得分为 76.04 分，首次超过非营利化在十大因素指标中得分位列第一。2011 报告年度、2012 报告年度和 2013 报告年度，收支集中度的得分分别提高至 78.03 分、81.35 分和 82.71 分；2014 报告年度收支集中度的得分进一步大幅提高至 88.89 分，而且是十大因素指标中唯一一个得分高于 75 分的指标，比第二位的政府干预度指标的得分 74.08 分高出了近 15 分（见表 4-2）。

F301　政府资金收支集中度

我们采用预算外收支占政府收入的比重和行政事业单位财政拨款占全

部收入的比重两个指标反映政府资金收支的集中程度。

1. 预算外收支占政府收支的比重

从表 4 - 18 可以看出, 1997 年与 1996 年相比, 由于政府性基金 (收费) 纳入预算管理, 预算外收入与财政收入的比由 52.56% 下降为 32.67%。1997 年以来, 预算外收入与财政收入的比呈持续下降的趋势。2010 年, 该比值为 6.97%, 比 1997 年的 32.67% 下降了 25.70 个百分点, 比 2009 年的 9.36% 下降了 2.39 个百分点。

表 4 - 18　预算外收入占政府收入的比重 (1978 ~ 2010 年)

单位: 亿元, %

年份	预算外收入	财政收入	预算外收入与财政收入的比	预算外收入占政府收入的比重
1978	347.11	1132.26	30.66	23.46
1980	557.40	1159.93	48.05	32.46
1985	1530.03	2004.82	76.32	43.28
1989	2658.83	2664.90	99.77	49.94
1990	2708.64	2937.10	92.22	47.98
1991	3243.30	3149.48	102.98	50.73
1992	3854.92	3483.37	110.67	52.53
1993	1432.54	4348.95	32.94	24.78
1994	1862.53	5218.10	35.69	26.30
1995	2406.50	6242.20	38.55	27.82
1996	3893.34	7407.99	52.56	34.45
1997	2826.00	8651.14	32.67	24.62
1998	3082.29	9875.95	31.21	23.79
1999	3385.17	11444.08	29.58	22.83
2000	3826.43	13395.23	28.57	22.22
2001	4300.00	16386.04	26.24	20.79
2002	4479.00	18903.64	23.69	19.16
2003	4566.80	21715.25	21.03	17.38
2004	4699.18	26396.47	17.80	15.11
2005	5544.16	31649.29	17.52	14.91

续表

年份	预算外收入	财政收入	预算外收入与财政收入的比	预算外收入占政府收入的比重
2006	6407.88	38760.20	16.53	14.19
2007	6820.32	51321.78	13.29	11.73
2008	6617.25	61330.35	10.79	9.74
2009	6414.65	68518.30	9.36	8.56
2010	5794.42	83101.51	6.97	6.52

注：1. 1993～1996年的预算外资金收入范围分别有所调整，与以前各年不可比。从1997年起，预算外资金收入不包括纳入预算管理的政府性基金（收费），与以前年度不可比；从2004年起，预算外资金收入为财政预算外专户收入；从2011年起，预算外收支全部纳入财政预算，不再有预算外收支统计，故此表数据仅到2010年。

2. 本表政府收入是预算外收入与财政收入的合计数。

资料来源：《中国财政年鉴2011》。

受到数据可获得性的限制，我们以预算外资金收入与财政收入（一般预算收入）的合计数替代政府收入，以1978年以来预算外收入占政府收入的比重最高值52.53%（1992年）作为0分的标准值。2010年预算外收入占政府收入的比重为6.52%，据此折算的2012报告年度该指标的得分为87.59分，比2011报告年度的得分83.70分提高了3.89分，比2007报告年度的得分71.62分提高了15.97分。考虑到中国预算外收入早在2011年已被全部纳入财政预算，从2014报告年度起，我们将该指标的得分直接记为100分。

预算外资金支出的变化趋势与预算外资金收入的变化趋势是一致的（见表4-19），我们以预算外资金支出与财政支出（一般预算支出）的合计数替代政府支出，以1992年预算外支出占政府支出的比重最高值49.38%作为0分的标准值。2010年预算外支出占政府支出的比重为6.02%，比2009年的7.55%降低了1.53个百分点，据此折算2012报告年度的得分为87.81分，比2011报告年度的得分84.72分提高了3.09分，比2007报告年度的得分72.90分提高了14.91分。与预算外收入占政府收入的比重指标相一致，我们也将2014报告年度预算外支出占政府支出的比重指标得分直接记为100分。

表 4 - 19   预算外支出占政府支出的比重（1982~2010 年）

单位：亿元，%

年份	预算外支出	财政支出	预算外支出与财政支出的比	预算外支出占政府支出的比重
1982	734.53	1229.98	59.72	37.39
1983	875.81	1409.52	62.14	38.32
1984	1114.74	1701.02	65.53	39.59
1985	1375.03	2004.25	68.61	40.69
1986	1578.37	2204.91	71.58	41.72
1987	1840.75	2262.18	81.37	44.86
1988	2145.27	2491.21	86.11	46.27
1989	2503.10	2823.78	88.64	46.99
1990	2707.06	3083.59	87.79	46.75
1991	3092.26	3386.62	91.31	47.73
1992	3649.90	3742.20	97.53	49.38
1993	1314.30	4642.30	28.31	22.06
1994	1710.39	5792.62	29.53	22.80
1995	2331.26	6823.72	34.16	25.46
1996	3838.32	7937.55	48.36	32.59
1997	2685.54	9233.56	29.08	22.53
1998	2918.31	10798.18	27.03	21.28
1999	3139.14	13187.67	23.80	19.23
2000	3529.01	15886.50	22.21	18.18
2001	3850.00	18902.58	20.37	16.92
2002	3831.00	22053.15	17.37	14.80
2003	4156.36	24649.95	16.86	14.43
2004	4351.73	28486.89	15.28	13.25
2005	5242.48	33930.28	15.45	13.38
2006	5866.95	40422.73	14.51	12.67
2007	6112.42	49781.35	12.28	10.94
2008	6346.36	62592.66	10.14	9.21
2009	6228.29	76299.93	8.16	7.55
2010	5754.69	89874.60	6.40	6.02

注：1. 1993~1995 年和 1996 年的预算外资金包括的范围分别进行了调整，与以前年度不可比；从 1997 年起，预算外资金支出不包括纳入预算管理的政府性基金（收费），与以前年度不可比；从 2004 年起，预算外资金支出为财政预算外专户支出；从 2011 年起，预算外收支全部纳入财政预算，不再有预算外收支统计，故此表数据仅到 2010 年。

2. 本表政府支出是预算外资金支出与财政支出的合计数。

资料来源：1982~1995 年的数据来自《中国财政年鉴 2006》、1996~2009 年的数据来自《中国财政年鉴 2011》。

2. 行政事业单位财政拨款占全部收入的比重

按照《中国会计年鉴》行政事业单位收入决算表的口径，行政事业单位的收入分为财政拨款收入、行政单位预算外资金收入、上级补助收入、事业收入（含事业单位预算外资金收入）、事业单位经营收入、附属单位上缴收入和其他收入。从表4-20可以看出，2012年全国纳入汇编范围74.1万户预算单位的财政拨款占年度收入合计数的比重为77.77%，比2011年的77.71%小幅提高了0.06个百分点；比2005年的64.66%提高了13.11个百分点。2014报告年度该指标的得分为77.77分。

表4-20 行政事业单位财政拨款占全部收入的比重（2000~2012年）

年份	汇编户数（万户）	本年收入合计（亿元）	财政拨款（亿元）	财政拨款占本收入的比重(%)
2000	87.6	16126.95	8793.35	54.53
2001	112.1	25891.28	17201.62	66.44
2002	109.2	30184.39	20378.69	67.51
2003	107.5	33977.94	23048.97	67.84
2004	100.9	32793.08	20684.78	63.08
2005	90.8	39303.06	25412.29	64.66
2006	83.1	41173.62	26053.35	63.28
2007	79.9	50183.80	32940.62	65.64
2008	79.4	67158.76	47462.90	70.67
2009	79.1	77436.02	55632.41	71.84
2010	78.7	95494.45	71623.05	75.00
2011	73.7	113716.79	88374.79	77.71
2012	74.1	127717.68	99323.38	77.77

资料来源：历年《中国会计年鉴》。

F302 政府资金管理集中度

受到数据可获得性的限制，F302政府资金管理集中度的两个指标：非财税部门组织的收入占政府收入的比重和预算外资金收支自主权作为参考指标，不进行年度评价。

4.3　制度框架评价指数

制度框架分项评价指数，用来刻画财政制度公共化的进展。财政法治化、财政民主化两大指标反映了财政决策机制的公共化程度；而分权规范度指标则用来反映不同级次政府之间的分工规则对财政公共化的影响。

2014 报告年度，制度框架分项评价指数的得分为 64.68 分，比 2013 报告年度的 62.94 分提高了 1.74 分（见表 4 - 1）。

构成制度框架分项评价指数的三个因素指标：财政法治化 2014 报告年度的得分为 66.32 分，比 2013 报告年度的 64.73 分增加了 1.59 分；财政民主化和分权规范度 2014 报告年度的得分分别为 63.83 分和 62.93 分，比 2013 报告年度的 61.57 分和 61.90 分分别提高了 2.26 分和 1.03 分；三个因素指标 2014 报告年度分别比 2007 报告年度提高了 6.56 分、5.52 分和 7.90 分（见表 4 - 2）。

4.3.1　财政法治化指数

财政法治化建设是公共财政建设的重要内容，也是社会主义法治建设的重要内容。鉴于财政法治化是用于考评政府财政收支活动适用法律法规约束状况的指标，我们以财政立法、财政权利保障、财政执法和财政司法这四个二级指标具体描述财政法治化的进展状况。

2014 报告年度，财政法治化的得分为 66.32 分，比 2013 报告年度的 64.73 分上升了 1.59 分。构成财政法治化的四个二级指标中，财政立法的得分为 65.13 分，财政权利保障的得分为 66.45 分，财政执法的得分为 69.14 分，财政司法的得分为 64.54 分。与 2013 报告年度相比，四个二级指标的得分均有不同程度的上升。与 2007 报告年度相比，四个二级指标的得分均有较大程度的提高，提高最多的是财政司法（见表 4 - 21）。

表 4 - 21　财政法治化二级指标构成

二级指标	2007年	2008年	2009年	2010年	2011年	2012年	2013年	2014年	2014年比2013年	2014年比2007年
财政立法	59.81	61.12	60.11	61.60	64.96	64.78	63.27	65.13	1.86	5.32
财政权利保障	60.11	62.25	61.79	62.85	64.85	65.84	64.22	66.45	2.23	6.34
财政执法	63.74	68.11	67.70	67.13	66.80	70.07	68.64	69.14	0.50	5.40
财政司法	55.40	59.63	60.91	60.25	58.87	62.27	62.80	64.54	1.74	9.14
财政法治化得分	59.77	62.78	62.63	62.96	63.87	65.74	64.73	66.32	1.59	6.55

在财政法治化的评价指标中，税收立法指数、预决算差异度这两个指标作为参考指标，不用于年度评价，用于评价的七个指标均来自调查问卷。图 4 - 3 是 2014 报告年度这七个指标分布状况的雷达图。

从图 4 - 7 中可以看出，2014 报告年度，财政法治化七个具体评价指标中，得分最高的是税务机关依法征税程度，得分为 72.68 分，得分最低的是司法机关在财政收支中的作用，为 63.89 分。得分最高和得分最低的指标与上两个年度相同，同时七个指标得分均在 60 分以上，税务机关依法征税程度得分超过 70 分。

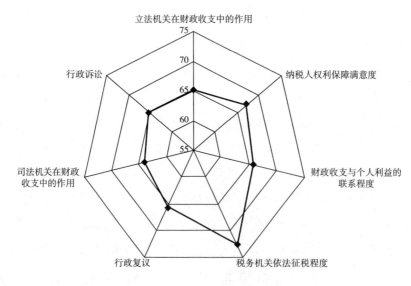

图 4 - 7　财政法治化评价指标雷达图 （2014 年）

从表 4 - 22 中可以看出，与 2013 报告年度相比，2014 报告年度七个指标中，除行政复议指数得分略有下降外，其他六个指标的得分均有不同程度的上升。其中，得分上升幅度最大的指标是税务机关依法征税程度，增幅为 3.00 分。从长期来看，与 2007 报告年度相比，财政法治化七个具体评价指标的得分还是有不同程度的提高，并且在近三年呈现出均等化倾向。

表 4 - 22　财政法治化具体评价指标一览表

具体评价指标	2007年	2008年	2009年	2010年	2011年	2012年	2013年	2014年	2014 年比2013 年	2014 年比2007 年
立法机关在财政收支中的作用	59.81	61.12	60.11	61.60	64.96	64.78	63.27	65.13	1.86	5.32
纳税人权利保障满意度	57.86	61.38	60.48	61.83	63.13	63.72	64.36	67.07	2.71	9.21
财政收支与个人利益的联系程度	62.35	63.11	63.09	63.87	66.56	67.95	64.08	65.83	1.76	3.48
税务机关依法征税程度	67.21	70.42	68.67	70.15	72.36	73.53	69.68	72.68	3.00	5.47
行政复议	60.26	65.80	66.73	64.10	61.23	66.60	67.60	65.60	- 1.99	5.34
司法机关在财政收支中的作用	54.22	56.39	56.43	58.36	59.55	60.66	61.04	63.89	2.85	9.67
行政诉讼	56.57	62.87	65.38	62.13	58.18	63.87	64.56	65.19	0.63	8.62

F401　财政立法

财政立法包括反映税收法定义的税收立法指数、立法机关在财政收支中的作用、预决算差异度三个具体评价指标。

1. 税收立法指数

按照税收法定主义原则，税收应当由立法机关制定，以法律的形式存在。而在我国现行的税收立法中，行政机关授权立法占了很大比重。目前，在现行的税收法律规范中，除《企业所得税法》《个人所得税法》《税收征收管理法》是由立法机关制定外，其余大多数税收法律规范是由国务院以条例、暂行规定的形式颁布的。

从另一方面分析，我国正处于经济体制转轨的过程中，与市场经济体制相适应的税制体系尽管已初步建立，但仍处于调整完善的阶段。在这一特殊的时期，现行的行政机关授权立法体制具有立法成本相对较低、税制调整的灵活性较高的特点。因此，根据我国经济社会发展的情况，随着税制的完善和稳定，应逐步将授权立法确立的各税收法律规范上升为立法机关制定的法律。

此外，需要特别指出的是，中国当前大量非税收入项目，如各项政府性基金的设立权属于行政机构，甚至在实质上归属于特定的政府组成部门（部委），这些收入项目大多与特定部门的支出联系在一起，在提议、批准、修订、变更、终止的整个过程中几乎没有立法机构的参与，形成了行政部门自己订立行政规章收钱、自己支配这部分收入的局面，这是中国非税收入膨胀的基本原因之一，也属于加强财政立法的重要内容。

由于该指标主要反映制度的变化，不具有年度之间的测度性，因此作为参考指标使用，不进行年度评价。

2. 立法机关在财政收支中的作用

该指标是通过问卷获取的主观评价指标，反映社会公众对财政收支中立法机关发挥作用的主观感受。该指标的数据根据政府机关、事业单位、企业和居民四类问卷主体对全国、省、市三级人大依据以下问题按0～10分打分获得：

您认为全国人大在财政收支中发挥的作用如何？

（0 = 完全没有作用，10 = 发挥了应有的作用）＿＿＿

您认为您（单位）所在省的省级人大在财政收支中发挥的作用如何？

（0 = 完全没有作用，10 = 发挥了应有的作用）＿＿＿

您认为您（单位）所在的地级市人大在财政收支中发挥的作用如何？

（0 = 完全没有作用，10 = 发挥了应有的作用）＿＿＿

最终得分为按权重汇总计算的百分制得分，其中对于全国、省级和市级人大采用算术平均。

2013 年问卷调查中，F401.2 立法机关在财政收支中的作用指标最终得分为 65.13 分，比 2012 年问卷调查得分 63.27 分上升了 1.86 分，扭转了之前的下降势头，但仍然比 2006 年问卷调查的得分低 0.62 分。

2013 年问卷调查中，四类调查对象中，政府打分大幅度增加了 5.74 分，居民和企业的打分均有不同程度的上升，事业单位打分有小幅下降。全国人大的得分高于省级人大，省级人大的得分高于地市级人大（见表 4 - 23）。

表 4 - 23　全国及地方人大在财政收支中的作用（2006 ~ 2013 年）

样本性质	2006 年	2007 年	2008 年	2009 年	2010 年	2011 年	2012 年	2013 年	全国	省级	地级市
政　　府	67.62	64.97	63.06	59.16	65.58	66.49	61.26	67.00	69.13	65.95	65.91
事业单位	66.72	67.02	66.42	69.73	72.74	69.93	70.01	69.38	71.01	68.56	68.58
企　　业	57.79	59.68	61.01	60.46	66.74	65.85	63.99	64.44	66.95	63.22	63.15
居　　民	56.13	58.44	56.16	59.17	60.37	61.52	60.32	63.20	64.46	63.47	61.66
加权平均	59.81	61.12	60.11	61.60	64.96	64.78	63.27	65.13	66.86	64.67	63.84

资料来源：调查问卷。

3. 预决算差异度[①]

预决算差异度指标是在一个完整的财政年度内，年初立法机关通过的预算与年度终了实际决算之间的差异。该指标一方面反映了预算制定的科学性、准确性，另一方面则体现了立法机关对财政收支的控制能力。

从表 4 - 24 中可以看到，2011 年超预算收入为 14154.43 亿元，较 2010 年度的 9150.32 亿元再次大幅度上升；超预算收入占财政收入的比重由 2007 年的 14.14% 下降为 2008 年的 4.64%，2009 年继续下降为 3.34%，2010 年则大幅回升为 11.01%，2011 年再次上升到 13.63%；超预算收入占财政增收的比重则由 2007 年的 57.77% 降至 2008 年的 28.42%，2009 年小幅上升为 31.84%，2010 年则大幅上升至 62.84%，2011 年再次上升至 68.14%。

---

① 由于该指标难以确定极小值的评分标准，因此作为参考指标，不进行年度评价。

表4-24 全国超预算收入的演变（1998~2011年）

单位：亿元，%

年份	财政收入	财政增收	财政预算收入	财政预算增收	超预算收入	超预算收入占财政收入的比重	超预算收入占财政增收的比重
1998	9875.95	1224.81	9683.68	1032.54	192.27	1.95	15.70
1999	11444.08	1568.13	10809.40	933.45	634.68	5.55	40.47
2000	13395.23	1951.15	12337.77	893.69	1057.46	7.89	54.20
2001	16386.04	2990.81	14760.20	1364.97	1625.84	9.92	54.36
2002	18903.64	2517.60	18014.83	1628.79	888.81	4.70	35.30
2003	21715.25	2811.61	20501.32	1597.68	1213.93	5.59	43.18
2004	26396.47	4681.22	23570.34	1855.09	2826.13	10.71	60.37
2005	31649.29	5252.82	29255.03	2858.56	2394.26	7.56	45.58
2006	38760.20	7110.91	35423.38	3774.09	3336.82	8.61	46.93
2007	51321.78	12561.58	44064.85	5304.65	7256.93	14.14	57.77
2008	61330.35	10008.57	58486.00	7164.22	2844.35	4.64	28.42
2009	68518.30	7187.95	66230.00	4899.65	2288.30	3.34	31.84
2010	83080.32	14562.02	73930.00	5411.70	9150.32	11.01	62.84
2011	103874.43	20772.92	89720.00	6618.49	14154.43	13.63	68.14

资料来源：根据历年《中国财政年鉴》计算得到。

F402 财政权利保障

财政权利保障由两个主观指标构成，即纳税人权利保障满意度和财政收支与个人利益的联系程度。

1. 纳税人权利保障满意度

该指标是通过问卷获取的主观评价指标，反映社会公众对纳税人权利保障的满意程度。该指标的数据根据政府机关、事业单位、企业和居民四类问卷主体对以下问题按0~10分打分获得：

您对目前纳税人各项权利（比如立法听证权、减免税收的申请权、平等对待权等）受保障状况的满意程度如何？

（0＝非常不满意，10＝非常满意）＿＿＿＿

最终得分为按权重汇总计算的百分制满意度。

2013 年调查问卷中，F402.1 纳税人权利保障满意度指标的最终得分为 67.07 分，比 2012 年调查问卷的得分 64.36 分增加了 2.71 分，比 2006 年调查问卷的得分 57.86 分增加了 9.21 分。

2013 年调查问卷中，各类别调查对象打分均出现不同程度的上升，政府对纳税人权利保障度的打分上升了 4.42 分，居民上升了 2.82 分，企业上升了 3.23 分，事业单位上升幅度最小，只有 0.97 分（见表 4-25）。

表 4-25　纳税人权利保障满意度（2006~2013 年）

样本性质	2006 年	2007 年	2008 年	2009 年	2010 年	2011 年	2012 年	2013 年
政　　府	65.60	67.56	63.39	64.21	64.05	64.22	65.22	69.64
事业单位	66.24	70.64	68.66	69.73	71.64	69.28	69.11	70.08
企　　业	55.82	57.62	59.91	60.20	65.01	66.06	66.60	69.83
居　　民	53.55	57.99	56.51	58.70	58.09	59.84	60.81	63.63
加权平均	57.86	61.38	60.48	61.83	63.13	63.72	64.36	67.07

资料来源：调查问卷。

2. 财政收支与个人利益的联系程度

该指标通过问卷调查中的下列问题获得：

企业问卷：

您认为目前政府的财政收支与本单位的关系是否密切？
（0 = 根本没关系，10 = 非常密切）＿＿＿

居民问卷：

您认为目前政府征税与收费政策与您个人利益是否非常密切？（如个人所得税、燃油税改革、物业税改革、增值税转型、政府行政事业收费）
（0 = 根本没关系，10 = 非常密切）＿＿＿

您认为目前政府的财政支出政策与您个人利益是否非常密切？（如教

育、医疗、养老、公共设施支出）

（0＝根本没关系，10＝非常密切）____

　　问卷调查中的个人包括了自然人（居民）和法人（企业），2013年问卷调查显示，企业对财政收支与个人（单位）利益的联系程度的打分为61.70分，居民对财政收支与个人（单位）利益的联系程度的打分为68.13分，延续了2012年以来出现的居民对该项指标的打分超过企业打分的现象。2013年财政收支与个人利益的联系程度得分65.83分，比2012年上升了1.75分，主要来自居民部门打分的上升（见表4－26）。

表4－26　财政收支与个人利益的联系程度（2006～2013年）

样本性质	2006年	2007年	2008年	2009年	2010年	2011年	2012年	2013年
企　　业	55.23	56.90	55.20	56.14	67.24	68.82	62.20	61.70
居　　民	66.31	66.56	67.47	68.17	65.72	67.47	65.12	68.13
居民问题1	65.24	66.36	67.34	67.50	64.80	66.52	64.99	68.18
居民问题2	67.38	66.75	67.60	68.84	66.64	68.41	65.26	68.09
加权平均	62.35	63.11	63.09	63.87	66.56	67.95	64.08	65.83

　　资料来源：调查问卷。

F403　财政执法

　　财政执法由两个主观指标构成，即税务机关依法征税程度和行政复议指数。这两个指标数据均来自企业问卷。

　　1. 税务机关依法征税程度

　　税务机关依法征税是政府收入行为法治化的基本体现，由于当前中国纳税主体是企业，即使是个人所得税也多由单位代扣代缴，因此我们对税务机关依法征税程度的判断来自企业问卷中对以下问题的打分：

　　您认为目前税务机关及征税人员是否依法征税？

　　（0＝没有依法征税，10＝完全依法征税）____

最终得分为汇总计算的百分制得分。

2013 年问卷调查中，税务机关依法征税程度达到了 72.68 分，比 2012 年调查问卷的 69.68 分上升了 3.00 分，依然是财政法治化各具体评价指标中得分最高的。

从表 4 - 27 和图 4 - 8 中可以看出，2006 年问卷调查中，有 70.85% 的调查对象对税务机关及征税人员依法征税程度的打分在 6 分以上，2007 年这一比例为 74.31%，2008 年为 72.65%，2009 年该比例上升为 77.01%，2010 年这一比例继续上升为 78.22%，2011 年这一比例继续上升至 80.42%，2012 年则下降到了 75.60%，2013 年则上升到 87.12%。

表 4 - 27　税务机关依法征税程度（2006 ~ 2013 年）

单位：%

分值	2006 年	2007 年	2008 年	2009 年	2010 年	2011 年	2012 年	2013 年
0	2.23	1.70	2.19	1.52	1.58	1.28	0.80	0.00
1	1.21	0.42	1.09	0.65	0.40	0	0.40	0.21
2	3.04	1.49	2.84	2.17	2.18	0.64	1.60	0.64
3	4.05	4.67	1.75	1.52	3.96	2.13	1.80	1.07
4	5.26	5.94	6.56	4.56	3.56	3.40	5.20	1.72
5	13.36	11.46	12.91	12.58	10.10	12.13	14.60	9.23
6	15.59	12.95	12.25	12.80	12.67	12.34	15.00	14.81
7	11.54	12.53	12.04	16.27	13.86	16.17	16.20	26.39
8	18.22	19.53	24.29	24.95	19.21	20.64	21.60	27.04
9	10.32	8.92	8.97	9.33	9.31	11.70	9.00	9.66
10	15.18	20.38	15.10	13.67	23.17	19.57	12.60	9.23
加权平均	67.21	70.42	68.67	70.15	72.36	73.53	69.68	72.68

资料来源：调查问卷。

2006 年问卷调查中，有 43.72% 的调查对象的打分在 8 分以上，2007 年这一比例为 48.83%，2008 年为 48.36%，2009 年为 47.94%，略低于前两个调查年度；但 2010 年这一比例上升至 51.69%，2011 年这一比例

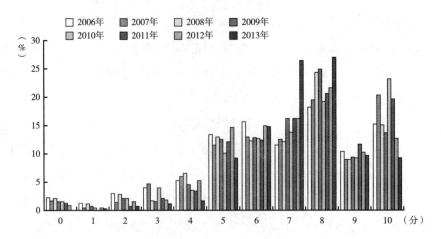

图 4 - 8　税务机关依法征税程度样本比例分布图（2006 ~ 2013 年）

继续小幅上升至 51. 91%，2012 年则下降到 44. 40%，2013 年上升到 45. 92%，不再有企业打零分。

2. 行政复议指数

行政复议是当社会公众与行政机关出现争议时，社会公众寻求上级行政机关救济的法律机制，是行政机构内部对行政执法行为的约束。行政复议指数考察当社会公众对政府机关财政收支行为有异议时在多大程度上考虑采用行政复议方式解决争议。与上一个问题相联系，目前政府财政收支行为中与社会公众联系最直接、最频繁的是税务机关与企业，因此行政复议指数的数据来自企业问卷中对以下问题的打分：

在出现税收争议时，贵单位是否会通过行政复议（行政复议指向上级税务机关申诉）方式解决问题？

（0 = 完全不考虑　10 = 毫不犹豫）＿＿＿

最终得分为汇总计算的百分制得分。

2013 年问卷调查中，企业对行政复议的打分为 65. 60 分，比 2012 年问卷调查的得分 67. 59 下降了 2 分左右，终结了自 2010 年以来的上升趋势，仍然比 2006 年问卷调查的得分 60. 26 分提高了 5. 34 分。

从表 4-28 和图 4-9 中可以看出，2006 年问卷调查中，有 58.26% 的调查对象对行政复议的打分在 6 分以上，2007 年这一比例为 67.82%，2008 年上升至 68.64%；2009 年该比例为 64.43%，比前两个调查年度均有显著下降；2010 年这一比例继续下降至 60.39%；2011 年这一比例明显回升至 67.87%，2012 年上升至 71.60%，2013 年进一步上升至 73.39%。

表 4-28 行政复议情况（2006~2013 年）

单位：%

分值	2006 年	2007 年	2008 年	2009 年	2010 年	2011 年	2012 年	2013 年
0	10.18	8.74	8.77	6.29	12.08	7.02	4.80	4.08
1	1.02	0.00	0.66	1.08	0.59	0.64	0.40	1.29
2	4.68	2.56	2.41	3.69	3.37	1.49	1.40	1.72
3	4.68	1.92	2.63	4.34	3.56	3.62	3.00	2.15
4	4.07	3.20	4.61	3.69	3.96	3.83	4.20	3.00
5	17.11	15.78	12.28	16.49	16.04	15.53	14.60	14.38
6	11.41	10.45	9.43	10.63	9.50	9.79	12.60	16.31
7	8.76	11.73	12.94	13.67	8.71	9.57	13.00	19.96
8	14.26	20.26	14.47	17.35	17.23	20.85	21.40	19.53
9	5.70	5.12	6.80	3.69	7.13	10.64	9.80	8.80
10	18.13	20.26	25.00	19.09	17.82	17.02	14.80	8.80
加权平均	60.26	65.80	66.73	64.10	61.23	66.60	67.60	65.60

资料来源：调查问卷。

2006 年问卷调查中，有 38.09% 的调查对象的打分在 8 分以上，2007 年这一比例为 45.64%，2008 年上升至 46.27%；2009 年这一比例为 40.13%，比前两个调查年度也有显著下降；2010 年这一比例有所回升，上升至 42.18%；2011 年这一比例继续上升至 48.51%，2012 年则略微下降到 46.00%，2013 年则大幅下降到 37.12%，10 分区的下降更明显。

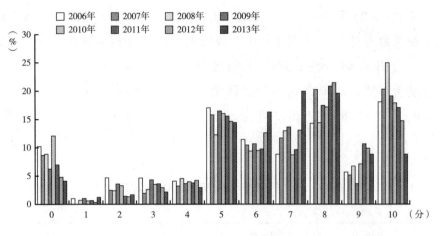

图4-9 行政复议指标样本比例分布图（2006~2013年）

F404 财政司法

财政司法也由两个主观指标构成，即司法机关在财政收支中的作用和行政诉讼指数。前一问题面对所有问卷对象调查，后一问题只针对企业调查。

1. 司法机关在财政收支中的作用

司法机关在财政收支中的作用主要体现在对政府财政收支行为的监督方面，该指标的数据根据政府机关、事业单位、企业和居民四类问卷主体对以下问题按0~10分打分获得：

您认为法院和检察院在监督政府财政收支中发挥的作用如何？
(0=完全没有作用，10=发挥了应有的作用) ____

最终得分为按权重汇总计算的百分制得分。

2013年问卷调查中，司法机关在财政收支中的作用的得分为63.89分，比2012年问卷调查的61.04分增加了2.85分，比2006年问卷调查的得分54.22分提高了9.67分。2013年问卷调查除事业单位的打分下降外，政府、企业和居民的打分都有不同程度的上升，政府打分上升尤其明显（见表4-29）。

表 4 - 29　司法机关在财政收支中的作用（2006～2013 年）

样本性质	2006 年	2007 年	2008 年	2009 年	2010 年	2011 年	2012 年	2013 年
政　　府	52.00	52.51	57.72	52.77	59.05	58.01	55.27	61.90
事业单位	58.46	62.37	61.24	65.47	64.32	64.46	67.87	67.06
企　　业	53.92	56.52	56.63	58.13	59.40	61.92	62.22	64.74
居　　民	53.00	54.53	53.89	56.56	57.62	58.85	58.63	62.46
加权平均	54.22	56.39	56.43	58.36	59.55	60.66	61.04	63.89

资料来源：调查问卷。

2. 行政诉讼指数

行政诉讼是当社会公众与行政机关出现争议时，社会公众寻求司法机关救济的法律机制，是司法机构对行政执法行为的约束。行政诉讼指数考察当社会公众对政府机关财政收支行为有异议时在多大程度上考虑采用行政诉讼方式解决争议。与行政复议指数相似，目前政府财政收支行为中与社会公众联系最直接、最频繁的是税务机关与企业，因此行政诉讼指数的数据来自企业问卷中对以下问题的打分：

在出现税收争议时，贵单位是否会通过行政诉讼（行政诉讼指以税务机关为被告人，向人民法院提起诉讼）方式解决问题？

（0 = 完全不考虑　10 = 毫不犹豫）＿＿＿＿

最终得分为汇总计算的百分制得分。

2013 年问卷调查中，企业对行政诉讼的打分为 65.19 分，比 2012 年问卷调查的 64.56 分小幅上升 0.63 分，比 2006 年问卷调查的得分 56.57 分提高了 8.62 分，已经连续 4 年上升。

从表 4 - 30 和图 4 - 10 中可以看出，2006 年问卷调查中有 14.20% 的调查对象根本不考虑进行行政诉讼（打分为 0 分），2007 年该比例为 9.98%，2008 年则进一步下降至 8.53%，2009 年该比例继续下降至 8.46%，但 2010 年这一比例上升至 12.87%，2011 年这一比例大幅下降至 7.87%，2012 年进一步下降到 5.60%，2013 年继续下降为 3.86%，为历史最低值。

表 4-30　行政诉讼情况（2006~2013 年）

单位：%

分值	2006 年	2007 年	2008 年	2009 年	2010 年	2011 年	2012 年	2013 年
0	14.20	9.98	8.53	8.46	12.87	7.87	5.60	3.86
1	0.81	1.06	0.66	1.30	1.39	0.43	1.20	1.07
2	4.46	1.91	1.75	3.47	3.37	2.77	1.80	1.72
3	4.46	3.18	5.03	3.69	3.56	4.04	3.60	2.36
4	5.68	3.82	3.50	4.99	6.14	3.62	5.20	3.65
5	15.62	15.50	14.88	15.84	16.24	17.45	15.60	14.81
6	12.58	10.83	10.28	10.63	9.11	10.00	11.20	19.10
7	7.51	12.95	11.60	12.36	10.50	11.49	16.40	17.38
8	15.01	18.26	13.57	16.70	15.64	17.87	18.00	18.24
9	3.04	5.31	7.22	6.72	7.92	9.15	8.80	8.58
10	16.63	17.20	22.98	15.84	13.27	15.32	12.60	9.23
加权平均	56.57	62.87	65.38	62.13	58.18	63.87	64.56	65.19

资料来源：调查问卷。

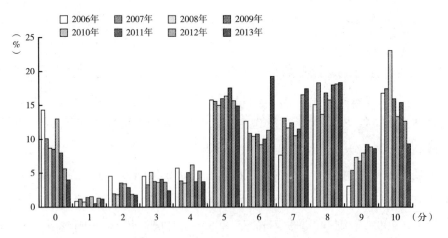

图 4-10　行政诉讼指标样本比例分布图（2006~2013 年）

2006 年问卷调查中，有 16.63% 的调查对象肯定会进行行政诉讼（打分为 10 分），2007 年该比例为 17.20%，2008 年则上升为 22.98%，2009 年这一比例下降至 15.84%，2010 年这一比例继续下降至 13.27%，2011 年这一比例有微幅回升，上升至 15.32%，2012 年则下降到 12.60%，2013 年该比例继续下降为 9.23%。

2006 年调查问卷中，有 54.77% 的调查对象对行政诉讼的打分在 6 分以上，2007 年这一比例为 64.55%，2008 年上升至 65.65%，2009 年这一比例下降为 62.26%，2010 年这一比例继续下降至 56.44%，但 2011 年该比例有所回升至 63.83%，2012 年上升至 67.00%，2013 年进一步上升至 72.53%。

2006 年问卷调查中，有 34.68% 的调查对象的打分在 8 分以上，2007 年这一比例为 40.77%，2008 年上升至 43.77%，2009 年这一比例下降至 39.26%，2010 年这一比例继续下降至 36.83%，但 2011 年这一比例出现回升，升至 42.34%，2012 年则小幅下降至 39.40%，2013 年继续下降为 36.05%。

4.3.2 财政民主化指数

民主财政是公共财政建设的重要内容，也是社会主义民主政治建设的重要组成部分。财政民主化指标用于考评民主财政建设的状况，由三个二级指标构成，分别为知情权指数、参与权指数和监督权指数。

2014 报告年度，财政民主化的得分为 63.83 分，比 2013 报告年度的得分 61.57 分提高了 2.26 分，比 2007 报告年度的 58.31 分提高了 5.52 分。从总体上看，财政民主化的得分仍低于财政法治化的得分。2014 报告年度，财政法治化的得分为 66.32 分，比财政民主化的得分高出 2.49 分。这说明，中国当前公共财政制度框架建设中，财政民主化的进程仍相对滞后于财政法治化，但是相对于上一个年度 3.16 分的差距来说，已经呈现缩小的趋势。

2014 报告年度，知情权指数的得分为 62.61 分，比 2013 报告年度的得分 60.35 分提高了 2.26 分，比 2007 报告年度的 56.23 分提高了 6.38

分。参与权指数的得分为 63.94 分，比 2013 报告年度的得分 61.69 分提高了 2.25 分，比 2007 报告年度的 60.00 分提高了 3.94 分。监督权指数的得分为 64.95 分，比 2013 报告年度的得分 62.68 分提高了 2.27 分，比 2007 报告年度的 58.69 分提高了 6.26 分，得分的基本趋势是监督权高于参与权，参与权高于知情权（见表 4-31）。

表 4-31　财政民主化二级指标构成（2007~2014 年）

二级指标	2007年	2008年	2009年	2010年	2011年	2012年	2013年	2014年	2014年比2013年	2014年比2007年
知情权	56.23	57.60	55.85	57.95	59.09	59.82	60.35	62.61	2.26	6.38
参与权	60.00	59.22	60.57	61.15	60.36	61.05	61.69	63.94	2.25	3.94
监督权	58.69	59.99	58.85	60.63	61.6	61.78	62.68	64.95	2.27	6.26
财政民主化得分	58.31	58.94	58.42	59.91	60.35	60.88	61.57	63.83	2.26	5.53

财政民主化的十个具体评价指标，均来自调查问卷。从表 4-32 和图 4-11 中可以看出：2014 报告年度，十个具体指标得分都有不同程度的上升。其中对财政收支事项的关注度、社会舆论和媒体对财政行为的影响和政府及财政部门受监督程度三项居得分榜前三位。问卷调查显示，社会公众认为政府及财政部门受监督程度得分上升最多，上升了 3.18 分，参与财政问题的可能性最低，仅有 59.58 分，尽管上升了 1.47 分，但是仍然处在 60 分以下区间。这表明目前参与财政收支事务的渠道不畅，已经难以满足企业、居民参与财政收支决策的需要。

此外，财政收支的透明度和对财政收支事项的关注度得分上升接近 3 分，政府的回应性上升 1.40 分，增幅最小。

2014 报告年度财政民主化的得分为 63.83 分，达到基本满意的水平。在十项具体评价指标中，从 2007 年以来的长期趋势来看，十个指标呈现出得分差距不断缩小的趋势。参与财政问题的可能性低于 60 分，尚未达到基本满意的水平（见表 4-32 和图 4-11）。

表4-32 财政民主化具体评价指标（2007～2014年）

具体评价指标	2007年	2008年	2009年	2010年	2011年	2012年	2013年	2014年	2014年比2013年	2014年比2007年
财政收支的透明度	53.37	53.40	53.44	54.56	56.18	56.61	57.87	60.86	2.99	7.49
媒体对财政收支的报道	58.45	59.24	56.71	59.82	61.32	62.50	61.78	63.57	1.79	5.12
获取信息的便利度	56.87	60.15	57.40	59.47	59.77	60.36	61.39	63.40	2.01	6.53
对财政收支事项的关注度	67.38	66.48	67.44	67.70	65.51	66.44	64.27	67.23	2.96	-0.15
反映财政问题的积极性	61.02	60.77	62.42	61.48	61.15	61.90	62.88	64.87	1.99	3.85
参与财政问题的可能性	50.42	51.73	51.57	52.35	53.89	56.03	58.11	59.58	1.47	9.16
听证制度的有效性	61.18	57.88	60.84	63.07	60.88	59.81	61.47	64.09	2.62	2.91
社会舆论和媒体对财政行为的影响	58.61	60.47	60.23	62.23	63.11	64.15	64.27	66.48	2.21	7.87
政府及财政部门受监督程度	58.45	59.49	58.48	60.24	61.6	60.78	62.08	65.26	3.18	6.81
政府的回应性	59.00	60.01	57.83	59.42	60.08	60.40	61.71	63.11	1.40	4.11

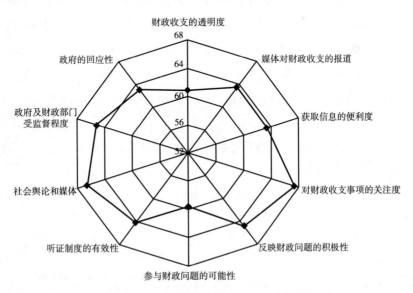

图4-11 财政民主化评价指标（2014年）

F501 知情权

知情权由三个主观指标构成，分别是财政收支的透明度、媒体对财政收支的报道和获取信息的便利度。

1. 财政收支的透明度

该指标是通过问卷获取的主观评价指标，反映社会公众对政府披露财政信息程度的主观判断，根据政府机关、事业单位、企业和居民四类问卷主体对以下问题按 0～10 分打分获得：

您认为目前财政收入和财政支出方面信息的透明度如何？
（0 = 非常低，10 = 非常高）____

最终得分为按权重汇总计算的百分制得分。

2013 年问卷调查中，政府和事业单位与企业和居民两大类调查对象对"您认为目前财政收入和财政支出方面信息的透明度如何？"的打分差距已经缩小了很多，但是这一问题的打分差距仍然很大：政府和事业单位打分明显高于居民和企业，事业单位打分比居民高了 13.12 分。

四年来，财政收支的透明度指标的得分在稳步提高，2013 年问卷调查的得分为 60.86 分，比 2012 年问卷调查的 57.87 分增加了 2.99 分，比 2006 年的得分提高了 7.49 分，属于历年来最高得分（见表 4 - 33）。但总体来看，该指标的得分相对提高缓慢，自 2006 年以来绝对得分第一次超过 60 分，在财政民主化十个具体评价指标中，得分位列倒数第二。

表 4 - 33　财政收支的透明度（2006～2013 年）

样本性质	2006 年	2007 年	2008 年	2009 年	2010 年	2011 年	2012 年	2013 年
政　　府	69.18	64.75	65.44	61.09	66.57	64.64	61.64	65.91
事业单位	67.87	65.08	63.85	66.74	65.90	65.80	67.40	69.32
企　　业	47.42	52.01	51.75	52.67	55.64	57.19	58.44	60.47
居　　民	46.72	46.45	47.08	48.74	49.86	50.41	52.48	56.20
加权平均	53.37	53.40	53.44	54.56	56.18	56.61	57.87	60.86

资料来源：调查问卷。

2. 媒体对财政收支的报道

该指标是通过问卷获取的主观评价指标，反映社会公众对媒体报告财政收支信息频率的主观判断，根据政府机关、事业单位、企业和居民四类问卷主体对以下问题按 0～10 分打分获得：

您认为媒体对财政收支事项（如税法修订，政府出台新的收费政策，财政资金投向教育、医疗、社会保障的数量等）的报道频率如何？

（0＝根本没报道，10＝非常频繁）＿＿＿＿

最终得分为按权重汇总计算的百分制得分。

2013 年问卷调查中，媒体对财政收支的报道的得分为 63.57 分，比 2012 年调查问卷的 61.78 分上升了 1.79 分，比 2006 年的 58.48 分提高了 5.09 分。各类调查对象打分均出现不同程度的上升，其中政府打分和企业打分分别上升 3.35 分和 2.55 分（见表 4 - 34）。

表 4 - 34　媒体对财政收支的报道（2006～2013 年）

样本性质	2006 年	2007 年	2008 年	2009 年	2010 年	2011 年	2012 年	2013 年
政　　府	61.10	59.89	58.61	53.51	60.88	60.85	58.36	61.71
事业单位	59.32	60.70	61.08	63.34	63.97	64.89	66.43	67.03
企　　业	57.75	60.06	55.26	58.20	62.26	64.30	61.98	64.53
居　　民	57.55	57.98	55.16	60.55	59.71	60.80	60.37	61.92
加权平均	58.48	59.24	56.71	59.82	61.32	62.50	61.78	63.57

资料来源：调查问卷。

但与作为 2014 年财政民主化十个指标中得分最高的社会公众对财政收支事项关注度指标的得分 67.23 分相比，媒体对财政收支事项的报道频率仍然明显偏低（见表 4 - 32）。

3. 获取信息的便利度

该指标是通过问卷获取的主观评价指标，反映社会公众对获取财政信

息便利度的主观判断，根据企业和居民两类问卷主体对以下问题按 0～10
分打分获得：

您认为从各种渠道（如电视、报纸、网络、广播、市长公开电话等）
获取关于财政收入和财政支出信息的方便程度如何？
（0 = 非常不方便，10 = 非常方便）____

最终得分为按权重汇总计算的百分制得分。

2013 年问卷调查中，企业和居民对获取信息的便利度的打分为 63.40
分，比 2012 年调查问卷的 61.39 分提高了 2.01 分，比 2006 年提高了
6.53 分，达到近历年来的最高值。企业打分的上升比较明显，居民打分 8
年来第一次超过 60 分（见表 4 - 35）。

表 4 - 35　获取信息的便利度（2006～2013 年）

样本性质	2006 年	2007 年	2008 年	2009 年	2010 年	2011 年	2012 年	2013 年
企　　业	57.36	61.15	58.03	59.44	61.72	64.36	64.52	66.70
居　　民	56.60	59.60	57.05	59.49	58.68	58.14	59.65	61.57
加权平均	56.87	60.15	57.40	59.47	59.77	60.36	61.39	63.40

资料来源：调查问卷。

F502　参与权

参与权由四个主观指标构成，分别是对财政收支事项的关注度、反
映财政收支问题的积极性、参与财政问题的可能性和听证制度的有效
性。

1. 对财政收支事项的关注度

该指标是通过问卷获取的主观评价指标，反映社会公众对政府收支事
项的关注程度。对财政收支事项的关注是社会公众积极参与财政事务决策
的前提和基础。该指标根据企业和居民对下面两个问题按 0～10 分打分获
得：

企业问卷

从贵单位的角度考虑，您是否关注财政收入各类事项（如税法修订、政府出台新的收费政策)？

(0 = 根本不关注，10 = 非常关注) ＿＿＿＿

从贵单位的角度考虑，您是否关注财政支出各类事项（如财政支出结构、决策方式等)？

(0 = 根本不关注，10 = 非常关注) ＿＿＿＿

居民问卷

您是否关注财政收入各类事项（如税法修订、政府出台新的收费政策等)？

(0 = 根本不关注，10 = 非常关注) ＿＿＿＿

您是否关注财政支出各类事项（如财政资金投向教育、医疗、社会保障的数量)？

(0 = 根本不关注，10 = 非常关注) ＿＿＿＿

最终得分为按权重汇总计算的百分制得分。

在政府、事业单位问卷中，我们设置了以下问题作为参考指标反映政府和事业单位对财政制度改革的关注程度。[①]

您认为目前各项财政制度改革措施（国库集中支付、部门预算改革等）与本单位的关系是否密切？

(0 = 根本没有关系，10 = 非常密切) ＿＿＿＿

2013 年问卷调查显示，企业对于财政收入的关注度明显高于居民，

---

① 该问题的得分情况参见附录三。

企业和居民对财政收入事项的关注度的差距，明显大于企业和居民对财政支出的关注度的差距。2013年问卷调查中，对财政收入事项的关注度得分为66.51分，对财政支出事项的关注度得分为67.96分，平均得分为67.24分，三项得分均高于前三年的调查结果（见表4-36和表4-37）。

表4-36　对财政收入事项的关注度（2006~2013年）

样本性质	2006年	2007年	2008年	2009年	2010年	2011年	2012年	2013年
企　业	69.11	69.79	69.76	70.74	69.68	69.45	68.40	68.93
居　民	65.93	63.61	65.47	65.37	63.06	64.45	61.13	65.17
加权平均	67.07	65.82	67.00	67.29	65.42	66.24	63.73	66.51

资料来源：调查问卷。

表4-37　对财政支出事项的关注度（2006~2013年）

样本性质	2006年	2007年	2008年	2009年	2010年	2011年	2012年	2013年
企　业	65.25	67.43	67.94	67.81	66.46	68.19	67.66	67.94
居　民	69.05	66.98	67.83	68.29	65.12	65.78	63.23	67.96
加权平均	67.69	67.14	67.87	68.12	65.60	66.64	64.81	67.96

资料来源：调查问卷。

值得注意的是，对财政收支事项的关注度几年来一直是财政民主化十大具体评价指标中得分比较高的（2013年仅次于社会舆论和媒体对财政行为的影响，2014年得分最高），且该指标的得分明显高于其他指标的得分，尤其是与财政收支的透明度、参与财政问题的可能性两个指标的差距很大。这说明当前中国财政民主化建设的进程与社会公众对财政收支事项的关注相比还有较大距离。

2. 反映财政收支问题的积极性

反映财政收支问题的积极性指标由企业和居民调查问卷中的下列四个问题获得：

企业问卷

问题1：如果对所在地区的公共设施建设（如学校、医院、道路建设）有意见或建议，贵单位是否愿意直接向政府有关部门或地方人大反映？

（0＝根本不愿意，10＝非常愿意）＿＿＿＿

问题2：如果对政府的税收政策或收费标准有意见或建议，贵单位是否愿意通过非政府组织（如行业协会）向政府反映这些意见或建议？

（0＝根本不愿意，10＝非常愿意）＿＿＿＿

居民问卷

问题1：如果您对所在地区的公共设施建设（如学校、医院、道路建设）有意见或建议，您在多大程度上愿意直接向政府有关部门或地方人大反映？

（0＝根本不愿意，10＝非常愿意）＿＿＿＿

问题2：如果您对所在地区的公共设施建设（如学校、医院、道路建设）有意见或建议，您是否愿意通过单位、业主委员会或其他组织向政府反映这些意见或建议？

（0＝根本不愿意，10＝非常愿意）＿＿＿＿

最终得分为按权重汇总计算的百分制得分。

2013年问卷调查中，反映财政收支问题的积极性指标最终得分为64.87分，比2012年问卷调查的得分62.88分提高了1.99分，也是2006年以来的最高分。

从表4-38中可以看出，与2012年问卷调查相比，2013年企业和居民对于两个问题的打分均有所上升。从总体来看，企业反映财政收支问题的积极性高于居民，企业和居民都更倾向于通过单位、业主委员会或其他组织间接反映财政收支问题。

表 4 - 38　反映财政收支问题的积极性（2006~2013 年）

样本性质	问题	2006 年	2007 年	2008 年	2009 年	2010 年	2011 年	2012 年	2013 年
企业	问题 1	63.44	64.20	65.63	63.47	63.90	63.89	64.56	64.87
	问题 2	59.34	60.45	61.31	60.50	62.16	63.02	64.22	65.34
	平均得分	61.39	62.33	63.47	61.99	63.03	63.46	64.39	65.11
居民	问题 1	59.02	57.93	60.36	60.00	59.16	59.77	61.14	64.37
	问题 2	62.60	61.88	63.31	62.41	61.05	62.31	62.95	65.09
	平均得分	60.81	59.91	61.84	61.21	60.11	61.04	62.04	64.73
加权平均		61.02	60.77	62.42	61.48	61.15	61.90	62.88	64.87

资料来源：调查问卷。

3. 参与财政问题的可能性

该指标是通过问卷获取的主观评价指标，反映社会公众参与财政问题的可能性。该指标与上一指标反映财政问题的积极性分别从参与意愿和参与可行性两个方面体现社会公众的参与权状况，根据企业和居民两类问卷主体对以下问题按 0~10 分打分获得：

如果您对政府财政收支活动有意见或建议，您是否知道如何向政府反映这些意见或建议？

（0 = 完全不知道，10 = 非常清楚地知道）＿＿＿

最终得分为按权重汇总计算的百分制得分。

2013 年问卷调查中，参与财政问题的可能性指标的得分为 59.58 分，比 2012 年调查问卷的 58.11 分提高了 1.47 分，比 2006 年问卷调查提高了 9.16 分，企业和居民的打分均有提高，并达到了历年最高值（见表 4 - 39）。

尽管参与财政问题的可能性指标的得分有所提高，但仍然是财政民主化各具体评价指标中得分最低的，也是 2014 报告年度唯一不足 60 分的指标。与对财政收支事项的关注度指标的得分 67.24 分相比低 7.66 分，与上一年度的差距 5.95 分相比略有扩大。与反映财政收支问题的积极性指

表 4 – 39　参与财政问题的可能性（2006 ~ 2013 年）

样本性质	2006 年	2007 年	2008 年	2009 年	2010 年	2011 年	2012 年	2013 年
企　　业	50.85	53.80	53.09	52.89	55.52	58.83	59.58	60.13
居　　民	50.18	50.58	50.72	52.05	52.99	54.47	57.30	59.27
加权平均	50.42	51.73	51.57	52.35	53.89	56.03	58.11	59.58

资料来源：调查问卷。

标不断上升的得分 64.87 分相比低 5.29 分，说明社会公众参与财政收支事项的意愿与参与财政问题可能性之间的差距很大。

从表 4 – 40 和图 4 – 12 中可以看出，2013 年问卷调查中，有 6.01% 的企业和 5.50% 的居民完全不知道如何向政府反映对财政收支问题的意见或建议（打分为 0 分）；有 67.17% 的企业和 62.11% 的居民对这一问题的打分在 6 分以上，属于基本知道的范围；其中只有 27.25% 的企业和 26.08% 的居民的打分在 8 分以上，属于明确知道的范围。

表 4 – 40　参与财政收支问题的可能性样本分布情况（2010 ~ 2013 年）

单位：%

分值	企业样本比例				居民样本比例			
	2010 年	2011 年	2012 年	2013 年	2010 年	2011 年	2012 年	2013 年
0	11.29	8.51	7.0	6.01	8.86	6.59	6.68	5.50
1	0.79	0.85	1.2	1.07	1.62	2.08	1.42	0.35
2	4.16	3.4	2.8	3.43	6.43	4.51	2.93	2.46
3	5.94	4.89	5.6	3.65	6.88	6.71	5.31	6.20
4	5.15	4.04	6.4	4.08	9.26	9.83	7.69	6.55
5	18.42	19.79	14.2	14.59	17.41	18.84	16.59	16.84
6	15.05	12.34	17.4	18.24	13.21	15.38	18.16	17.78
7	10.89	14.89	16.2	21.67	15.08	14.34	17.65	18.25
8	14.26	16.17	14.0	17.38	10.93	12.72	13.40	16.14
9	5.54	7.87	6.2	5.79	4.86	4.51	5.31	4.44
10	8.51	7.23	9.0	4.08	5.47	4.51	4.86	5.50
合计	100	100	100	100	100	100	100	100

资料来源：调查问卷。

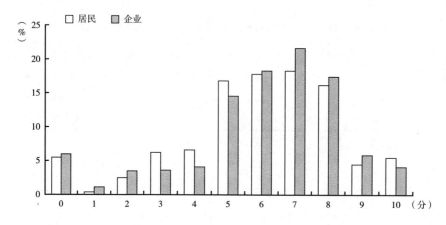

图4-12　参与财政收支问题的可能性样本分布图（2013年）

4. 听证制度的有效性

该指标是通过问卷获取的主观评价指标，反映社会公众对当地听证制度的实施情况以及对听证制度有效性的判断，根据居民问卷中对下面两个问题回答综合获得：

请问您本市自来水、燃气、电力、通信、公园门票等价格的调整是否实行听证会制度？

1. 实行——回答下面问题

2. 不实行——不回答下面问题

3. 不知道——不回答下面问题

您认为自来水、燃气、电力、通信、公园门票等价格的听证会能否反映您的要求？

（0＝完全不反映，10＝能够全面反映）＿＿＿＿

下面的问题作为参考指标，反映居民对价格合理性的评价。

您认为本地自来水、燃气、电力、通信、公园门票等价格是否合理？

（0＝完全不合理，10＝非常合理）＿＿＿＿

2013 年问卷调查中，有 34.04% 的居民明确知道本地区进行价格听证，这一比例比 2012 年问卷调查的 37.13% 降低了 3.06%；有 21.87% 的居民明确表示本地区不进行价格听证；有 44.09% 的居民不知道本地区是否进行价格听证。如果考虑是否听证这一前置因素，对听证制度总体运行状况的打分要相应低得多。

在明确知道本地区进行价格听证的问卷中，有 70.10% 的问卷对听证制度的有效性打分在 6 分以上，比 2012 年问卷调查的 64.31% 有较大上升；其中有 30.58% 的问卷的打分在 8 分以上，远高于 2012 年 25.65% 的比例（见表 4-41 和图 4-13）。

表 4-41　听证制度的有效性（2006~2013 年）

单位：%

分值	2006 年	2007 年	2008 年	2009 年	2010 年	2011 年	2012 年	2013 年
0	6.36	4.36	2.55	2.98	3.65	2.88	2.45	0.69
1	0.61	0.31	0.73	0.60	0.88	0.64	1.23	0.00
2	2.73	3.43	2.55	3.27	2.78	2.88	2.18	2.75
3	3.33	9.35	5.11	5.36	4.53	6.09	5.59	4.47
4	6.06	12.15	8.39	5.06	6.73	8.33	5.59	6.19
5	20.30	19.00	18.25	13.99	20.18	17.63	18.66	15.81
6	13.64	11.84	17.15	19.35	15.35	18.91	17.85	17.87
7	14.85	11.84	19.71	15.48	15.50	16.99	19.48	21.65
8	15.45	11.53	15.33	20.83	19.30	15.71	16.08	20.27
9	6.06	8.10	3.28	4.76	5.12	5.45	4.36	5.84
10	10.61	8.10	6.93	8.33	5.99	4.49	6.54	4.47
得分	61.18	57.88	60.84	63.07	60.88	59.81	61.47	64.09

资料来源：调查问卷。

2013 年问卷调查听证制度的有效性得分为 64.09 分，比 2012 年的得分 61.47 提高了 2.62 分，比 2006 年的得分提高了 2.91 分。

2013 年问卷调查中，居民对"请问您对本地自来水、燃气、电力、公园门票等价格是否合理?"问题的打分为 67.63 分，比 2012 年问卷调查的得分 63.79 分提高了 3.84 分，比 2006 年问卷调查的得分 61.59 分提高了 6.04 分。

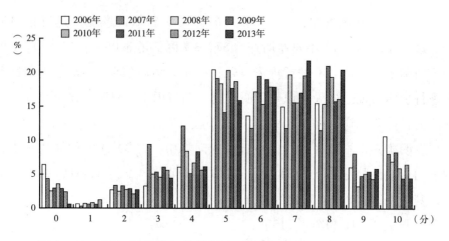

图 4 - 13　听证制度的有效性样本比例分布图（2006~2013 年）

从表 4 - 42 和图 4 - 14 中可以看出，2013 年问卷调查中，有 58.95%的问卷打分在 6 分以上，比 2012 年问卷调查的 67.78%下降了 8.83 个百分点；其中有 37.78%的问卷的打分在 8 分以上，比 2012 年的 32.88%增加了 4.9 个百分点。

表 4 - 42　公共定价的合理性（2006~2013 年）

单位：%

分值	2006 年	2007 年	2008 年	2009 年	2010 年	2011 年	2012 年	2013 年
0	1.94	1.89	2.56	2.29	1.11	0.92	1.21	0.23
1	1.70	1.06	1.16	0.48	0.86	1.16	0.91	0.47
2	4.98	3.07	3.73	2.29	3.44	2.31	2.48	1.87
3	5.46	5.67	3.38	3.13	4.00	4.28	4.05	1.87
4	7.52	8.27	8.38	4.21	7.29	6.24	7.59	4.91
5	15.66	19.15	15.48	14.32	17.36	16.07	15.98	14.97
6	14.44	12.29	15.48	16.37	14.22	14.80	18.16	16.73
7	14.93	16.78	17.93	17.81	17.31	19.65	16.74	21.17
8	19.66	16.90	18.86	20.70	19.33	20.58	19.12	22.46
9	6.07	8.87	7.33	8.90	8.65	6.94	7.03	9.47
10	7.65	6.03	5.70	9.51	6.43	7.05	6.73	5.85
得分	61.59	61.96	62.20	66.65	63.90	64.79	63.79	67.63

资料来源：调查问卷。

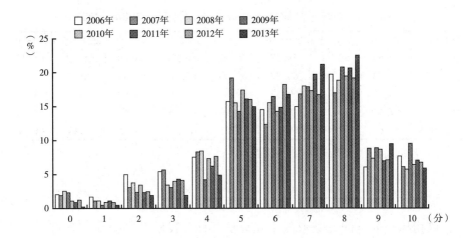

图 4 - 14　公共定价的合理性样本比例分布图（2006～2013 年）

F503　监督权

监督权指标由三个主观指标构成，分别是社会舆论和媒体、政府及财政部门受监督程度和政府对财政收支问题的回应性。

1. 社会舆论和媒体

该指标是通过问卷获取的主观评价指标，反映社会舆论和媒体对政府财政收支行为的监督程度，根据政府机关、事业单位、企业和居民四类问卷主体对以下问题按 0～10 分打分获得：

您认为社会舆论和媒体对各种财政行为（如征税、财政支出流向等）的影响程度如何？

（0 = 根本没影响，10 = 影响力很强）＿＿＿

最终得分为按权重汇总计算的百分制得分。

2013 年问卷调查中，社会舆论和媒体指标的得分为 66.48 分，比 2012 年问卷调查的得分 64.27 分多了 2.21 分；比 2006 年问卷调查的得分 58.61 分提高了 7.87 分。四类调查主体打分均出现不同程度的上升，其中政府和企业打分增加较快（见表 4 - 43）。

表 4 – 43　社会舆论和媒体对财政收支的监督（2006～2013 年）

样本性质	2006 年	2007 年	2008 年	2009 年	2010 年	2011 年	2012 年	2013 年
政　　府	58.57	56.94	58.28	56.39	60.08	63.89	61.19	64.72
事业单位	59.73	63.64	63.37	67.60	67.88	66.87	69.66	70.57
企　　业	59.48	61.46	59.52	60.85	64.36	64.83	64.20	68.28
居　　民	57.63	59.30	59.67	61.90	60.96	62.62	62.60	64.05
加权平均	58.61	60.47	60.23	62.23	63.11	64.15	64.27	66.48

资料来源：调查问卷。

2. 政府及财政部门受监督程度

该指标是通过问卷获取的主观评价指标，反映社会公众对政府及财政部门在财政收支活动中受监督程度的主观判断，根据政府机关、事业单位、企业和居民四类问卷主体对以下问题按 0～10 分打分获得：

您认为目前政府及财政部门在进行财政收支活动时受监督的程度如何？

（0 = 政府的财政收支行为完全没有监督，10 = 政府的财政收支行为受到严格监督）＿＿＿＿

最终得分为按权重汇总计算的百分制得分。

2013 年问卷调查中，政府及财政部门受监督程度指标的得分为 65.26 分，比 2012 年问卷调查的得分 62.08 分提高了 3.18 分；比 2006 年问卷调查的 58.45 分提高了 6.81 分。2013 年问卷调查中，四个调查主体得分都出现不同程度的上升，政府打分上升较明显（见表 4 – 44）。

表 4 – 44　政府及财政部门受监督程度（2006～2013 年）

样本性质	2006 年	2007 年	2008 年	2009 年	2010 年	2011 年	2012 年	2013 年
政　　府	72.32	69.33	69.17	65.69	71.24	67.82	69.00	72.50
事业单位	71.72	71.07	68.00	71.81	71.53	69.79	70.34	70.76
企　　业	54.10	55.57	55.89	57.46	59.76	59.74	61.76	63.99
居　　民	51.88	54.34	53.31	55.43	56.07	55.79	57.05	61.92
加权平均	58.45	59.49	58.48	60.24	61.60	60.78	62.08	65.26

资料来源：调查问卷。

政府、事业单位问卷中以下问题作为参考指标，反映政府、事业单位财政资金收支的受监督情况。

Q6 您认为目前您单位的财政资金在使用过程中受监督的程度如何？

（0 = 没有监督，10 = 受到了非常严格的监督） ＿＿＿＿

Q7 - 1 您单位是否有行政事业性收费？

1. 有

2. 不实行——跳问 Q8

Q7 - 2 您认为目前您单位在行政事业性收费筹集过程中受监督的程度如何？

（0 = 没有监督，10 = 受到了非常严格的监督） ＿＿＿＿

Q8 您认为下列哪个部门在您单位财政资金收支中起到最重要的监督功能？

（1 = 本单位的内部监督，2 = 财政部门的监督，3 = 预算及地方人大的监督，4 = 司法机关的监督，5 = 媒体及社会公众的监督） ＿＿＿＿

2013 年问卷调查中，财政资金使用过程中受监督程度得分为 76.43 分，比 2012 年问卷调查的得分 77.97 降低了 1.54 分，比 2006 年问卷调查的得分 83.80 分下降了 7.37 分，是 8 年来的最低分。

其中，政府部门对本单位财政资金在使用过程中受监督程度的打分为 78.02 分，与 2012 年政府部门的打分 78.01 分基本持平，比 2006 年的打分 82.91 分下降了 4.89 分；事业单位的打分为 75.64 分，比 2012 年事业单位的打分 77.95 分降低了 2.31 分，比 2006 年的打分 84.25 分下降了 8.61 分，下降幅度大（见表 4 - 45）。

2013 年问卷调查中，被访问的政府部门中有 47.22% 的部门有行政事业性收费，这部分政府部门对收费过程中受监督程度的打分为 78.57 分，比 2012 年问卷调查该指标的打分 80.29 分降低了 1.72 分，比 2006 年问卷调查的打分 90.00 分下降了 11.43 分。被访问的事业单位中有 39.51% 的单位有行政事业性收费，这部分事业单位对收费过程中受监督程度的打分

表 4 – 45　财政资金使用过程中的受监督程度（2006～2013 年）

样本性质	2006 年	2007 年	2008 年	2009 年	2010 年	2011 年	2012 年	2013 年
政　　府	82.91	81.72	80.00	77.82	79.21	77.30	78.01	78.02
事业单位	84.25	81.02	81.37	83.34	82.25	77.25	77.95	75.64
加权平均	83.80	81.25	80.91	81.50	81.24	77.27	77.97	76.43

资料来源：调查问卷。

为 76.41 分，比 2012 年该指标的打分 80.90 分下降了 4.49 分，比 2006 年该指标的打分 86.28 分降低了 9.87 分。

2013 年问卷调查中，行政事业性收费筹集过程中的受监督程度得分为 77.13 分，比 2012 年问卷调查的得分 80.70 分下降了 3.57 分，比 2006 年的得分 87.52 分下降了 10.39 分（见表 4 – 46）。

表 4 – 46　行政事业性收费筹集过程中的受监督程度（2006～2013 年）

样本性质	2006 年	2007 年	2008 年	2009 年	2010 年	2011 年	2012 年	2013 年
政　　府	90.00	81.40	83.51	79.65	82.16	77.50	80.29	78.57
事业单位	86.28	86.63	82.71	86.14	88.46	80.52	80.90	76.41
加权平均	87.52	84.89	82.98	83.98	86.36	79.51	80.70	77.13

资料来源：调查问卷。

表 4 – 47 是 2006～2013 年 8 年问卷调查中政府和事业单位对各类机构及媒体和公众在财政监督中发挥作用的评价。从表中可以看出，8 年来的数据均显示，财政部门的监督在财政收支中发挥最大的作用，其次是本单位内部的监督。地方人大（预算监督）、司法机关和媒体与社会公众发挥的作用较小。

2013 年问卷调查，政府和事业单位均认为在财政收支活动中财政部门发挥最大的监督作用，其样本量分别占全部样本的 65.67% 和 55.16%；政府和事业单位认为本单位内部的监督发挥最大作用的占全部样本的 25.00% 和 17.44%；政府认为司法机关发挥最大作用的问卷占全部样本的 7.94%，认为本单位内部和地方人大发挥最大作用的均占 10.71%，事

表4-47　各部门在财政收支监督中的作用（2006～2013年）

单位：%

年份	调查对象	本单位内部的监督	财政部门的监督	地方人大（预算监督）	司法机关	媒体与社会公众	不清楚
2006	政府	23.08	64.29	7.14	2.75	1.10	1.65
	事业单位	23.98	64.03	4.36	4.09	3.27	0.27
2007	政府	29.38	55.37	11.30	3.39	0.56	0
	事业单位	22.19	63.64	4.01	2.94	4.55	2.67
2008	政府	25.56	61.11	10.56	0	2.78	0
	事业单位	22.11	64.21	5.26	4.47	3.95	0
2009	政府	24.24	63.64	6.06	2.53	3.54	0
	事业单位	27.32	62.30	3.55	3.28	3.55	0
2010	政府	20.83	58.75	15	3.33	2.08	0
	事业单位	25.14	61.48	4.1	4.92	4.37	0
2011	政府	23.33	56.67	11.43	3.33	5.24	0
	事业单位	27.27	54.81	5.61	7.75	4.55	0
2012	政府	19.90	61.19	13.43	3.48	1.99	0
	事业单位	25.20	57.74	5.51	7.61	3.94	0
2013	政府	25.00	55.16	10.71	7.94	1.19	0
	事业单位	17.44	65.67	5.72	6.27	4.90	0

资料来源：调查问卷。

业单位认为司法机关、地方人大和媒体与公众监督发挥最大作用的比例为6.27%、5.72%和4.90%。不到2%的政府认为媒体和社会公众在财政监督中发挥作用。

3. 政府对财政收支问题的回应性

该指标是通过问卷获取的主观评价指标，反映政府对社会公众反映的财政收支问题回应的及时性，根据政府机关、事业单位、企业和居民四类问卷主体对以下问题按0～10分打分获得：

政府、事业单位与企业问卷：

您认为政府有关部门回应各类财政税收问题的及时性如何？

（0＝根本没回应，10＝非常及时）＿＿＿＿

居民问卷：

您认为政府有关部门回应居民反映的各类问题（如市政设施、政府收费、公共工程质量、水电气的定价等）的及时性如何？

（0＝根本没回应，10＝非常及时）＿＿＿＿

最终得分为按权重汇总计算的百分制得分。

2013年问卷调查中，政府部门对财政收支问题的回应性的得分为63.11分，比2012年问卷调查的得分61.71分提高了1.40分，比2006年问卷调查的得分59.00分提高了4.11分。四类调查主体打分均有上升，政府机关打分上升最多。事业单位的打分最高，为69.65分，居民的打分最低，仅为59.27分，相差10.38分。这说明政府对财政收支问题的回应性尚不能满足社会公众的需要（见表4-48）。

表4-48　政府对财政收支问题的回应性（2006～2013年）

样本性质	2006年	2007年	2008年	2009年	2010年	2011年	2012年	2013年
政　　府	70.05	70.06	67.17	65.20	67.89	65.97	65.62	67.74
事业单位	68.43	69.92	68.25	69.76	68.02	67.59	69.40	69.65
企　　业	55.55	58.29	55.16	57.70	59.60	60.72	61.26	62.94
居　　民	54.27	54.33	52.60	54.50	55.08	55.79	57.67	59.27
加权平均	59.00	60.01	57.83	59.42	60.08	60.40	61.71	63.11

资料来源：调查问卷。

政府、事业单位问卷中以下问题作为参考指标，反映政府与事业单位反映本单位财政收支问题的情况。

如果您单位认为财政资金拨付等方面存在问题，您首先会考虑向下列哪个部门反映？

（1 = 本地财政部门，2 = 当地人大或人大常委会，3 = 上级主管部门，4 = 本地政府领导，5 = 根本不反映）____

您认为有关部门对您单位反映的财政收支问题的回应性如何？

（0 = 完全没有回应，10 = 回应非常及时）____

表4-49是2013年问卷调查政府和事业单位遇到本单位的财政问题向各部门反映的情况，政府部门选择向本地财政部门、上级主管部门和本地政府领导反映的比例较高；事业单位中首先考虑向上级主管部门反映的比例最大，为48.77%，其次是本地财政部门，为29.97%，向本地政府领导反映的比例为13.35%，向当地人大或人大常委会反映的比例较低。

表4-49　政府事业单位遇到财政问题向各部门反映的情况（2013年）

单位：%

部门	政府	事业单位
本地财政部门	37.30	29.97
当地人大或人大常委会	4.37	6.54
上级主管部门	31.75	48.77
本地政府领导	24.60	13.35
根本不反映	1.98	1.36
合　计	100.00	100.00

资料来源：调查问卷。

2013年问卷调查中，政府和事业单位对"有关部门对您单位反映的财政收支问题的回应性如何"的打分分别为68.65分和68.34分，较上一个年度都有轻微上升[1]，政府和事业单位对政府有关部门回应本单位财政收支问题的满意度也不高。

---

① 政府和事业单位对该问题打分的具体情况参见附录三。

4.3.3　分权规范度指数

分权规范度是用于考评财政体制建设规范状况的指标，由四个二级指标构成，分别是中央财政收入合理度、财力与事权的匹配度、地方财政制度规范度和转移支付制度规范度。

2014 报告年度，分权规范度指标得分为 62.93 分，比 2013 报告年度的得分 61.90 分提高了 1.03 分，比 2007 报告年度的得分 55.03 分提高了7.90 分（见表 4 - 2）。

构成该因素指标的四个二级指标中，中央财政收入比重合理度指标比 2013 报告年度下降了 3.38 分，转移支付制度规范度指标比 2013 报告年度略降了 0.84 分；其他两个二级指标则有不同程度增加（见表4 - 50）。

表 4 - 50　分权规范度二级指标构成（2007 ~ 2014 年）

二级指标	2007年	2008年	2009年	2010年	2011年	2012年	2013年	2014年	2014 年比 2013 年	2014 年比 2007 年
中央财政收入合理度	82.67	83.76	86.74	84.91	82.95	80.05	76.20	72.82	- 3.38	- 9.85
财力与事权的匹配度	46.30	48.47	47.92	50.79	51.91	53.88	55.64	56.60	0.96	10.30
地方财政制度规范度	61.77	63.25	66.31	68.29	69.37	73.47	74.88	82.27	7.39	20.50
转移支付制度规范度	29.38	29.60	35.32	40.37	34.62	35.96	40.89	40.05	- 0.84	10.67

F601　中央财政收入合理度

2012 年，全国财政收入总额为 117253.52 亿元，中央财政收入56175.23 亿元，中央财政收入占全国财政收入的比重约为 47.91%，比2011 年的 49.41% 降低了 1.5 个百分点。[①] 我们以 1978 年中央财政收入占全部财政收入的比重 15.52% 为 0 分的标准值，以 60% 为满分的标准值计算得到 2014 报告年度中央财政收入合理度指标的得分为 72.82 分，比

---

① 资料来源：《中国统计年鉴 2013》。

2013 报告年度的得分 76.20 分下降了 3.38 分，比 2007 报告年度的得分 82.66 下降了 9.84 分（见图 4 – 15）。

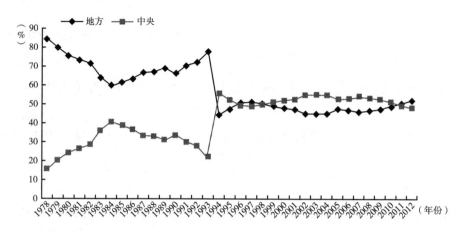

图 4 – 15　中央和地方财政收入比重的变化（1978～2012 年）

F602　财力与事权的匹配度

财力与事权的匹配度由两个具体评价指标构成，一是财政资金在公共部门间分配的合理度，该指标由对政府和事业单位的问卷调查数据获得；二是县级政府公共服务能力，该指标以县级政府的相对人均财力水平反映其提供公共服务的能力，评价指标为县级单位（含县级市、不含市辖区）人均财政支出与全国人均财政支出的比。

1. 财政资金在公共部门间分配的合理度

该指标根据政府部门和事业单位对以下四个问题的问卷得分平权合成获得：

问题 1：从您单位的角度出发，您认为目前财政资金的分配程序是否合理？

2013 年问卷调查中，该问题政府部门的打分为 70.79 分，比 2012 年问卷调查政府部门的打分 69.70 分提高了 1.09 分；事业单位的打分为 70.57 分，比 2012 年问卷调查事业单位的打分 70.60 分降低了 0.03 分。

问题 2：从您单位的角度出发，您认为目前财政资金在政府各部门之间的分配（结果）是否合理？

2013 年问卷调查中，该问题政府部门的打分为 66.63 分，比 2012 年问卷调查政府部门的打分 66.02 分提高了 0.61 分；事业单位的打分为 67.28 分，比 2012 年问卷调查事业单位的打分 68.29 分降低了 1.01 分。

问题 3：从您单位的角度出发，您认为目前本地各政府部门在人员待遇和办公经费等方面的均等化程度如何？

2013 年问卷调查中，该问题政府部门的打分为 62.38 分，比 2012 年问卷调查政府部门的打分 60.25 分提高了 2.13 分；事业单位的打分为 64.50 分，比 2012 年问卷调查事业单位的打分 65.62 分降低了 1.12 分。

问题 4：您认为您单位目前获得的财政资金与单位履行法定职责所需的经费之间差距如何？

2013 年问卷调查中，该问题政府部门的打分为 62.62 分，比 2012 年问卷调查政府部门的打分 62.39 分提高了 0.23 分；事业单位的打分为 62.07 分，比 2012 年问卷调查事业单位的打分 63.12 分下降了 1.05 分。

表 4－51 是上述四个问题政府与事业单位打分汇总情况，2013 年问卷调查四个问题汇总的权重得分为 65.94 分，比 2012 年问卷调查的得分 66.14 分降低了 0.20 分，比 2006 年问卷调查的得分 58.66 分提高了 7.28 分。2006 年以来，该指标的权重得分于 2008 年和 2013 年两次出现下降，其他年份则呈增长态势。

四个问题中，政府部门和事业单位对分配程序的合理性（问题 1）的打分较高，2013 年分别为 70.79 分和 70.57 分；对人员待遇和办公经费的均等化（问题 3）的打分也较高，都超过 60 分。2014 年度报告该项目的打分均超过 60 分。

表 4 - 51　财政资金在公共部门间分配的合理性（2006 ~ 2013 年）

年份	样本性质	问题 1	问题 2	问题 3	问题 4	权重得分
2006	政府	68.30	61.54	54.95	54.07	58.66
	事业单位	67.16	57.13	54.90	53.31	
2007	政府	69.94	62.91	57.06	57.17	60.10
	事业单位	66.55	54.29	58.18	58.06	
2008	政府	65.33	57.11	53.61	52.11	57.69
	事业单位	66.39	54.16	55.82	55.66	
2009	政府	65.35	62.03	55.45	54.75	61.06
	事业单位	67.71	66.47	57.79	55.58	
2010	政府	68.06	57.56	59.42	59.54	62.37
	事业单位	68.31	63.99	59.97	59.65	
2011	政府	69.24	60.52	59.53	58.44	63.84
	事业单位	69.68	63.42	62.89	63.16	
2012	政府	69.70	66.02	60.25	62.39	66.14
	事业单位	70.60	68.29	65.62	63.12	
2013	政府	70.79	66.63	62.38	62.62	65.94
	事业单位	70.57	67.28	64.50	62.07	

资料来源：调查问卷。

2. 基层政府公共服务能力

近年来，随着"三奖一补"等一系列解决县乡财政困难政策措施[①]的实施，财政赤字县的数量逐年减少，由 2001 年的 731 个下降为 2007 年的 396 个。财政赤字县占全部县级单位数（不含市辖区）的比重也由 2001 年的 35.57% 下降为 2007 年的 19.76%（见表 4 - 52）。这说明近年来实施的以公共服务均等化为目标的财政政策取得了显著成效，基层财政困难的局面正在逐步改善。

[①] "三奖一补"政策，是指对财政困难县政府增加本级税收收入和省市级政府增加对财政困难县财力性转移支付给予奖励，对县乡政府精简机构和人员给予奖励，对产粮大县按照粮食商品量、粮食产量、粮食播种面积和各自权重计算给予奖励，对以前缓解县乡财政困难工作做得好的地区给予补助的政策。更多的针对县乡的财政政策措施参见本书第四章的相关内容。

表 4 −52　财政赤字县比重变化（2001～2007 年）

年份	财政赤字县数量	全部县级单位数（不含市辖区）	财政赤字县比重(%)
2001	731	2055	35.57
2002	706	2030	34.78
2003	651	2016	32.29
2004	591	2010	29.40
2005	555	2010	27.61
2006	483	2004	24.10
2007	396	2004	19.76

资料来源：历年《全国地市县财政统计资料》。

由于难以及时获得财政赤字县的数据，我们根据《中国县（市）社会经济统计年鉴》《中国县域统计年鉴》的数据计算得到全国不含市辖区的所有县级行政区划人均财政支出的平均值，然后计算县级人均财政支出与全国人均财政支出的比，以 100% 为满分的标准值对该指标进行打分。

2011 年 3 月，《国民经济和社会发展第十二个五年规划纲要》中明确指出："加强县级政府提供基本公共服务的财力保障。"因此，县级人均财政支出与全国人均财政支出的比可以较好地反映县级政府相对财力的变化情况。

2012 年不含市辖区的县级行政区划的人均财政支出为 4395.19 元，比 2011 年的 3659.29 元增加了 735.90 元，增长率为 20.11%。2012 年全国人均财政支出为 9302.01 元，比 2011 年的 8108.35 元增加了 1193.66 元，增长率为 14.72%。县级人均财政支出的增幅高于全国人均财政支出的增幅 5.39 个百分点。这说明财力正逐步向县级倾斜。

2012 年，不含市辖区县级行政区划的人均财政支出与全国人均财政支出的比为 47.25%，比 2011 年的 45.13% 提高了 2.12 个百分点，比 2005 年的 33.94% 提高了 13.31 个百分点，比 2002 年的 30.55% 提高了 16.07 个百分点（见表 4 −53）。

表 4 - 53　县级与全国人均财政支出的比（2002 ~ 2012 年）

年份	全国财政支出（亿元）	全国总人口（万人）	全国人均财政支出(元)	县级人均财政支出(元)	县/全国（%）
2002	22053.15	128453	1716.83	524.52	30.55
2005	33930.28	130756	2594.93	880.59	33.94
2006	40422.73	131448	3075.19	1132.69	36.83
2007	49781.35	132129	3767.63	1437.29	38.15
2008	62592.66	132802	4713.23	1909.49	40.51
2009	76299.93	133450	5717.49	2368.99	41.43
2010	89874.16	134091	6702.48	2943.75	43.92
2011	109247.79	134735	8108.35	3659.29	45.13
2012	125952.97	135404	9302.01	4395.19	47.25

资料来源：根据历年《中国统计年鉴》《中国县（市）社会经济统计年鉴》《中国县域统计年鉴》的数据计算得到。

尽管中央、省、地市三级政府的财政支出的受益对象也涵盖了县级政府，县级行政区划的人均财政支出始终会低于全国人均财政支出，但该指标选取的数据不包括市辖区，考虑到现阶段中国基层财政困难主要集中于县级政府，我们以 100% 作为满分的标准值对该指标进行打分。因此，2014 报告年度该指标的得分为 47.25 分。

3. 事权在各级政府之间的分配

在 2007 ~ 2012 报告年度的政府、事业单位、企业和居民问卷中，我们设置了义务教育、医疗卫生、社会保障三项基本公共服务的具体职责在五级政府间划分的问题，作为反映财力与事权匹配度的主观参考指标。①

表 4 - 54 是 2006 ~ 2011 年问卷调查中义务教育应由哪级政府直接负责的打分情况。从表中可以看出，2011 年问卷调查的全部样本中，有 30.91% 的样本认为义务教育应由中央政府直接负责；有 27.22% 的样本认为应当由省级政府直接负责；认为应由地（市）级政府直接负责的比

---

① 随着近年来省直管县、乡财县管等财政改革的深入，五级政府架构下的事权划分将逐步被三级政府架构替代，因此 2013 报告年度取消了事权划分的问题。

例为 28.35%；认为应由县（区）级政府直接负责的比例仅为 10.22%；
认为应当由最低级次政府——乡镇（街道）① 负责的比例仅为 3.30%。与
2006～2010 年问卷调查相比，2011 年问卷调查中认为义务教育应当由地
（市）级政府和县（区）级政府负责的样本比例有比较明显的提高。

表 4－54　义务教育应由哪级政府直接负责（2006～2011 年）

单位：%

	中央	省级	地(市)级	县(区)	乡镇(街道)	合计
2006 年						
政府部门	62.64	20.33	9.89	7.14	0	100
事业单位	42.23	22.89	20.16	12.26	2.45	100
企业	37.22	28.17	23.14	8.85	2.62	100
居民	34.59	32.89	22.09	8.01	2.43	100
2006 年合计	39.52	28.45	20.80	8.98	2.25	100
2007 年						
政府部门	41.90	25.70	15.64	15.08	1.68	100
事业单位	41.98	21.39	28.07	7.75	0.80	100
企业	34.61	27.18	28.24	7.22	2.76	100
居民	36.94	30.24	23.53	6.35	2.94	100
2007 年合计	37.83	27.27	24.87	7.68	2.35	100
2008 年						
政府部门	45.00	21.67	16.11	15.56	1.67	100
事业单位	30.00	28.42	27.89	10.53	3.16	100
企业	28.60	27.73	30.35	8.30	5.02	100
居民	28.92	35.08	26.71	6.97	2.32	100
2008 年合计	30.60	30.65	26.82	8.83	3.09	100
2009 年						
政府部门	50.50	25.25	12.87	10.89	0.50	100
事业单位	38.54	26.68	22.37	11.05	1.35	100
企业	29.28	32.10	29.72	7.81	1.08	100
居民	34.42	32.49	23.83	6.50	2.77	100
2009 年合计	35.58	30.51	23.89	8.17	1.84	100

①　街道办事处不是一级政府，而是政府的派出机构。

续表

	中央	省级	地(市)级	县(区)	乡镇(街道)	合计
2010 年						
政府部门	43.39	24.79	14.88	15.29	1.65	100
事业单位	38.87	23.32	26.81	9.65	1.34	100
企业	32.48	31.49	27.92	5.74	2.38	100
居民	30.41	36.08	25.10	6.68	1.72	100
2010 年合计	32.58	33.10	25.11	7.44	1.77	100
2011 年						
政府部门	44.50	21.05	20.10	12.44	1.91	100
事业单位	27.01	26.47	29.95	14.17	2.41	100
企业	33.83	26.17	27.45	8.51	4.04	100
居民	28.01	29.51	29.98	8.91	3.59	100
2011 年合计	30.91	27.22	28.35	10.22	3.30	100

资料来源：调查问卷。

表 4 - 55 是 2006～2011 年问卷调查中医疗卫生应由哪级政府直接负责的打分情况。从表中可以看出，2011 年问卷调查的全部样本中，有 25.65% 的样本认为医疗卫生应由中央政府直接负责；有 29.65% 的样本认为应由省级政府直接负责；有 28.81% 的样本认为应当由地（市）级政府直接负责；认为应当由县（区）级和乡镇（街道）负责的比例分别为 11.25% 和 4.64%。

表 4 - 55　医疗卫生应由哪级政府直接负责（2006～2011 年）

单位：%

	中央	省级	地(市)级	县(区)	乡镇(街道)	合计
2006 年						
政府部门	45.60	26.37	18.13	9.34	0.55	100
事业单位	32.43	22.62	28.34	13.90	2.72	100
企业	30.18	26.76	32.19	6.24	4.63	100
居民	27.55	33.01	27.67	8.86	2.91	100
2006 年合计	30.96	28.66	28.07	9.20	3.10	100

续表

	中央	省级	地(市)级	县(区)	乡镇(街道)	合计
			2007 年			
政府部门	35.00	26.11	20.00	16.11	2.78	100
事业单位	32.62	28.07	31.55	6.15	1.60	100
企业	32.06	26.96	30.36	4.88	5.73	100
居民	30.71	32.47	26.12	6.47	4.24	100
2007 年合计	31.84	29.60	27.68	6.93	3.95	100
			2008 年			
政府部门	28.89	23.33	25.00	19.44	3.33	100
事业单位	22.37	26.84	32.63	13.42	4.74	100
企业	22.71	28.60	30.79	9.61	8.30	100
居民	21.72	36.35	29.50	7.43	4.99	100
2008 年合计	22.78	31.29	30.02	10.32	5.59	100
			2009 年			
政府部门	43.07	27.72	19.31	8.42	1.49	100
事业单位	28.57	27.49	28.57	12.4	2.96	100
企业	24.51	31.67	32.32	6.51	4.99	100
居民	28.76	32.97	28.64	5.42	4.21	100
2009 年合计	29.10	31.03	28.60	7.38	3.88	100
			2010 年			
政府部门	37.60	28.10	16.94	14.46	2.89	100
事业单位	33.24	24.40	30.03	10.46	1.88	100
企业	27.72	29.11	26.14	9.90	7.13	100
居民	26.77	35.88	26.82	6.93	3.59	100
2010 年合计	28.39	32.94	26.50	8.29	3.88	100
			2011 年			
政府部门	31.10	30.62	22.49	12.92	2.87	100
事业单位	22.19	31.28	32.35	13.10	1.07	100
企业	28.09	26.38	29.79	9.36	6.38	100
居民	24.62	30.52	28.09	11.10	5.66	100
2011 年合计	25.65	29.65	28.81	11.25	4.64	100

资料来源：调查问卷。

表 4-56 是 2006~2011 年问卷调查中社会保障应由哪级政府直接负责的打分情况。2011 年问卷调查全部样本中，有 31.02% 的样本认为社会保障应由中央政府直接负责；有 27.19% 的样本认为应由省级政府直接负责；有 26.59% 的样本认为应当由地（市）级政府直接负责；认为应当由县（区）级和乡镇（街道）负责的比例分别为 10.82% 和 4.39%。

表 4-56 社会保障应由哪级政府直接负责（2006~2011 年）

单位：%

	中央	省级	地（市）级	县（区）	乡镇（街道）	合计
2006 年						
政府部门	43.41	26.37	23.08	6.59	0.55	100
事业单位	34.88	23.98	29.43	8.45	3.27	100
企业	35.81	22.74	28.17	7.65	5.63	100
居民	33.74	24.27	30.34	7.16	4.49	100
2006 年合计	35.45	24.01	28.88	7.49	4.17	100
2007 年						
政府部门	35.56	26.67	20.00	14.44	3.33	100
事业单位	39.04	21.66	30.75	4.81	3.74	100
企业	36.09	22.93	30.79	6.16	4.03	100
居民	36.24	25.06	28.12	5.76	4.82	100
2007 年合计	36.69	24.00	28.53	6.51	4.27	100
2008 年						
政府部门	35.56	22.78	17.78	18.89	5.00	100
事业单位	27.63	23.16	32.37	10.00	6.84	100
企业	24.45	27.73	28.60	12.23	6.99	100
居民	24.51	30.20	30.78	9.76	4.76	100
2008 年合计	26.18	27.46	29.32	11.28	5.75	100
2009 年						
政府部门	48.51	22.77	19.80	6.93	1.98	100
事业单位	35.58	22.10	28.84	11.05	2.43	100
企业	27.33	26.25	31.24	9.54	5.64	100
居民	32.61	30.20	25.51	6.86	4.81	100
2009 年合计	33.49	26.86	27.02	8.37	4.26	100

续表

	中央	省级	地(市)级	县(区)	乡镇(街道)	合计
2010 年						
政府部门	44.40	22.82	20.75	11.20	0.83	100
事业单位	38.61	22.25	26.81	10.72	1.61	100
企业	35.45	22.97	25.54	8.71	7.33	100
居民	29.30	29.86	28.64	7.64	4.55	100
2010 年合计	32.33	27.43	27.45	8.41	4.38	100
2011 年						
政府部门	29.67	30.14	23.44	13.40	3.35	100
事业单位	30.21	25.94	28.07	11.76	4.01	100
企业	35.11	25.11	27.23	8.09	4.47	100
居民	29.40	28.24	26.27	11.34	4.75	100
2011 年合计	31.02	27.19	26.59	10.82	4.39	100

注：由于四舍五入的原因，2011 年合计为 100.01%。
资料来源：调查问卷。

F603 地方财政制度规范度

地方财政制度规范度指标用来反映地方政府财政制度的规范程度，由两个指标构成。一个指标是间接反映地方立法机构对地方财政收入控制能力的主观指标，即对地方人大拥有税收立法权的接受程度，该指标对于政府间财政关系的完善，尤其是分税制财政体制的发展具有重大意义。另一个指标是用地方预算外收入与地方财政收入的比这一客观数据来反映地方财政制度的规范度。

1. 对地方税收立法权的接受度

该指标是通过问卷获取的主观评价指标，反映社会公众对地方政府拥有税收立法权的接受程度，间接体现了社会公众对地方政府财政收支行为规范程度的主观判断。为了更全面地了解社会公众对地方政府拥有税收立法权的接受程度，与以往年度不同，2012 年开始，调查问卷设立了两个题目，分别衡量社会公众对省级政府与地级市政府拥有税收立法权的接受程度。根据政府机关、事业单位、企业和居民四类问卷主体对以下两个问题按 0～10 分打分，并按权重汇总计算百分制得分：

您是否能够接受省级人民代表大会拥有开征新税和减免旧税的权力？

（0 = 完全不能接受，10 = 完全能接受） ____

您是否能够接受地级市人民代表大会拥有开征新税和减免旧税的权力？

（0 = 完全不能接受，10 = 完全能接受） ____

最终得分是上述两个问题百分制得分的算数平均数。

2013 年问卷调查中，对地方税收立法权接受度指标的权重得分为 64.53 分，比 2012 年问卷调查的得分 64.13 分提高了 0.40 分，比 2006 年问卷调查的得分 60.61 分提高了 3.92 分，该指标得分在连续三年下降后连续三年回升，2012 年增幅较大（见表 4-57）。

表 4-57　对地方税收立法权的接受度（2006~2013 年）

单位：%

样本性质	2006 年	2007 年	2008 年	2009 年	2010 年	2011 年	2012 年		2013 年	
	—	—	—	—	—	—	省	市	省	市
政府	53.46	53.11	50.72	46.39	49.30	53.08	67.41	52.44	65.71	54.88
事业单位	60.95	62.86	64.92	62.51	60.43	63.07	71.08	67.22	70.16	65.42
企业	59.48	65.61	62.95	59.35	58.26	61.49	67.08	63.52	68.28	66.27
居民	62.67	61.19	61.94	61.93	60.89	62.45	61.13	63.23	63.42	61.59 62.85
—	—	—	—	—	—	—	65.24	63.02	66.21	
权重得分	60.61	61.82	61.67	59.85	58.98	61.40	64.13		64.53	

资料来源：调查问卷。

2. 地方预算外收入与财政收入的比

从表 4-58 中可以看出，地方预算外收入与地方财政收入的比由 1982 年的 61.47% 下降到 2009 年的 18.60%，降低了 42.87 个百分点。2010 年该比值为 13.28%，比 2009 年又降低了 5.32 个百分点，降幅非常显著。从总体上看，1997 年以来，地方预算外收入与财政收入的比逐年下降，这说明地方财政制度的规范度正在稳步提高。

表 4 - 58 地方预算外收入与财政收入的比 （1982 ~ 2010 年）

年份	地方预算外收入 （亿元）	地方财政收入 （亿元）	地方预算外收入与 财政收入的比(%)
1982	532.04	865.49	61.47
1983	607.78	876.94	69.31
1984	717.94	977.39	73.45
1985	893.93	1235.19	72.37
1986	1020.68	1343.59	75.97
1987	1200.77	1463.06	82.07
1988	1453.62	1582.48	91.86
1989	1586.55	1842.38	86.11
1990	1635.36	1944.68	84.09
1991	1862.20	2211.23	84.22
1992	2147.19	2503.86	85.76
1993	1186.64	3391.44	34.99
1994	1579.21	2311.60	68.32
1995	2088.93	2985.58	69.97
1996	2945.68	3746.92	78.62
1997	2680.92	4424.22	60.60
1998	2918.14	4983.95	58.55
1999	3154.72	5594.87	56.39
2000	3578.79	6406.06	55.87
2001	3953.00	7803.30	50.66
2002	4039.00	8515.00	47.43
2003	4187.43	9849.98	42.51
2004	4348.49	11893.37	36.56
2005	5141.58	15100.76	34.05
2006	5940.77	18303.58	32.46
2007	6289.95	23572.62	26.68
2008	6125.16	28649.79	21.38
2009	6062.64	32602.59	18.60
2010	5395.11	40613.04	13.28

资料来源：《中国财政年鉴 2011》。

由于纳入财政专户的预算外收入的概念 2011 年以后已取消，因此，同 F301.1（预算外收支占政府收支的比重）一样，2014 报告年度地方预算外收入与财政收入比重的得分给予满分 100 分①，比 2012 报告年度的得分 85.54 分提高了 14.46 分，比 2011 报告年度的得分 79.76 分提高了 20.24 分，比 2007 报告年度的 62.93 分提高了 37.07 分。

F604　转移支付制度规范度

中国现行的转移支付制度是在 1994 年分税制改革后逐渐形成的，其主要目标是为了均衡地区间财力差距，促进各地基本公共服务的均等化。目前，除了继续保留的改革前结算补助等转移支付项目，维持 1994 年改革时形成的税收返还之外，中央对地方的转移支付主要可分为两类：一是财力性转移支付②，主要目标是促进各地方政府提供基本公共服务能力的均等化，包括一般性转移支付③、民族地区转移支付④、调整工资转移支付、农村税费改革转移支付、县乡财政奖补转移支付、年终结算财力补助

---

① 预算外收入概念的取消发生在 2013 报告年度中，当时本就应该给予与预算外收支相关的两个三级指标（共含三个具体评价指标）皆 100 分。但我们出于数据稳定性的考虑，没有给予 100 分，而是采用前一年度即 2012 报告年度的得分。如果当时给予这些指标 100 分，那么 2013 报告年度各层级相关指标原始分的变化如下：F301 "政府资金收集中度" 和因素指标 "收支集中度" 均由 82.71 分变为 88.86 分、分项指标 "基础环境" 由 70.41 分变为 71.53 分；F603 "地方财政制度规范度" 由 74.88 分变为 82.11 分、因素指标 "分权规范度" 由 61.90 分变为 63.71 分、分项指标 "制度框架" 由 62.94 分变为 63.29 分。综合指数的得分由 67.53 分提高至 68.21 分。

② 2009 年财力性转移支付的名称改为 "一般性转移支付"，原一般性转移支付改称 "均衡性转移支付"。

③ 一般性转移支付是政府间财政关系的重要组成部分，目的是缩小地区间财力差距，实现地区间基本公共服务均等化。此类转移支付不规定具体用途，由接收拨款的政府自主安排使用。我国一般性转移支付从 1995 年起实施，原称之为过渡期转移支付。2002 年实施的所得税收入分享改革，明确中央因改革增加的收入全部用于一般性转移支付，建立了一般性转移支付资金稳定增长的机制。同时，过渡期转移支付概念不再使用，改为 "一般性转移支付"，原来的一般性转移支付改称 "财力性转移支付"。一般性转移支付资金按照公平、公正、循序渐进和适当照顾老少边穷地区的原则，主要参照各地标准财政收入和标准财政支出的差额即可用于转移支付的资金数量等客观因素，按统一公式计算确定。2009 年，一般性转移支付的名称改为 "均衡性转移支付"。

④ 民族地区转移支付，是指中央政府对民族地区安排的财力性转移支付。从 2000 年起实施的民族地区转移支付，其资金来源包括中央财政安排的资金和民族地区增值税环比增量的 80%。具体分配办法是：各民族地区增值税环比增量的 80% 的一半按来源地直接返还给民族地区，另外一半连同中央财政安排的资金，按照因素法分配。民族地区转移支付的对象为民族省区和非民族省区的民族自治州。

等，地方可以按照相关规定统筹安排和使用上述资金；二是专项转移支付，是按照政府间支出责任的划分，由上级政府对承办委托事务、共同事务以及符合上级政府政策导向事务的地方政府所给予的补助。该类补助实行专款专用，所以又称有条件补助或专项拨款。

2007 年，党的十七大报告明确指出，要"健全中央和地方财力与事权相匹配的体制，加快形成统一规范透明的财政转移支付制度，提高一般性转移支付规模和比例"。[①]

2011 年 3 月，《国民经济和社会发展第十二个五年规划纲要》也明确指出："围绕推进基本公共服务均等化和主体功能区建设，完善转移支付制度，增加一般性特别是均衡性转移支付规模和比例，调减和规范专项转移支付。"

因此，我们以一般性转移支付未来应全部转化为以公式法计算的均衡性转移支付作为一般性转移支付制度改革的长期目标，即以 100%作为满分的标准值对均衡性转移支付占一般性转移支付的比重进行打分。

2012 年，中央对地方转移支付为 40233.64 亿元，其中一般性转移支付为 21429.51 亿元，专项转移支付为 18804.13 亿元，一般性转移支付占转移支付总量的比重为 53.26%。在一般性性转移支付中，均衡性转移支付为 8582.62 亿元[②]，占一般性转移支付的比重为 40.05%，比 2011 年的40.89%略降了 0.84 个百分点。

表 4-59 是 2008~2012 年中央对地方转移支付的情况，从表中可以看出，2008 年以来一般性转移支付的比重逐年有所上升，特别是 2011年，上升了 4.10 个百分点，2012 年略增了 0.76 个百分点，依然保持了上升的势头。但均衡性转移支付占一般性转移支付的比重则有所波动，2008年达到了 40.37%，2009 年有比较显著的下滑，2010 年则有所回升，2011年已超过 2008 年，2012 年却又回到低于 2008 年的水平。

---

① 十七大报告中所指的"一般性转移支付"2009 年后为"均衡性转移支付"。

② 财政部：《2012 年中央对地方税收返还和转移支付决算表》。

表 4 – 59　中央对地方转移支付情况（2008～2012 年）

单位：亿元，%

年份	转移支付	一般性转移支付	一般性转移支付比重	均衡性转移支付	均衡性转移支付占一般性转移支付的比重	专项转移支付
2008	18663.42	8696.49	46.60	3510.52	40.37	9966.93
2009	23677.09	11317.20	47.80	3918.00	34.62	12359.89
2010	27347.72	13235.66	48.40	4759.79	35.96	14112.06
2011	34881.33	18311.34	52.50	7487.67	40.89	16569.99
2012	40233.64	21429.51	53.26	8582.62	40.05	18804.13

资料来源：历年《中央对地方税收返还和转移支付决算表》。

F604 转移支付规范度指标由两个具体评价指标构成，其中 F604.1 专项转移支付制度规范度指标属于描述制度变化的指标，目前难以进行定量评价，因此作为参考指标不纳入年度考评范围。

2014 报告年度均衡性转移支付占一般性转移支付的比重指标的得分为 40.05 分，比 2013 报告年度的得分 40.89 分略降了 0.84 分，比 2007 报告年度的得分 29.38 分提高了 10.67 分。

4.4　运行绩效评价指标

运行绩效分项评价指标反映财政运行结果的公共化程度。制度框架分项指数与运行绩效分项指数之间有着密切的关联关系，财政制度的公共化是财政运行结果公共化的程序保障，而财政运行的公平与效率则是财政制度公共化的目的。

2014 报告年度，运行绩效分项指数的得分为 70.16 分，比 2013 报告年度的得分 67.86 分提高了 2.3 分，比 2007 报告年度的 55.73 分提高了 14.43 分。2014 报告年度，运行绩效的得分比制度框架分项指数得分 64.68 分高 5.48 分（见表 4 – 1）。这说明中国当前公共财政建设中，运行绩效的改善要好于公共财政制度框架的完善。

2014 报告年度，构成运行绩效分项指标的三大因素评价指标中，财政均等化的得分为 69.18 分，比 2013 报告年度的得分 68.13 分提高了 1.05 分，比 2007 报告年度的 59.65 分提高了 9.53 分；可持续性的得分为 74.03 分，比 2013 报告年度的得分 68.94 分提高了 5.09 分，比 2007 报告年度的得分 42.42 分提高了 31.61 分；绩效改善度的得分为 68.23 分，比 2013 报告年度的得分 66.08 分提高了 2.15 分，比 2007 报告年度的得分 60.99 分提高了 7.24 分（见表 4－2）。

4.4.1　财政均等化指数

2014 报告年度，构成财政均等化的四个二级指标中，除公共服务区域均等化指标比 2013 报告年度下降了 1.70 分外，其他三个二级指标的得分均有不同程度上升，其中增幅较大的是公共收入的公平度和公共服务城乡均等化。

从绝对得分看，2014 报告年度，公共服务城乡内部均等化的得分达到了 78.13 分，比 2013 报告年度的得分 77.17 分提高了 0.96 分，比 2007 报告年度的得分 67.18 分提高了 10.95 分，是四个二级指标中得分最高的。公共服务区域均等化的得分为 70.56 分，比 2013 报告年度的得分 72.26 分下降了 1.70 分，与 2007 报告年度相比提高了 4.15 分。公共服务城乡均等化的得分为 67.10 分，比 2013 报告年度的得分 65.09 分提高了 2.01 分，比 2007 报告年度提高了 13.17 分。公共收入的公平度的得分为 60.94 分，比 2013 报告年度的得分 57.99 分提高了 2.95 分，比 2007 报告年度的得分提高了 9.88 分（见表 4－60）。

图 4－16 是 2007～2014 七个报告年度财政均等化四个二级指标的变动情况，从图中可以看出，四个指标与 2007 报告年度相比均有不同程度的增长，除公共服务区域均等化指标 2011 报告年度以后略有下降外，其他三个指标七年来基本保持了增长态势。2014 报告年度，公共服务城乡内部均等化的得分最高，其次是公共服务区域均等化和公共服务城乡均等化。公共收入的公平度指标绝对得分虽然最低，但也保持了持续增长。

表 4-60　财政均等化二级指标构成

指标名称	2007年	2008年	2009年	2010年	2011年	2012年	2013年	2014年	2014年比 2013年	2014年比 2007年
公共服务区域均等化	66.41	68.6	69.63	72.61	73.89	72.17	72.26	70.56	-1.70	4.15
公共服务城乡均等化	53.93	55.89	57.13	60.6	63.97	65.22	65.09	67.10	2.01	13.17
公共服务城乡内部均等化	67.18	67.43	70.94	73.63	75.42	76.4	77.17	78.13	0.96	10.95
公共收入的公平度	51.06	52.99	53.18	54.84	54.71	56.33	57.99	60.94	2.95	9.88

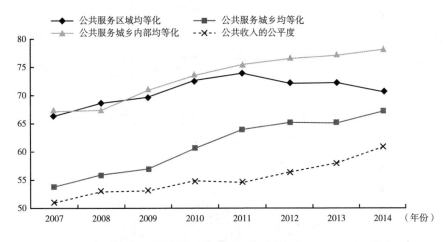

图 4-16　财政均等化二级指标变动图（2007~2014 年）

F701　公共服务区域均等化

公共服务区域均等化由省际人均财政支出的均等化、省际人均财政性教育经费的均等化、省际人均医疗卫生支出的均等化三个指标构成。2014报告年度，这三个指标的得分分别为 63.06 分、71.38 分和 77.25 分，均比2013 报告年度（63.89 分、73.35 分和 79.53 分）下降，分别下降了 0.83 分、1.97 分和 2.28 分，从而使得公共服务区域均等化指标的得分（70.56 分）比2013 报告年度的得分（72.26 分）略微减少（见表 4-61 和图 4-17）。

表 4 - 61 公共服务均等化具体评价指标（2007 ~ 2014 年）

二级指标	公共服务区域均等化			公共服务城乡均等化		公共服务城乡内部均等化	
具体评价指标	省际人均财政支出的均等化	省际人均财政性教育经费的均等化	省际人均医疗卫生支出的均等化	城乡义务教育经费的均等化	城乡医疗卫生服务的均等化	城市公共服务均等化	农村公共服务均等化
2007 年	69.25	67.78	62.21	64.68	43.18	66.71	67.64
2008 年	70.38	71.58	63.83	68.98	42.79	67.69	67.17
2009 年	71.3	71.97	65.62	71.97	42.28	73.24	68.63
2010 年	71.77	75.01	71.05	76.93	44.26	76.28	70.99
2011 年	69.89	77.42	74.37	82.34	45.6	78.37	72.47
2012 年	65.16	76.07	75.28	84.66	45.78	80.23	72.57
2013 年	63.89	73.35	79.53	85.32	44.87	83.26	71.08
2014 年	63.06	71.38	77.25	89.01	45.20	84.54	71.72
2014 年比 2013 年	- 0.83	- 1.97	- 2.28	3.69	0.33	1.28	0.64
2014 年比 2007 年	- 6.19	3.6	15.04	24.33	2.02	17.83	4.08

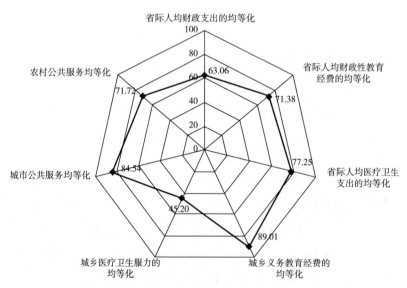

图 4 - 17 公共服务均等化具体评价指标雷达图（2014 年）

1. 省际人均财政支出的均等化

省际人均财政支出差异度指标是以各省级单位人均财政支出的离散系数为基础调整计算获得的。① 人均财政支出指标能够较好地反映各省级单位之间公共服务提供能力的差异。

从表4-62、表4-63中可以看出，2012年，人均财政支出最高的是西藏，为29430.41元，人均财政支出最低的是河南省，为5322.56元，前者是后者的约5.53倍。2005~2010年六年间该比值分别为7.95倍、6.37倍、5.88倍、5.68倍、5.29倍和5.04倍，最高和最低省份人均财政支出的比呈逐年下降的趋势。但2011年和2012年该比例有所反弹。

表4-62　各地区人均财政支出（2012年）

地　区	人口数（万人）	财政支出（亿元）	人均财政支出（元）
北　京	2069.30	3685.31	17809.44
天　津	1413.15	2143.21	15166.21
河　北	7287.51	4079.44	5597.85
山　西	3610.83	2759.46	7642.17
内蒙古	2489.85	3425.99	13759.82
辽　宁	4389.00	4558.59	10386.39
吉　林	2750.40	2471.20	8984.86
黑龙江	3834.00	3171.52	8272.10
上　海	2380.43	4184.02	17576.73
江　苏	7919.98	7027.67	8873.34
浙　江	5477.00	4161.88	7598.83
安　徽	5988.00	3961.01	6614.91
福　建	3748.00	2607.50	6957.05
江　西	4503.93	3019.22	6703.53
山　东	9684.97	5904.52	6096.58
河　南	9406.00	5006.40	5322.56

---

① 公共服务区域均等化的三个指标和省际人均财政收入的均等化指标在计算时，删除了北京、天津、上海三个直辖市和西藏的数据，以27个省际单位的数据计算离散系数，得分以离散系数为1作为0分的极值进行折算。

续表

地　区	人口数（万人）	财政支出（亿元）	人均财政支出（元）
湖　北	5779.00	3759.79	6505.96
湖　南	6638.93	4119.00	6204.32
广　东	10594.00	7387.86	6973.62
广　西	4682.00	2985.23	6375.96
海　南	886.55	911.67	10283.38
重　庆	2945.00	3046.36	10344.18
四　川	8076.20	5450.99	6749.45
贵　州	3484.07	2755.68	7909.38
云　南	4659.00	3572.66	7668.29
西　藏	307.62	905.34	29430.41
陕　西	3753.09	3323.80	8856.17
甘　肃	2577.55	2059.56	7990.39
青　海	573.17	1159.05	20221.75
宁　夏	647.19	864.36	13355.61
新　疆	2232.78	2720.07	12182.42

资料来源：《中国统计年鉴 2013》。

表 4 – 63　省际人均财政支出的均等化（2005～2012 年）

年份	人均最高		人均最低		最高比最低	离散系数 1（%）	离散系数 2（%）	折算得分	离散系数 3（%）
	省份	金额（元）	省份	金额（元）					
2005	上海	9259.03	安徽	1165.14	7.95	73.31	30.75	69.25	29.77
2006	上海	9892.93	河南	1533.31	6.37	66.95	29.62	70.38	27.46
2007	上海	11742.08	河南	1998.52	5.88	65.66	28.70	71.30	25.65
2008	上海	13735.62	河南	2419.78	5.68	61.68	28.23	71.77	25.35
2009	西藏	16209.78	河南	3062.89	5.29	57.96	30.11	69.89	26.49
2010	西藏	18323.79	河南	3632.08	5.04	51.49	34.84	65.16	26.06
2011	西藏	24995.38	河南	4525.80	5.52	52.25	36.11	63.89	27.36
2012	西藏	29430.41	河南	5322.56	5.53	52.06	36.94	63.06	27.59

注：离散系数 1 是全国 31 个省份人均财政支出的离散系数；
离散系数 2 是删除北京、上海、天津、西藏后 27 个省份的离散系数；
离散系数 3 是删除北京、上海、天津、西藏、青海后 26 个省份的离散系数。
资料来源：根据历年《中国统计年鉴》计算得到。

2012 年，全国 31 个省份人均财政支出的离散系数为 52.06%，比 2011 年的 52.25% 略降了 0.19 个百分点，比 2005 年的 73.31% 下降了

21.25 个百分点。按 31 个省份计算的人均财政支出离散系数的持续下降说明以省级行政区划衡量的人均财政支出的均等化程度不断提高。

我们删除北京、上海、天津、西藏四个明显偏高的特殊地区后，人均财政支出的离散系数的绝对值略有上升，以 27 个省级单位计算的 2012 年人均财政支出的离散系数为 36.94%，比 2011 年的离散系数 36.11% 有一定提高，也就是说，这 27 个省级单位之间的人均财政支出均等化程度有所下降。

导致 2012 年按 27 个省份计算的离散系数提高的主要原因是青海省人均财政支出的大幅增加。2005 年，青海省人均财政支出为 3126.24 元，在 31 个省份中排名第 5 位，比排名第 3 位的西藏的人均财政支出 6694.95 元低 3568.71 元，比排名第 4 位的天津市的人均财政支出 4238.93 元低 1112.69 元，但比排名第 6 位的内蒙古 2857.83 元仅高 268.41 元。考虑到北京、上海、天津、西藏四个地区的特殊性，在确定打分标准时按删除上述四个地区的 27 个省份的离散系数为基础进行打分。

但是，2010 年青海省人均财政支出达到了 13204.32 元，超过了天津市的人均财政支出 10596.86 元，排名由第 5 位上升至第 4 位，而且比排名第 6 位的内蒙古的人均财政支出 9196.36 元高 4007.96 元。

2011 年青海省人均财政支出达到了 17027.83 元，在 31 个省份中排名第 2 位，超过了上海、北京和天津三个直辖市。

2012 年青海省人均财政支出达到了 20221.75 元，同样在 31 个省份中排名第 2 位，超过了上海、北京和天津三个直辖市。

如果删除青海的数据，2007~2014 报告年度，按 26 个省份计算的人均财政支出的离散系数分别为：29.27%、27.46%、25.65%、25.35%、26.49%、26.06% 和 27.36% 和 27.59%。从上述数据可以看出，尽管 2014 报告年度按 26 个省份计算的离散系数仍高于 2010 报告年度，也高于 2012 报告年度、2013 报告年度，但相应的增幅相对都较小，与包括青海按 27 个省份计算的值有较大差异（见表 4-63）。

为了保持各年度之间计算标准的统一性和得分的可比性，而且考虑到青海一个省份的数据并不是导致 2011~2014 报告年度离散系数比 2010 报告年度离散系数上升的唯一原因，我们仍按 27 个省份计算的离散系数为基础打分。因此，2014 报告年度，省际人均财政支出的均等化指标的得分为 63.06 分，比 2013 报告年度低 0.83 分，比 2007 报告年度低 6.19 分。

2. 省际人均财政性教育经费的均等化

省际人均财政性教育经费差异度指标是以 2011 年[①]各省级单位人均财政性教育经费的离散系数为基础调整计算获得的。该数据能够较好地反映省际政府对教育服务投入的均等化程度。

2011 年，人均财政性教育经费最高的是北京市，为 3109.75 元；最低的是湖北省，为 831.58 元，前者是后者的约 3.74 倍。2010 年该比值为 3.91 倍（北京比湖北）、2009 年该比值为 4.21 倍（北京比安徽）、2008 年该比值为 4.60 倍（北京比湖北）、2007 年该比值为 4.87 倍（北京比安徽）、2006 年该比值为 5.92 倍（北京比江西）、2005 年该比值为 9.61 倍（北京比江西）、2004 年该比值为 10.30 倍（北京比江西）。最高和最低省份的人均财政性教育经费的比逐年下降的趋势非常显著（见表 4-64 和表 4-65）。

表 4-64　各地区人均财政性教育经费（2011 年）

地　区	人口数（万人）	财政性教育经费（万元）	人均财政性教育经费（元）
北　京	2019	6277348	3109.75
天　津	1355	3389120	2501.20
河　北	7241	6844588	945.32
山　西	3593	4451667	1238.98
内蒙古	2482	4463714	1798.64
辽　宁	4383	6325914	1443.28
吉　林	2749	3543183	1288.71
黑龙江	3834	3859462	1006.64
上　海	2347	5844327	2489.64
江　苏	7899	11768474	1489.91
浙　江	5463	8732600	1598.50

---

① 《中国统计年鉴》中教育经费数据比报告年度差两年，因此《中国统计年鉴 2013》中财政性教育经费为 2011 年的数据。

续表

地 区	人口数(万人)	财政性教育经费(万元)	人均财政性教育经费(元)
安 徽	5968	6461027	1082.61
福 建	3720	4856150	1305.42
江 西	4488	5036882	1122.19
山 东	9637	11225099	1164.79
河 南	9388	9292217	989.80
湖 北	5758	4787821	831.58
湖 南	6596	5846551	886.43
广 东	10505	13592334	1293.91
广 西	4645	4905638	1056.11
海 南	877	1370536	1562.15
重 庆	2919	3832059	1312.80
四 川	8050	8017200	995.93
贵 州	3469	3869567	1115.56
云 南	4631	5652685	1220.67
西 藏	303	807466	2662.27
陕 西	3743	5249804	1402.72
甘 肃	2564	3129282	1220.38
青 海	568	1469582	2586.52
宁 夏	639	1147144	1793.95
新 疆	2209	4183426	1894.06

资料来源:《中国统计年鉴2012》、《中国统计年鉴2013》。

表 4 - 65　省际人均财政性教育经费的均等化（2004～2011 年）

年份	人均最高		人均最低		最高比最低	离散系数 1（％）	离散系数 2（％）	折算得分
	省份	金额(元)	省份	金额(元)				
2004	北京	1998.31	江西	194.00	10.30	84.57	32.22	67.78
2005	北京	2183.06	江西	227.24	9.61	81.01	28.42	71.58
2006	北京	1608.02	江西	271.75	5.92	59.77	28.03	71.97
2007	北京	1944.87	安徽	399.02	4.87	54.79	24.99	75.01
2008	北京	2261.40	湖北	491.16	4.60	48.50	22.58	77.42
2009	北京	2468.77	安徽	586.68	4.21	44.89	23.93	76.07
2010	北京	2618.17	湖北	670.08	3.91	39.78	26.65	73.35
2011	北京	3109.75	湖北	831.58	3.74	39.53	28.62	71.38

注：离散系数 1 是全国 31 个省份人均财政支出的离散系数；

离散系数 2 是删除北京、上海、天津、西藏后 27 个省份的离散系数。

资料来源：根据历年《中国统计年鉴》计算得到。

从表 4 - 65 中可以看出，2010 年，全国 31 个省份人均财政性教育经费的离散系数为 39.78%，比 2009 年的 44.89% 下降了 5.11 个百分点，比 2004 年的 84.57% 下降了 44.79 个百分点。人均财政性教育经费的离散系数 2004～2010 年连续大幅下降说明以省级行政区划衡量的人均财政性教育经费的均等化程度不断提高。

而且，对比 2006～2010 年四个年份的人均财政支出和人均财政性教育经费的离散系数可以看出，省际人均财政性教育经费的均等化程度已显著高于人均财政支出的均等化程度。

我们删除北京、上海、天津、西藏四个特殊地区后，其他 27 个省级单位 2011 年人均财政性教育经费的离散系数为 28.62%，比 2009 年的离散系数 26.65% 上升了 1.97 个百分点，比 2004 年的离散系数 32.22% 下降了 3.60 个百分点。2014 报告年度，以离散系数为 1 时作为 0 分极值打分，省际人均财政性教育经费的均等化指标的得分为 71.38 分。

3. 省际人均医疗卫生支出的均等化

省际人均医疗卫生经费差异度指标是以 2012 年各省级单位人均医疗卫生支出[1]的离散系数为基础调整计算获得，该数据能够较好地反映省际政府对医疗卫生服务投入的均等化程度。

2012 年，人均医疗卫生支出最高的是北京，为 1237.44 元；最低的是山东省，为 436.67 元，前者是后者的约 2.83 倍。2005～2012 年该比值分别为 11.04 倍、10.09 倍、7.85 倍、6.23 倍、4.75 倍、4.07 倍、3.11 倍和 2.83 倍。最高和最低省份人均医疗卫生支出的比逐年下降的趋势非常显著（见表 4 - 66、表 4 - 67）。

从表 4 - 67 中可以看出，2012 年，全国 31 个省份人均医疗卫生支出的离散系数为 33.48%，比 2011 年的离散系数 35.03% 降低了 1.55 个百分点；比 2005 年的 80.24% 下降了 46.76 个百分点。这说明 2012 年以省级行政区划衡量的人均医疗卫生支出的均等化程度有进一步的提高。

---

[1] 2007 年政府收支分类改革前，省际人均医疗卫生支出的均等化以各省份人均卫生经费支出的离散系数为基础计算；2007 年政府收支分类改革后，该指标以各省份人均医疗卫生支出的离散系数为基础计算。

表 4 - 66　各地区人均医疗卫生支出（2012 年）

地　区	人口数（万人）	医疗卫生支出（万元）	人均医疗卫生支出（元）
北　京	2069	256.06	1237.44
天　津	1413	105.91	749.48
河　北	7288	323.17	443.45
山　西	3611	180.34	499.44
内蒙古	2490	177.91	714.54
辽　宁	4389	200.19	456.12
吉　林	2750	160.36	583.04
黑龙江	3834	173.33	452.08
上　海	2380	197.34	829.00
江　苏	7920	418.14	527.96
浙　江	5477	305.91	558.54
安　徽	5988	319.39	533.39
福　建	3748	185.99	496.24
江　西	4504	219.15	486.58
山　东	9685	422.91	436.67
河　南	9406	425.99	452.89
湖　北	5779	267.99	463.72
湖　南	6639	294.17	443.09
广　东	10594	505.14	476.82
广　西	4682	253.17	540.74
海　南	887	59.86	675.24
重　庆	2945	167.43	568.54
四　川	8076	424.26	525.32
贵　州	3484	201.05	577.06
云　南	4659	266.94	572.94
西　藏	308	36.12	1174.09
陕　西	3753	222.30	592.32
甘　肃	2578	148.21	575.00
青　海	573	60.11	1048.70
宁　夏	647	46.09	712.14
新　疆	2233	145.88	653.36

资料来源：《中国统计年鉴 2013》。

表4-67 省际人均医疗卫生支出的均等化（2005～2012年）

年份	人均最高		人均最低		最高比最低	离散系数1（%）	离散系数2（%）	折算得分
	省份	金额（元）	省份	金额（元）				
2005	北京	426.88	湖南	38.65	11.04	80.24	37.79	62.21
2006	北京	550.65	湖南	54.58	10.09	78.67	36.17	63.83
2007	北京	728.43	湖南	93.15	7.85	74.50	34.38	65.62
2008	北京	855.76	湖南	137.30	6.23	61.73	28.95	71.05
2009	北京	949.44	山东	199.82	4.75	46.43	25.63	74.37
2010	西藏	1065.46	山东	261.55	4.07	43.97	24.71	75.28
2011	西藏	1163.86	山东	373.93	3.11	35.03	20.47	79.53
2012	北京	1237.44	山东	436.67	2.83	33.48	22.75	77.25

注：离散系数1是全国31个省份人均财政支出的离散系数；

离散系数2是删除北京、上海、天津、西藏后27个省份的离散系数。

资料来源：根据历年《中国统计年鉴》计算得到。

我们删除北京、上海、天津、西藏四个特殊地区后，其他27个省级单位2012年人均医疗卫生支出的离散系数为22.75%，比2011年的离散系数20.47%增加了2.28个百分点，比2005年的离散系数37.79%下降了15.04个百分点。2014报告年度，以离散系数为1时作为0分极值打分，省际人均医疗卫生支出的均等化指标的得分为77.25分。

F702 公共服务城乡均等化

公共服务城乡均等化由两个评价指标构成，分别是城乡义务教育经费的均等化和城乡医疗卫生服务的均等化，这两个指标分别反映义务教育和医疗卫生两项基本公共服务的均等化水平。

2014报告年度，公共服务城乡均等化的得分为67.10分，比2013报告年度的65.09分上升了2.01分，比2007报告年度的得分53.93分提高了13.17分（见表4-60）。其中，城乡义务教育经费的均等化得分为89.01分，远高于城乡医疗卫生服务均等化45.20分的得分（见表4-61）。

1. 城乡义务教育经费的均等化

从表 4 – 68 中可以看出，与 2010 年相比，2011 年[①]全国、农村和城镇义务教育阶段生均经费均有进一步的显著增长，2011 年农村小学生均预算内教育经费与城镇小学预算内教育经费的比为 93.05%，比 2010 年的 88.99% 有较大提高，比 2004 年的 74.18% 提高了 18.87 个百分点；农村与城镇小学生均教育经费的比为 89.44%，比 2009 年的 85.01% 大幅提高了 4.43 个百分点，比 2004 年的 65.99% 提高了 23.45 个百分点。

表 4 – 68　农村与城镇义务教育生均教育经费 (2004～2011 年)

小学	年份	生均预算内教育经费 (元)	生均教育经费 (元)	初中	年份	生均预算内教育经费 (元)	生均教育经费 (元)
全国小学	2004	1159.21	1561.42	全国初中	2004	1296.13	1925.43
	2005	1361.09	1822.76		2005	1561.69	2277.32
	2006	1671.41	2121.18		2006	1962.67	2668.63
	2007	2230.97	2751.43		2007	2731.27	3485.09
	2008	2787.57	3410.09		2008	3644.98	4531.83
	2009	3424.65	4171.45		2009	4538.39	5564.66
	2010	4097.62	4931.58		2010	5415.41	6526.73
	2011	5061.64	6117.49		2011	6743.87	8179.04
农村小学	2004	1035.27	1326.31	农村初中	2004	1101.32	1486.65
	2005	1230.26	1572.57		2005	1355.40	1819.92
	2006	1531.24	1846.71		2006	1763.75	2190.33
	2007	2099.65	2463.72		2007	2465.46	2926.58
	2008	2640.82	3116.83		2008	3390.10	4005.78
	2009	3236.27	3842.26		2009	4267.70	5023.51
	2010	3876.24	4560.31		2010	5061.33	5874.05
	2011	4847.80	5718.96		2011	6376.46	7439.40

---

① 由于《中国教育经费统计年鉴》的出版时间较晚，因此该指标采用 2011 年的数据进行测算打分。

续表

小学	年份	生均预算内教育经费（元）	生均教育经费（元）	初中	年份	生均预算内教育经费（元）	生均教育经费（元）
城镇小学	2004	1395.66	2009.96	城镇初中	2004	1482.78	2345.84
	2005	1593.20	2266.62		2005	1731.29	2653.36
	2006	1903.31	2575.26		2006	2113.83	3032.09
	2007	2421.28	3168.38		2007	2902.74	3845.37
	2008	2984.88	3804.39		2008	3794.88	4841.21
	2009	3665.91	4596.05		2009	4688.04	5863.84
	2010	4355.64	5364.30		2010	5596.38	6860.31
	2011	5209.96	6393.90		2011	6853.32	8399.39
农村比城镇（%）	2004	74.18	65.99	农村比城镇（%）	2004	74.27	63.37
	2005	77.22	69.38		2005	78.29	68.59
	2006	80.45	71.71		2006	83.44	72.24
	2007	86.72	77.76		2007	84.94	76.11
	2008	88.47	81.93		2008	89.33	82.74
	2009	88.28	83.65		2009	91.03	85.67
	2010	88.99	85.01		2010	90.44	85.62
	2011	93.05	89.44		2011	93.04	88.57

资料来源：全国小学和初中、农村小学和初中生均数据来自相关年份《中国教育经费统计年鉴》，城镇小学、初中数据根据相关年份《中国统计年鉴》年末在校学生人数折算得到。

2011 年农村初中生均预算内教育经费与城镇初中预算内教育经费的比为 93.04%，比 2010 年的 90.44% 提高了 2.60 个百分点，比 2004 年的 74.27% 提高了 18.77 个百分点；农村与城镇初中生均教育经费的比为 88.57%，比 2010 年的 85.62% 提高了 2.95 个百分点，比 2004 年的 63.37% 提高了 25.20 个百分点。

由于预算内教育经费不包括教育费附加等财政性经费，因此我们以教育经费为标准进行打分。2014 报告年度，农村小学生均教育经费与城镇小学生均教育经费的比、农村初中生均教育经费与城镇初中生均教育经费的比两个指标的平均值为 89.01%。以 100% 为满分的标准值折算，城乡义务教育经费均等化的得分为 89.01 分，比 2013 报告年度的得分 85.32 分增加了 3.69 分，比 2007 报告年度的得分 64.68 分提高了 24.33 分（见表 4-61）。

2. 城乡医疗卫生服务的均等化

我们以每千人口拥有的床位数代表医疗卫生服务的水平。从表 4-69 中可以看出，2009 年，每千人口医院和卫生院床位数为 3.06 张，比 2008 年的 2.84 张增长了 0.22 张，比 1980 年的 2.02 张增长了 1.04 张。2009 年，县与市的比为 44.78%，比 2008 年该比值 43.21% 提高了 1.57 个百分点，比 1980 年该比值 31.49% 提高了 13.29 个百分点。1980~2002 年，每千农业人口乡镇卫生院床位数持续下降，从 2003 年开始逐年增长，2009 年达到了 1.05 张，超过了 1980 年的水平。

表 4-69　每千人口医疗机构床位数（1980~2009 年）

年份	每千人口医院和卫生院床位（张）				每千农业人口乡镇卫生院床位数（张）	每千农业人口乡镇卫生院床位数/市(%)
	合计	市	县	县/市		
1980	2.02	4.70	1.48	31.49	0.95	20.21
1985	2.14	4.54	1.53	33.70	0.86	18.94
1990	2.32	4.18	1.55	37.08	0.81	19.38
1995	2.39	3.50	1.59	45.43	0.81	23.14
2000	2.38	3.49	1.50	42.98	0.80	22.92
2001	2.39	3.51	1.48	42.17	0.81	23.08
2002	2.32	3.40	1.41	41.47	0.74	21.76
2003	2.34	3.42	1.41	41.23	0.76	22.22
2004	2.40	3.51	1.42	40.46	0.76	21.65
2005	2.45	3.59	1.43	39.83	0.78	21.73
2006	2.53	3.69	1.49	40.38	0.80	21.68
2007	2.63	3.80	1.58	41.58	0.85	22.37
2008	2.84	4.05	1.75	43.21	0.96	23.70
2009	3.06	4.31	1.93	44.78	1.05	24.36

资料来源：历年《中国卫生统计年鉴》。

2010 年开始，每千人口医院和卫生院床位数不再按市、县口径区分，而是分为城市和农村。[①] 2010 年，农村与城市每千人口医院和卫生院床位数的比为 45.78%，比 2009 年的 45.60% 提高了 0.18 个百分点，比 2005 年 43.18% 提高了 2.60 个百分点。每千农业人口乡镇卫生院床位数与城市的比为 21.01%，比 2009 略有提高。从表 4 - 70 - 1 中可以看出，2005 ~ 2010 年六年间，城乡医疗卫生服务的均等化水平绝对得分低，增幅缓慢，2005 ~ 2007 年还有所下滑。

表 4 - 70 - 1　按城乡分每千人口医疗机构床位数（2005 ~ 2010 年）

年份	每千人口医院和卫生院床位（张）				每千农业人口乡镇卫生院床位数（张）	乡镇卫生院床位数/城市（%）
	合计	城市	农村	农村/城市		
2005	2.45	4.03	1.74	43.18	0.78	19.35
2006	2.53	4.23	1.81	42.79	0.80	18.91
2007	2.63	4.47	1.89	42.28	0.85	19.02
2008	2.84	4.70	2.08	44.26	0.96	20.43
2009	3.06	5.00	2.28	45.60	1.05	21.00
2010	3.27	5.33	2.44	45.78	1.12	21.01

资料来源：《中国卫生统计年鉴 2011》。

2011 年，相关统计资料中不再列示按照城市和农村划分的每千人口医院和卫生院床位数，而仅列示按照城市和农村划分的每千人口医疗卫生机构床位数[②]。所以我们按照这一口径重新计算了 2007 ~ 2012 年的数据（见表 4 - 70 - 2）。

2014 报告年度，以农村与城市每千人口医疗卫生机构床位数的比为依据计算的城乡医疗卫生服务均等化的得分为 45.20 分，较前一报告年度有所提高，但与城乡义务教育均等化的得分 89.01 分仍有很大差距。

[①] 《中国卫生统计年鉴》统计分组说明：1949 ~ 1984 年以前医疗卫生机构及其床位和人员按城市、农村分组，1985 ~ 2004 年按市、县分组，市包括直辖市市区、地级市市区和县级市，县包括自治县和旗。2005 年起按城市、农村分组。城市包括直辖市市区和地级市辖区，农村包括县及县级市，乡镇卫生院及村卫生室计入农村。

[②] 这里的相关统计资料包括《中国卫生统计年鉴 2012》和《中国统计年鉴 2012》。

表 4 - 70 - 2　按城乡分每千人口医疗机构床位数（2007～2012 年）

年份	每千人口医疗卫生机构床位数（张）				每千农业人口乡镇卫生院床位数（张）	乡镇卫生院床位数/城市（%）
	合计	城市	农村	农村/城市		
2007	2.83	4.90	2.00	40.82	0.85	17.35
2008	3.06	5.17	2.20	42.55	0.96	18.57
2009	3.31	5.54	2.41	43.50	1.05	18.95
2010	3.56	5.94	2.60	43.77	1.12	18.86
2011	3.50	6.24	2.80	44.87	1.16	18.59
2012	4.24	6.88	3.11	45.20	1.24	18.02

资料来源：相应年份《中国卫生统计年鉴》。

F703　公共服务城乡内部均等化

公共服务城乡内部均等化由两个评价指标构成，分别是城市公共服务均等化和农村公共服务均等化。2014 报告年度，公共服务城乡内部均等化指标的得分为 78.13 分，比 2013 报告年度的 77.17 分提高了 0.96 分，比 2007 报告年度的得分 67.18 分提高了 10.95 分（参见表 4 - 60）。

其中，城市公共服务均等化的得分为 84.54 分，比 2013 报告年度的得分 83.26 分提高了 1.28 分，比 2007 报告年度的得分 66.71 分提高了 17.83 分；农村公共服务均等化的得分为 71.72 分，比 2013 报告年度的 71.08 分提高了 0.64 分，比 2007 报告年度的得分 67.64 分提高了 4.08 分（见表 4 - 61）。

1. 城市公共服务均等化

我们根据各地区 2012 年城市燃气普及率、生活垃圾无害化处理率、城市污水（处理厂）集中处理率、城市每千人口医疗机构床位数四个指标①（参见表 4 - 71）的离散系数对城市公共服务的均等化水平进行评价。

---

① 前三个指标数据来自《中国环境统计年鉴 2013》，城市每千人口医疗机构床位数来自《中国卫生统计年鉴 2013》。

表4-71 城市公共服务均等化情况（2012年）

地区	城市燃气普及率（%）	生活垃圾无害化处理率(%)	污水处理厂集中处理率(%)	城市每千人口医疗卫生机构床位(张)
全 国	93.2	84.8	82.5	6.88
北 京	100.0	99.1	82.0	7.9
天 津	100.0	99.8	87.4	5.7
河 北	99.8	81.4	93.6	8.3
山 西	95.2	80.3	84.9	8.1
内蒙古	84.4	91.2	85.6	8.6
辽 宁	96.0	87.2	81.9	8.0
吉 林	89.5	45.8	81.6	7.2
黑龙江	83.4	47.6	57.7	7.8
上 海	100.0	83.6	91.3	7.9
江 苏	99.4	95.9	74.2	6.5
浙 江	99.5	99.0	84.2	7.2
安 徽	94.6	91.1	86.4	5.0
福 建	98.6	96.4	81.9	6.5
江 西	94.4	89.1	83.2	6.8
山 东	99.5	98.1	93.1	6.5
河 南	77.9	84.4	86.3	8.0
湖 北	95.1	86.4	82.2	7.0
湖 南	91.3	95.0	74.0	7.9
广 东	94.9	79.1	88.1	6.9
广 西	91.1	98.0	59.3	4.7
海 南	93.3	99.9	75.3	5.8
重 庆	93.3	99.3	89.0	4.1
四 川	88.0	88.3	76.1	6.2
贵 州	71.4	91.9	91.4	7.0
云 南	66.5	82.7	90.1	8.7
西 藏	29.8	—	0.1	6.4
陕 西	94.1	88.5	87.6	6.4
甘 肃	77.8	41.7	64.6	6.5
青 海	92.7	89.2	60.4	—
宁 夏	79.7	70.6	67.9	6.8
新 疆	96.6	78.7	82.4	12.5

资料来源：《中国环境统计年鉴2013》《中国统计年鉴2013》。

2012 年全国城市燃气普及率为 93.2%，比 2011 年的 92.4% 有所增长，离散系数为 9.79%，比 2010 年的 9.13% 增加了 0.66 个百分点，这说明城市燃气普及率的均等化程度有略微下降。以离散系数为 1 时视为 0 分标准值折算，2014 报告年度，该指标的得分为 90.21 分，比 2013 报告年度的得分 90.87 分降低了 0.66 分，比 2007 报告年度的得分 81.61 分提高了 8.60 分。

2012 年全国生活垃圾无害化处理率为 84.8%，比 2011 年的 79.1% 有较大提高，离散系数为 18.28%，比 2010 年的 19.97% 也有所下降，这说明生活垃圾无害化处理的均等化程度有所提高。以离散系数为 1 时视为 0 分标准值折算，2014 报告年度的得分为 81.72 分，比 2013 报告年度的得分 80.03 分提高了 1.69 分，比 2007 报告年度的 58.77 分提高了 22.95 分。

2012 年全国污水处理厂集中处理率为 82.5%，比 2011 年的 78.1% 有较大提高，离散系数为 12.47%，也比 2011 年的 14.52% 有一定下降，这说明污水处理的均等化程度进一步提高。以离散系数为 1 时视为 0 分标准值折算，2014 报告年度该指标的得分为 87.53 分，比 2013 报告年度的得分 85.48 分提高了 2.05 分，比 2007 报告年度的得分 57.32 分提高了 30.21 分。

根据《中国统计年鉴 2013》的数据，2012 年按城市、农村分的城市每千人口医疗卫生机构床位数全国平均为 6.88 张。31 个省级单位的离散系数为 21.30%。以 100% 为 0 分标准值进行折算，2014 报告年度该指标的得分为 78.70 分[①]（见表 4 - 72）。

2. 农村公共服务均等化

我们根据各地区农村义务教育阶段生均教育经费、各地区每千农业人口乡镇卫生院床位数、农村卫生厕所普及率三个数据（见表 4 - 73）的离散系数反映农村教育、医疗卫生和基础设施的均等化水平。

---

① 由于《中国卫生统计年鉴 2013》仅对 2012 年每千人口医疗机构床位数改按城市和农村分组，因此 2014 报告年度仅有城市每千人口医疗卫生机构床位的数据，与 2013 报告年度的口径一样。

表4-72　城市公共服务均等化各指标得分情况（2005～2012年）

指标		2005年	2006年	2007年	2008年	2009年	2010年	2011年	2012年
城市燃气普及率	全国平均(%)	82.08	79.10	87.40	89.55	91.41	92.00	92.40	93.20
	离散系数(%)	18.31	16.32	13.76	12.32	9.95	9.78	9.13	9.79
	折算得分	81.68	83.68	86.24	87.68	90.05	90.22	90.87	90.21
生活垃圾无害化处理率	全国平均(%)	51.70	52.20	62.02	66.76	71.40	77.90	79.80	84.80
	离散系数(%)	41.23	43.22	32.53	27.79	26.98	21.43	19.97	18.28
	折算得分	58.77	56.78	67.47	72.21	73.02	78.57	80.03	81.72
污水处理厂集中处理率	全国平均(%)	39.36	43.06	49.55	57.64	65.80	73.80	78.10	82.50
	离散系数(%)	42.68	40.03	33.09	27.36	24.44	19.27	14.52	12.47
	折算得分	57.32	59.97	66.91	72.64	75.56	80.73	85.48	87.53
城市每千人口医院和卫生院床位数	全国平均(张)	3.59	3.69	3.8	4.05	4.31	5.33	6.24	6.88
	离散系数(%)	30.93	29.69	27.65	27.43	25.16	28.59	23.34	21.30
	折算得分	69.07	70.31	72.35	72.57	74.84	71.41	76.66	78.70
平均得分		66.71	67.69	73.24	76.28	78.37	80.23	83.26	84.54

注：因统计资料变化，2012年、2011年没有城市每千人口医院和卫生院床位数的数据，表中2012年与2011年的对应数据是城市每千人口医疗卫生机构床位数。

表4-73　农村内部公共服务差异度

地区	农村普通小学生均教育经费(元)	农村普通初中生均教育经费(元)	每千农业人口乡镇卫生院床位数(张)	农村卫生厕所普及率(%)
全国	5718.96	7439.4	1.24	71.71
北京	27262.67	47365.14	—	96.96
天津	14194.81	18052.29	1.06	93.33
河北	5341.74	8302.13	1.19	55.76
山西	6720.3	7458.46	1.21	52.15
内蒙古	15876.48	13527.8	1.20	46.01
辽宁	8731.84	11276.91	1.35	64.15
吉林	8807.78	10361.66	1.28	75.49
黑龙江	7411.08	6880.84	1.04	70.67
上海	15121.3	20605.57	—	98.01
江苏	10638.67	12902.19	1.50	90.89
浙江	9687.54	13246.86	0.45	91.45

地　区	农村普通小学生均教育经费（元）	农村普通初中生均教育经费（元）	每千农业人口乡镇卫生院床位数（张）	农村卫生厕所普及率（%）
安　徽	5504.69	6929.07	0.91	59.21
福　建	8117.99	9509.64	1.16	88.47
江　西	4190.35	5587.19	1.18	84.38
山　东	5423.16	8728.98	1.91	88.31
河　南	3171.51	5322.46	1.07	72.89
湖　北	3951.65	6151.91	1.38	76.69
湖　南	4408.35	7940.3	1.41	64.83
广　东	4858.06	4788.33	1.22	88.58
广　西	4454.18	5495.1	1.14	72.81
海　南	8087.59	7753.67	0.97	70.01
重　庆	6926.04	7285.12	1.68	60.79
四　川	5370.06	6159.08	1.69	67.43
贵　州	3566.33	4357.33	0.93	43.85
云　南	4957.48	5864.27	1.05	58.71
西　藏	11120.44	—	1.03	—
陕　西	7660.46	8940.34	1.16	51.53
甘　肃	5269.32	6153.79	1.13	66.45
青　海	10321.65	13608.82	1.10	62.62
宁　夏	5934.89	11854.81	0.65	59.15
新　疆	8519.68	11908.27	1.75	64.00
新疆兵团	—	—	—	65.21

　　资料来源：《中国教育经费统计年鉴 2012》《中国卫生统计年鉴 2013》《中国环境统计年鉴 2013》。

　　农村义务教育阶段生均教育经费的均等化程度根据各省级单位农村义务教育阶段（普通小学、普通初中）生均教育经费的离散系数为基础调整计算获得①。根据《中国教育经费统计年鉴 2012》的数据，2011 年②各

---

① 删除了北京、天津、上海三个直辖市和西藏的数据，以 27 个省际单位的数据计算离散系数，以离散系数为 1 作为 0 分的极值进行计算得分。

② 由于《中国教育经费统计年鉴》的出版时间较晚，因此该指标采用 2011 年的数据进行测算打分。

地区农村普通小学生均教育经费的离散系数为 40.81%，农村初中生均教育经费的离散系数为 34.33%，比 2010 年的 40.31% 和 33.06% 均有所提高。数据说明农村初中生均教育经费的均等化程度要高于农村小学生均教育经费。

2014 报告年度，这两个指标折算得分分别为 59.19 分和 65.67 分，平均得分为 62.43 分，比 2013 报告年度的得分 63.31 分略降了 0.88 分，比 2007 报告年度的得分 59.53 分提高了 2.90 分。

2014 报告年度，农村内部义务教育阶段生均教育经费的均等化得分为 62.43 分，比城乡之间义务教育阶段生均教育经费均等化程度的得分——89.01 分低 26.58 分。2013 报告年度这两个指标的差距为 22.01 分，2012 报告年度这两个指标的差距为 18.42 分，2011 报告年度这两个指标的差距为 14.75 分，2010 报告年度为 11.36 分，2009 报告年度为 9.01 分，2008 报告年度为 7.31 分。这说明义务教育阶段教育经费在农村内部的均等化程度比城乡间的均等化程度低，而且差距在持续扩大。

根据《中国卫生统计年鉴 2013》的数据，2012 年每千农业人口乡镇卫生院床位数全国平均为 1.24 张，比 2011 年提高了 0.08 张。删除北京市、上海市①后 2012 年各省份每千农业人口乡镇卫生院床位数的离散系数为 25.76%，比 2011 年的 25.47% 提高了 0.29 个百分点，这说明在全国平均水平显著提高的同时，农村内部的均等化程度却略有下降。

按离散系数 1 为 0 分的标准值折算，2014 报告年度每千农业人口乡镇卫生院床位数的均等化得分为 74.24 分，比 2013 报告年度的 74.53 分下降了 0.29 分，比 2007 报告年度的得分 74.57 分降低了 0.33 分。

根据《中国环境统计年鉴 2013》的数据，2012 年全国农村卫生厕所普及率为 71.71%，比 2011 年的 69.18% 有进一步提高。2012 年各省份农村卫生厕所普及率的离散系数②为 21.52%，比 2011 年的 24.61% 下降了 3.09 个百分点。2014 报告年度，按离散系数 1 为 0 分的标准值折算的得

---

① 北京市 2011 年无数据，上海市 2005～2007 年的数据有很大波动，2008 年后没有数据，为保证各评价年度之间的数据可比，因此删除了北京市、上海市的数据进行评价。

② 西藏无数据，新疆兵团单列。

分为 78.48 分，比 2013 报告年度的得分 75.39 分提高了 3.09 分，比 2007 报告年度的得分 68.83 分提高了 9.65 分。

2014 报告年度，由上述三个指标的平均值计算得到的农村内部公共服务均等化的得分为 71.72 分，比 2013 报告年度的 71.08 分提高了 0.64 分，其中农村义务教育阶段生均教育经费的均等化、每千农业人口乡镇卫生院床位数的均等化两个指标比 2013 报告年度有所下降，农村卫生厕所普及率的均等化指标得分有所增长（见表 4 – 74）。

表 4 – 74　农村公共服务均等化各指标得分情况

指标		2004 年	2005 年	2006 年	2007 年	2008 年	2009 年	2010 年	2011 年
农村普通小学生均教育经费	全国平均（元）	1326.31	1572.57	1846.71	2463.72	3116.83	3842.26	4560.31	5718.96
	离散系数（%）	39.97	37.97	37.80	36.07	35.05	37.26	40.31	40.81
	折算得分	60.03	62.03	62.2	63.93	64.95	62.74	59.69	59.19
农村普通初中生均教育经费	全国平均（元）	1486.65	1819.92	2190.33	2926.58	4005.78	5023.51	6834.08	7439.4
	离散系数（%）	40.96	38.69	36.29	32.79	29.77	30.26	33.06	34.33
	折算得分	59.04	61.31	63.72	67.21	70.23	69.74	66.94	65.67
平均得分		59.53	61.67	62.96	65.57	67.59	66.24	63.32	62.43
指标		2005 年	2006 年	2007 年	2008 年	2009 年	2010 年	2011 年	2012 年
每千农业人口乡镇卫生院床位数	全国平均（张）	0.78	0.8	0.85	0.96	1.05	1.12	1.16	1.24
	离散系数（%）	25.43	26.69	25.01	23.89	22.48	23.85	25.47	25.76
	折算得分	74.57	73.31	74.99	76.11	77.52	76.15	74.53	74.24
农村卫生厕所普及率	全国平均（%）	55.31	54.95	57.00	59.70	63.21	67.43	69.18	71.71
	离散系数（%）	31.17	33.47	32.05	28.71	27.69	24.67	24.61	21.52
	折算得分	68.83	66.53	67.95	71.29	72.31	75.33	75.39	78.48
全部指标平均得分		67.64	67.17	68.63	70.99	72.47	72.52	71.08	71.72

注：由于原始数据四舍五入的原因，2004 年农村义务教育阶段教育经费得分为 59.53 分，与普通小学生均和普通初中生均教育经费的平均值 59.54 分略有差异。

F704　公共收入的公平度

公共收入的公平度指标由税收负担分配的公平度指标和省际人均财政收入的差异度两个指标构成。2014 报告年度，公共收入的公平度指标得分为 60.94 分，比 2013 报告年度的得分 57.99 分提高了 2.95 分，比 2007

报告年度的得分 51.06 分提高了 9.88 分（见表 4 - 60）。

1. 税收负担分配的公平度

该指标反映社会公众对税收负担公平性的主观判断。根据政府机关、事业单位、企业和居民四类问卷主体对以下两个问题按 0 ~ 10 分打分获得：

问题 1：您认为目前纳税人的税收负担状况如何？

（0 = 非常重，10 = 非常轻）_____

问题 2：您认为目前各类纳税人（包括自然人和法人）的税收负担分配的公平性如何？

（0 = 非常不公平，10 = 非常公平）_____

2013 年问卷调查中，反映税负轻重问题的权重得分为 58.31 分，比 2012 年问卷调查的得分 55.12 分提高了 3.19 分；反映税负分配公平性的问题的权重得分为 60.14 分，比 2012 问卷调查的得分 57.30 分提高了 2.84 分。两个问题的平均得分为 59.22 分，比 2012 年的 56.21 分提高了 3.01 分，比 2006 年问卷调查的得分 51.33 分提高了 7.89 分。

税收负担的公平度指标的绝对分值较低，2007 年以来权重得分一直在 55 分左右，2013 年有了较大的提高，分数接近 60 分。另外，该指标中税收负担分配的公平性的得分要略高于对税收负担轻重的评价（见表 4 - 75）。

表 4 - 75　税收负担分配的公平度（2006 ~ 2013 年）

	政府	事业单位	企业	居民	权重得分	平均分
2006 年问题 1	56.69	54.20	42.64	52.10	50.61	51.33
2006 年问题 2	54.53	55.23	48.69	51.96	52.05	
2007 年问题 1	60.56	58.58	48.70	51.66	53.19	54.64
2007 年问题 2	61.40	62.12	54.33	53.21	56.09	
2008 年问题 1	64.11	59.47	48.06	51.11	53.32	54.78
2008 年问题 2	57.89	60.58	55.28	54.50	56.25	
2009 年问题 1	62.97	59.81	50.65	54.60	55.49	55.96
2009 年问题 2	57.38	61.91	55.57	54.25	56.43	

	政府	事业单位	企业	居民	权重得分	平均分
2010 年问题 1	61.90	58.04	52.44	52.86	54.70	
2010 年问题 2	53.35	60.21	55.84	55.27	56.21	55.45
2011 年问题 1	61.90	56.95	50.26	52.51	53.77	
2011 年问题 2	56.49	60.08	55.83	56.92	57.24	55.51
2012 年问题 1	59.60	62.99	50.30	53.31	55.12	
2012 年问题 2	54.43	62.97	56.28	55.99	57.30	56.21
2013 年问题 1	63.53	64.74	54.18	56.57	58.31	
2013 年问题 2	60.40	64.17	59.61	58.58	60.14	59.22

资料来源：调查问卷。

2. 省际人均财政收入的差异度

省际人均财政收入差异的主要原因是各地区经济发展水平的差异，这一指标与经过转移支付调整后的省际人均财政支出差异度的对比可以较好地反映转移支付对省际公共服务均等化的影响。

从表 4-76 中可以看出，2012 年人均财政收入最高的是北京，为 16019.59 元，最低的是甘肃，为 2018.97 元，前者是后者的约 7.93 倍。2011 年该比值为 8.48 倍，2010 年该比值为 10.24 倍，2009 年该比值为 12.75 倍，2008 年为 14.41 倍，2007 年为 15.74 倍，2006 年为 16.76 倍，2005 年为 18.24 倍，最高和最低省份的人均财政收入的比呈逐年下降的趋势。

2005～2008 年，全国 31 个省份人均财政收入的离散系数均超过 100%，但 2008 年比 2005 年有显著下降。2009 年 31 个省份人均财政收入的离散系数下降为 99.26%，2010 年大幅下降为 82.81%，2011 年进一步下降为 76.78%，2012 年再进一步下降为 70.76%，这说明主要由经济发展水平决定的财政收入的均等化程度很低，但近年来有较大的改善。

删除北京、上海、天津、西藏四个特殊地区后，27 个省级单位人均财政收入的离散系数与 31 个省份的离散系数相比有较大幅度的降低，2005～2012 年分别为 49.21%、48.66%、48.42%、46.28%、46.04%、42.86%、40.24% 和 37.35%，呈逐年下降的趋势。

表4-76　各地人均财政收入（2012年）

地　区	人口数（万人）	财政收入（万元）	人均财政收入（元）
北　京	2069	3314.93	16019.59
天　津	1413	1760.02	12454.59
河　北	7288	2084.28	2860.07
山　西	3611	1516.38	4199.53
内蒙古	2490	1552.75	6236.30
辽　宁	4389	3105.38	7075.37
吉　林	2750	1041.25	3785.82
黑龙江	3834	1163.17	3033.83
上　海	2380	3743.71	15727.01
江　苏	7920	5860.69	7399.88
浙　江	5477	3441.23	6283.05
安　徽	5988	1792.72	2993.85
福　建	3748	1776.17	4738.99
江　西	4504	1371.99	3046.21
山　东	9685	4059.43	4191.47
河　南	9406	2040.33	2169.18
湖　北	5779	1823.05	3154.62
湖　南	6639	1782.16	2684.40
广　东	10594	6229.18	5879.91
广　西	4682	1166.06	2490.52
海　南	887	409.44	4618.32
重　庆	2945	1703.49	5784.34
四　川	8076	2421.27	2998.03
贵　州	3484	1014.05	2910.55
云　南	4659	1338.15	2872.18
西　藏	308	86.58	2814.60
陕　西	3753	1600.69	4264.98
甘　肃	2578	520.40	2018.97
青　海	573	186.42	3252.38
宁　夏	647	263.96	4078.51
新　疆	2233	908.97	4071.00

资料来源：《中国统计年鉴2013》。

以离散系数为 1 时作为 0 分极值打分，2014 报告年度，省际人均财政收入均等化的得分为 62.65 分，比 2013 报告年度的得分 59.76 分提高了 2.89 分，比 2007 报告年度的得分 50.79 分提高了 11.86 分（见表 4 - 77）。

表 4 - 77　省际人均财政收入的均等化（2005 ~ 2012 年）

年份	人均最高		人均最低		最高比最低	离散系数 1（%）	离散系数 2（%）	折算得分
	省份	金额（元）	省份	金额（元）				
2005	上海	7921.87	西藏	434.34	18.24	118.19	49.21	50.79
2006	上海	8683.60	西藏	518.17	16.76	110.33	48.66	51.34
2007	上海	11165.12	西藏	709.20	15.74	110.95	48.42	51.58
2008	上海	12490.32	西藏	866.98	14.41	105.02	46.28	53.72
2009	上海	13223.83	西藏	1037.46	12.75	99.26	46.04	53.96
2010	上海	12479.41	西藏	1218.64	10.24	82.81	42.86	57.14
2011	北京	14892.90	甘肃	1755.41	8.48	76.78	40.24	59.76
2012	北京	16019.59	甘肃	2018.97	7.93	70.76	37.35	62.65

注：离散系数 1 是全国 31 个省份人均财政收入的离散系数；
离散系数 2 是删除北京、上海、天津、西藏后 27 个省份的离散系数。
资料来源：根据历年《中国统计年鉴》计算得到。

表 4 - 78 是省际人均财政收入和人均财政支出离散系数的对比，从表中可以看出，2005 ~ 2008 年，按 31 个省份计算的两个系数的差额在 44% 左右，按 27 个省份计算的差额则由 11.42% 扩大至 17.33%，这说明这一时期转移支付制度发挥了较明显的作用。2009 年以后，按 27 个省份计算的财政支出的离散系数有所上升，其他三个离散系数则呈现出不同程度的下降态势，两个差额均比 2008 年有较大幅度的缩小。这说明 2009 年以后以省级行政区划衡量的人均财政收入和支出的公平程度在不断上升，且这两个公平程度之间的差距在不断缩小。

4.4.2　可持续性指数

可持续性指标包括两个方面的内容，一是公共财政建设促进经济社会可持续发展的程度；二是财政运行本身的抗风险能力。

表 4 - 78　省际人均财政收支离散系数的对比　（2005～2012 年）

单位：%

年份	31 个省份的离散系数			27 个省份的离散系数		
	人均财政收入	人均财政支出	差额	人均财政收入	人均财政支出	差额
2005	118.19	73.31	44.88	49.21	37.79	11.42
2006	110.33	66.95	43.38	48.66	36.17	12.49
2007	110.95	65.66	45.29	48.42	34.38	14.04
2008	105.02	61.68	43.34	46.28	28.95	17.33
2009	99.26	57.96	41.30	46.04	30.11	15.93
2010	82.81	51.49	31.32	42.86	34.84	8.02
2011	76.78	52.25	24.53	40.24	36.11	4.13
2012	70.76	52.06	18.70	37.35	36.94	0.41

2014 报告年度，可持续性指标的得分为 74.03 分，比 2013 报告年度的得分 68.94 分提高了 5.09 分，比 2007 报告年度的得分 42.42 提高了 31.61 分（见表 4 - 2）。

F801　财政补偿度

弥补市场失灵、运用财政政策纠正"外部性"，促进经济社会的可持续发展是财政的基本职能。财政补偿度指标包括两方面的评价内容，一是资源补偿度，反映财税政策在能源、资源合理利用方面发挥的作用；二是生态补偿度，反映财税政策在促进生态环境保护方面发挥的作用。

1. 资源补偿度

财政政策对能源、资源"外部性"的补偿具体体现在以下几个方面。

一是资源税费体系。在我国目前主要是资源税和消费税。

二是税式支出政策。即对节能降耗、可再生能源、替代与再生资源技术研发和设备投资等采取的税收优惠政策。

三是财政支出政策。主要包括政府直接资助促进资源永续利用的科研项目开发、对企业相关研发活动和设备采购提供财政补贴等。

但这些指标均为投入性指标，指标数据本身难以获得，而且很难找到合理的标准值对其进行定量评价。

因此，我们在具体评价时选择了单位 GDP 能耗指标作为产出性指标来反映政府各种资源综合利用政策的效果。2006～2015 年考评的标准值以公共财政建设起始年份——1998 年的单位 GDP 能耗作为起点，以《十二五规划纲要》对单位 GDP 能耗的要求，即 2015 年比 2010 年降低 16%为终点确定报告年度的相对分值。这种方法确定评价值的主要目的在于定量地反映年度变化情况。

1998 年，以 2005 年不变价格 GDP 折算的单位 GDP 能耗为 1.37 吨标准煤/万元，2010 年的单位 GDP 能耗为 1.03 吨标准煤/万元[①]，因此按 2015 年比 2010 年下降 16%计算的 0.87 吨标准煤/万元。以 0.87 为满分的标准值，以 1.37 为 0 分的标准值，2012 年单位 GDP 能耗为 0.98 吨标准煤/万元，比 2010 年的 1.03 吨标准煤/万元降低了 0.05 吨标准煤/万元。因此，2014 报告年度折算得分为 78.65 分，比 2013 报告年度的 71.58 分提高了 7.07 分，比 2007 报告年度的得分 18.78 分提高了 59.87 分（见表 4－79）。

2. 生态补偿度

生态补偿度反映财政在促进生态保护方面发挥的作用。环境税费收入、促进环境保护的税式支出额和财政支出额等数据可以用来判断政府财税政策在促进环境保护方面的进展状况。环境污染投资占 GDP 的比重则可以较好地反映在全社会层面对生态环境保护的投入状况。从表 4－80 中可以看出，环境污染治理投资 2005 年为 2388.0 亿元，2012 年增长至 8253.5 亿元，是 2005 年的 3.46 倍；环境污染投资占 GDP 的比重由 2005 年的 1.30%上升至 2012 年的 1.59%。

但上述指标均为投入性指标，难以找到合理的标准值对其进行定量评价。因此该指标作为参考指标，不进行年度评价。

---

① 数据来源：根据《中华人民共和国国民经济和社会发展第十二个五年规划纲要》中《专栏 1："十一五"规划主要指标实现情况》，2010 年单位国内生产总值能源消耗比 2005 年降低 19.1%，据此折算 2010 年该指标为 1.03 吨标准煤/万元。

表 4 - 79　单位 GDP 能耗（2005～2012 年）

年份	能源消费总量（万吨标准煤）	按 2005 年可比价格计算的 GDP（亿元）	单位 GDP 能耗（吨标准煤/万元）	折算得分
2005	235997	184937.37	1.28	18.78
2006	258676	208381.02	1.24	25.73
2007	280508	237892.76	1.18	38.17
2008	291448	260812.94	1.12	50.51
2009	306647	284844.76	1.08	58.69
2010[1]	324939	314468.62	1.03	67.34
2010[2]	324939	314602.46	1.03	67.43
2011	348002	343843.33	1.01	71.58
2012	361732	370337.75	0.98	78.65

注：1.《中国统计年鉴 2011》中未直接提供 2010 年 GDP 可比价格，故表中 2010 年 [1] 的 GDP（314468.62）为我们推算而得，该结果与《中国统计年鉴 2012》给出的 2010 年可比价格 GDP（314602.46）稍有差异，差异源于小数点的四舍五入。

2. 2011 年 GDP（343843.33）是根据 2011 年的国内生产总值指数（上年 = 100）与 2010 年可比价格的 GDP（314602.46）换算得到。

3. 2012 年 GDP（370337.75）是根据 2011 年和 2012 年的国内生产总值指数（上年 = 100）与 2010 年可比价格的 GDP（314602.46）换算得到。

资料来源：相应年份的《中国能源统计年鉴》和《中国统计年鉴》。

F802　财政的可持续性

由于当前政府隐性负债和或有负债的规模和结构难以统计，为保证指标体系的准确性和客观性，我们采用赤字率指数和国债负担率指数两个通用指标来反映财政的抗风险能力。

2012 年，中央财政债务余额为 77565.70 亿元，GDP 为 519470 亿元，国债余额占 GDP 的比重为 14.93%，比 2011 年的 15.23% 下降了 0.3 个百分点；2012 年中央财政赤字为 5500 亿元，比 2010 年的 6500 亿元减少了 1000 亿元，占 GDP 的比重为 1.54%。2008 年中央财政赤字仅有 1800 亿元，占 GDP 的比重仅为 0.57%，虽然 2012 年与 2011 年相比，赤字率下降了 0.26 个百分点，但仍比 2008 年高出 0.97 个百分点（见表 4 - 81）。

表 4 - 80 环境污染治理投资 （2005～2012 年）

单位：亿元

指　标	2005 年	2006 年	2007 年	2008 年	2009 年	2010 年	2011 年	2012 年
环境污染治理投资总额	2388	2566	3387.6	4490.3	4525.3	6654.2	6592.8	8253.5
城市环境基础设施建设投资	1289.7	1314.9	1467.5	1801	2512	4224.2	3469.4	5062.7
燃气	142.4	155	160.1	163.5	182.2	290.8	331.4	551.8
集中供热	220.2	223.6	230	269.7	368.7	433.2	437.6	798.1
排水	368	331.5	410	496	729.8	901.6	770.1	934.1
园林绿化	411.3	429	525.6	649.8	914.9	2297	1546.2	2380.0
市容环境卫生	147.8	175.8	141.8	222	316.5	301.6	384.1	398.6
工业污染源治理投资	458.2	483.9	552.4	542.6	442.6	397	444.4	500.5
建设项目"三同时"环保投资	640.1	767.2	1367.4	2146.7	1570.7	2033	2679.0	2690.4
环境污染治理投资总额占 GDP 的比重(%)	1.30	1.22	1.36	1.49	1.33	1.66	1.39	1.59

资料来源：相应年份的《中国统计年鉴》。

表 4 - 81 中国的赤字率与国债负担率 （2005～2012 年）

单位：亿元，%

年份	GDP	中央财政赤字	中央财政债务余额	赤字率	折算得分	国债负担率	折算得分
2005	184937.4	2999.50	32614.21	1.62	63.96	17.64	68.17
2006	216314.4	2748.96	35015.28	1.27	71.76	16.19	70.78
2007	265810.3	2000.00	52074.65	0.75	83.28	19.59	64.64
2008	314045.4	1800.00	53271.54	0.57	87.26	16.96	69.38
2009	340902.8	7500.00	60237.68	2.20	51.11	17.67	68.10
2010	401513	8000.00	67548.11	1.99	55.72	16.82	69.63
2011	473104.0	6500.00	72044.51	1.80	60.07	15.23	72.51
2012	519470.0	5500	77565.70	1.54	65.78	14.93	73.05

注：2012 年的 GDP 为最终核实数。

资料来源：相应年份的《中国统计年鉴》《中国财政年鉴》以及国家统计局关于国内生产总值（GDP）最终核实数的公告。

按照赤字率的标准值为 4.50%，国债余额占 GDP 的比重标准值 55.40%①将上述两个指标折算得到 2014 报告年度的得分为 65.78 分和 73.05 分，均比 2012 报告年度有所提高。

2014 报告年度，按上述两个指标平均值计算的财政可持续性指标的得分为 69.42 分，比 2013 报告年度的得分 66.29 分提高了 3.13 分，比 2007 报告年度的得分 66.07 分提高了 3.35 分。

4.4.3　绩效改善度指数

2014 报告年度，绩效改善度指标的得分为 68.23 分，比 2013 报告年度的 66.08 分提高了 2.15 分，比 2007 报告年度的得分 60.99 分提高了 7.24 分。

2014 报告年度，从总体来看，绩效改善度的 9 个指标的满意度得分都在 60 分以上，且呈现出共同增长趋势，指标间差距不断缩小。分项来看，对义务教育的满意度得分最高，对医疗卫生满意度得分上升最多，对政府部门公共服务满意度增加较为缓慢，但是也比较客观。

2014 报告年度，对义务教育满意度、市政设施的满意度和对公共基础设施的满意度得分分别为 71.13 分、70.43 分和 70.51 分，排在前三位，继续保持领先地位，且得分都超过了 70 分；2014 年度得分最低的依然是对医疗卫生的满意度，得分为 65.53 分，其他四项指标得分都比较平均，在 65～70 之间（见表 4－82 和图 4－18）。

F901　对公共基础设施的满意度

公共基础设施包括铁路、机场、港口、高速公路等对经济社会发展具有重要基础性作用的公共设施。对基础公共设施的满意度指标主要反映社会公众对公共资本性投资的主观评价。

该指标的数据根据政府机关、事业单位、企业和居民四类问卷主体对以下问题按 0～10 分打分获得：

---

①　标准值的设定根据课题组成员王宁的研究，参见王宁《中国财政赤字率和政府债务规模警戒线初探》，《财政研究》2005 年第 5 期。

表 4 -82　绩效改善度指标具体指标得分一览表 (2007 ~ 2014 年)

指标	2007年	2008年	2009年	2010年	2011年	2012年	2013年	2014年	2014年比2013年	2014年比2007年
对公共基础设施的满意度	65.58	67.69	66.60	67.46	66.70	66.77	69.28	70.51	1.23	4.93
对市政设施的满意度	66.04	67.36	67.98	67.46	67.03	67.40	68.81	70.43	1.62	4.39
对义务教育的满意度	62.85	69.33	68.20	69.96	69.76	69.34	68.52	71.13	2.61	8.28
对高等教育和科研的满意度	58.84	63.35	61.97	62.28	62.28	63.71	64.07	66.64	2.57	7.8
对社会保障的满意度	57.79	61.82	61.37	63.52	64.48	64.36	65.58	68.24	2.65	10.45
对政府部门公共服务的满意度	62.98	63.82	62.47	64.60	62.83	62.90	64.86	65.88	1.02	2.9
对环境保护的满意度	61.25	62.92	61.63	64.01	63.43	63.49	65.20	67.11	1.91	5.86
对治安和司法服务的满意度	59.25	62.34	61.18	62.79	64.13	63.64	66.04	68.60	2.56	9.35
对医疗卫生的满意度	54.37	58.03	59.78	60.58	60.41	61.87	62.40	65.53	3.13	11.16
绩效改善度得分	60.99	64.07	63.46	64.74	64.56	64.83	66.09	68.23	2.14	7.24

请问您对当地的公共设施（如铁路、机场、高速公路等）的总体状况满意程度如何？

（0 = 非常不满意，10 = 非常满意）＿＿＿＿

最终得分为按权重汇总计算的百分制满意度。

2013 年问卷调查，对公共基础设施的满意度得分为 70.51 分，比上一年度的调查得分 69.28 分上升了 1.23 分，政府和居民的满意度都有所上升，事业单位打分下降，企业满意度基本持平（见表 4 -83）。

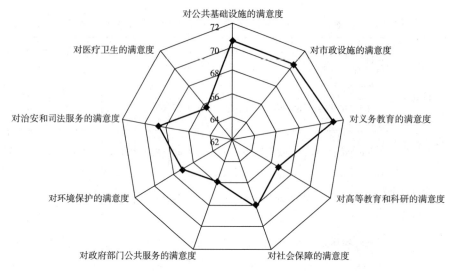

图4-18 绩效改善度各指标雷达图（2013年）

表4-83 对公共基础设施的满意度（2006~2013年）

样本性质	2006年	2007年	2008年	2009年	2010年	2011年	2012年	2013年
政　　府	65.16	65.20	62.00	61.14	61.86	66.78	67.26	71.67
事业单位	65.42	70.48	67.68	71.13	69.54	71.12	74.30	72.02
企　　业	65.90	68.83	68.69	68.39	67.68	65.28	68.86	68.84
居　　民	65.57	66.38	65.97	66.71	65.96	65.66	67.72	70.51
加权平均	65.58	67.69	66.60	67.46	66.70	66.77	69.28	70.51

资料来源：调查问卷。

F902 对市政设施的满意度

市政设施主要是指燃气、自来水、电力、市政道路等与居民生活息息相关的公共资本性投入。对市政设施的满意度指标主要反映社会公众对地方（城市）政府在市政设施投资及相关公共服务的范围、服务质量与公共定价等方面综合的主观评价。

该指标的数据根据政府机关、事业单位、企业和居民四类问卷主体对以下问题按0~10分打分获得：

请问您对本市市政基础设施（如自来水、电力、燃气、市政道路等）

的满意程度如何?

(0 = 非常不满意, 10 = 非常满意) ＿＿＿

最终得分为按权重汇总计算的百分制满意度。

2013 年问卷调查, 对市政设施的满意度得分为 70.43 分, 比 2012 年度的 68.81 分提高了 1.62 分, 其中, 除事业单位的满意度有所下降外, 其他三类调查对象的打分均有不同程度的提高 (见表 4 - 84)。

表 4 - 84　对市政设施的满意度 (2006 ~ 2013 年)

样本性质	2006 年	2007 年	2008 年	2009 年	2010 年	2011 年	2012 年	2013 年
政　　府	63.74	65.34	62.94	61.98	63.68	65.69	64.88	68.85
事业单位	66.49	70.00	70.05	69.60	69.22	71.23	73.04	71.74
企　　业	68.01	68.34	69.13	68.57	66.57	66.77	67.68	70.86
居　　民	65.25	66.08	67.54	67.12	67.06	66.42	68.44	69.96
加权平均	66.04	67.36	67.98	67.46	67.03	67.40	68.81	70.43

资料来源: 调查问卷。

F903　对义务教育的满意度

对义务教育的满意度指标反映居民对义务教育的主观评价, 根据居民对以下问题按 0 ~ 10 分打分获得:

请问您对本市义务教育状况的满意程度如何?

(0 = 非常不满意, 10 = 非常满意) ＿＿＿

最终得分为折算后的百分制满意度。

2013 年问卷调查, 居民对义务教育的满意度得分为 71.13 分, 比 2012 年问卷调查的 68.52 分提高了 2.61 分。

2006 年问卷调查中, 有 64.81% 的被调查对象对义务教育的打分在 6 分以上, 属于基本满意, 2007 年这一比例达到了 74.65%, 2008 年该比例为 75.96%, 2009 年该比例为 76.17%, 2010 年该比例上升到 77.44%,

2011 年该比例继续上升为 77.80%，2012 年下降为 75.47%，2013 年则上升为 81.29%。

2006 年问卷调查中，有 34.71% 的被调查对象的打分在 8 分以上，属于较为满意；2007 年这一比例达到了 45.99%；2008 年该比例为 42.04%，比 2007 年问卷调查降低了 3.95 个百分点；2009 年该比例达到 48.86%，比 2008 年问卷调查有显著提高；但 2010 年该比例下降为 46.97%，2011 年该比例继续下降至 45.20%，2012 年下降为 42.13%，2013 年上升为 46.67%。

这说明相对于上一个年度而言，2013 年问卷调查中对义务教育基本满意和较为满意的样本比例都有所上升，从而使满意度得分有所增加（见表 4 - 85 和图 4 - 19）。

表 4 - 85　居民对义务教育的满意度（2006 ~ 2013 年）

分值	2006 年	2007 年	2008 年	2009 年	2010 年	2011 年	2012 年	2013 年
0	1.53	1.53	1.97	1.81	1.47	1.04	1.11	0.35
1	0.59	0.59	0.46	0.12	0.46	0.23	0.51	0.23
2	1.06	1.06	1.39	1.93	1.87	1.39	1.62	0.94
3	3.42	3.42	2.32	3.25	2.48	2.89	2.88	2.22
4	4.60	4.60	3.72	4.09	3.64	4.05	4.05	3.16
5	14.15	14.15	14.17	12.64	12.65	12.60	14.37	11.81
6	10.26	10.26	15.80	11.67	14.07	16.42	13.91	13.57
7	18.40	18.40	18.12	15.64	16.40	16.18	19.42	21.05
8	24.53	24.53	23.11	25.39	24.60	24.51	22.26	27.02
9	10.02	10.02	9.76	10.95	11.54	12.25	11.48	10.53
10	11.44	11.44	9.18	12.52	10.83	8.44	8.40	9.12
得分	62.85	69.33	68.20	69.96	69.76	69.34	68.52	71.13

资料来源：调查问卷。

F904　对高等教育和科研的满意度

对高等教育和科研的满意度指标反映社会公众和政府对高等教育和科研投入的主观评价，根据政府机关、事业单位、企业和居民四类问卷主体对以下问题按 0 ~ 10 分打分获得：

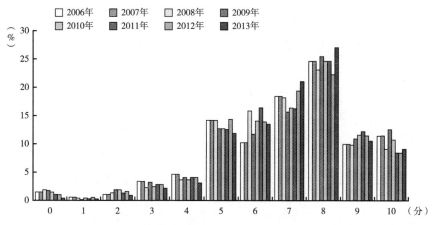

图 4 - 19   居民对义务教育的满意度样本分布图 （2006～2013 年）

请问您对目前政府在高等教育和科研方面投入的满意程度如何？
（0 = 非常不满意，10 = 非常满意）_____

最终得分为按权重汇总计算的百分制满意度。

2013 年问卷调查，对高等教育和科研的满意度得分 66.64 分，比
2012 年问卷调查的得分 64.07 分提高了 2.57 分，政府打分有较大幅度上
升，居民和企业的打分均有不同幅度的上升（见表 4 - 86）。

表 4 - 86   对高等教育和科研的满意度 （2006～2013 年）

样本性质	2006 年	2007 年	2008 年	2009 年	2010 年	2011 年	2012 年	2013 年
政　　　府	59.56	60.45	57.11	62.97	61.86	62.18	58.81	66.71
事业单位	58.44	65.78	64.32	63.07	64.70	68.69	68.32	68.77
企　　　业	60.24	64.72	63.92	64.14	61.78	63.72	64.18	66.50
居　　　民	58.08	62.16	60.92	60.75	61.58	61.82	63.28	65.74
加权平均	58.84	63.35	61.97	62.28	62.28	63.71	64.07	66.64

资料来源：调查问卷。

F905   对社会保障的满意度

对社会保障的满意度指标反映社会公众对最低生活保障制度、养老保

险制度、失业保险制度等基本社会保障的主观评价，根据政府机关、事业单位、企业和居民四类问卷主体对以下问题按 0～10 分打分获得：

请问您对本市社会保障状况（包括对养老、失业、患病、工伤、生育等）的满意程度如何？

（0 = 非常不满意，10 = 非常满意）＿＿＿＿

最终得分为按权重汇总计算的百分制满意度。

2013 年问卷调查，对社会保障的满意度得分为 68.24 分，比 2012 年调查问卷的得分 65.58 分上升了 2.66 分。四类调查对象中，事业单位打分基本不变，政府、居民和企业的打分则有所上升（见表 4-87）。

表 4-87　对社会保障的满意度（2006～2013 年）

样本性质	2006 年	2007 年	2008 年	2009 年	2010 年	2011 年	2012 年	2013 年
政　　府	62.42	63.80	59.00	59.01	65.99	65.69	68.71	70.44
事业单位	61.88	67.91	65.50	69.27	69.46	70.96	70.52	70.54
企　　业	57.14	60.83	62.14	63.82	62.97	63.21	65.86	67.21
居　　民	55.30	59.22	59.63	61.81	62.78	61.78	62.54	67.31
加权平均	57.79	61.82	61.37	63.52	64.48	64.36	65.58	68.24

资料来源：调查问卷。

F906　对政府部门公共服务的满意度

对政府部门公共服务的满意度指标反映四类问卷主体对政府各行政部门（包括拥有行政权力的事业单位）提供公共服务方面的总体主观评价，根据政府机关、事业单位、企业和居民四类问卷主体对以下问题按 0～10 分打分获得：

请问您对本市政府部门服务的总体满意程度如何？

（0 = 非常不满意，10 = 非常满意）＿＿＿＿

最终得分为按权重汇总计算的百分制满意度。

2013 年问卷调查，对政府部门公共服务的满意度得分为 65.88 分，比 2012 年问卷调查得分 64.86 分上升了 1.02 分。从表 4 – 88 中可以看出，居民和政府打分上升，事业单位和企业打分下降，政府和事业单位对公共服务水平的主观评价与企业和居民的主观评价相比保持 10 分左右的显著的差距（见表 4 – 88）。

表 4 – 88　对政府部门公共服务的满意度（2006 ~ 2013 年）

样本性质	2006 年	2007 年	2008 年	2009 年	2010 年	2011 年	2012 年	2013 年
政　　府	72.58	71.85	69.00	68.02	71.12	71.56	72.89	73.57
事业单位	70.74	70.80	67.89	72.05	70.62	70.32	73.12	72.13
企　　业	61.05	62.32	61.77	62.89	59.76	62.06	64.80	63.58
居　　民	58.46	59.76	59.00	61.48	59.23	58.15	59.44	62.68
加权平均	62.98	63.82	62.47	64.60	62.83	62.90	64.86	65.88

资料来源：调查问卷。

F907　对环境保护的满意度

对环境保护的满意度指标反映社会公众对环境保护方面的主观评价，根据政府机关、事业单位、企业和居民四类问卷主体对以下问题按 0 ~ 10 分打分获得：

请问您对本市环境保护方面的满意程度如何？
（0 = 非常不满意，10 = 非常满意）＿＿＿

最终得分为按权重汇总计算的百分制满意度。

2013 年问卷调查，对环境保护的满意度得分为 67.11 分，比 2012 年问卷调查的 65.20 分上升了 1.91 分。四类调查对象中，除事业单位的打分下降 2.65 分外，其他三类样本的打分均有不同程度的上升，政府打分上升最多（见表 4 – 89）。

表 4 - 89　对环境保护的满意度（2006 ~ 2013 年）

样本性质	2006 年	2007 年	2008 年	2009 年	2010 年	2011 年	2012 年	2013 年
政　　府	62. 53	62. 46	59. 61	58. 86	62. 73	63. 98	60. 80	64. 80
事业单位	61. 47	67. 75	63. 61	66. 60	67. 64	68. 34	71. 29	68. 64
企　　业	62. 80	63. 16	62. 60	65. 18	64. 61	62. 51	65. 86	68. 11
居　　民	60. 01	60. 74	60. 67	63. 36	61. 06	61. 78	63. 10	66. 39
加权平均	61. 25	62. 92	61. 63	64. 01	63. 43	63. 49	65. 20	67. 11

资料来源：调查问卷。

F908　对治安和司法服务的满意度

对治安和司法服务的满意度指标反映社会公众对社会治安、法律服务和救助、司法公正等方面的主观评价，根据政府机关、事业单位、企业和居民四类问卷主体对以下问题按 0 ~ 10 分打分获得：

请问您对本市治安及司法服务的满意程度如何？
（0 = 非常不满意，10 = 非常满意）＿＿＿＿

最终得分为按权重汇总计算的百分制满意度。

2013 年问卷调查，对治安和司法服务的满意度得分为 68.60 分，比 2012 年问卷调查的 66.04 分上升 2.56 分。除事业单位外，其他三类调查样本的满意度均有不同程度的上升（见表 4 - 90）。

表 4 - 90　对治安和司法服务的满意度（2006 ~ 2013 年）

样本性质	2006 年	2007 年	2008 年	2009 年	2010 年	2011 年	2012 年	2013 年
政　　府	63. 96	65. 14	60. 94	61. 34	65. 00	66. 64	68. 76	73. 29
事业单位	64. 22	67. 73	64. 89	67. 01	69. 76	69. 57	71. 65	71. 47
企　　业	59. 32	61. 72	60. 55	63. 67	64. 61	62. 77	67. 32	69. 25
居　　民	55. 95	59. 66	59. 93	60. 75	61. 16	60. 81	62. 23	65. 92
加权平均	59. 25	62. 34	61. 18	62. 79	64. 13	63. 64	66. 04	68. 60

资料来源：调查问卷。

F909　对医疗卫生的满意度

对医疗卫生的满意度指标反映居民对医疗保障制度的主观评价，根据居民对以下问题按 0~10 分打分获得：

您认为目前的医保定点医院能否满足您就医的需求？
(0 = 完全无法满足，10 = 能够完全满足) ____
您认为目前就医时居民自费的比例是否合理？
(0 = 非常不合理，10 = 非常合理) ____

最终得分为以上述两个问题得分的平均值计算的百分制满意度。

2013 年问卷调查，居民对这两个问题的打分分别为 68.39 分和 62.68 分，平均分为 65.53 分；2012 年问卷调查，居民对这两个问题的打分分别为 65.55 分和 59.25 分，平均分为 62.40 分；2011 年问卷调查，居民对这两个问题的打分分别为 64.69 分和 59.04 分，平均分为 61.87 分；2010 年问卷调查这这两个问题的得分分别为 64.60 分和 56.22 分，平均分为 60.41 分；2009 年问卷调查这两个问题的得分分别为 64.67 分和 56.49 分，平均分为 60.58 分；2008 年问卷调查这两个问题的打分分别为 64.76 分和 54.80 分，平均分为 59.78 分；2007 年问卷调查这两个问题的得分分别为 62.79 分和 53.27 分，平均分为 58.03 分；2006 年问卷调查这两个问题的得分分别为 61.10 分和 47.63 分，平均分为 54.37 分。

2013 年与 2012 年相比，居民对医保定点医院的打分提高了 2.84 分；对就医时自费比例合理度的打分提高了 3.43 分；平均分提高了 3.13 分。2014 年与 2006 年相比，居民对医保定点医院的打分提高了 7.29 分；对就医时自费比例合理度的打分提高了 15.05 分；平均分提高了 11.16 分。

2006 年问卷调查有 62.26% 的被调查对象对医保定点医院的打分在 6 分以上，属于基本满意，2007 年问卷调查这一比例上升为 64.66%；2008 年这一比例进一步上升至 70.85%；2009 年这一比例有所下降，降至 68.95%；2010 年这一比例继续下降至 68.81%；2011 年这一比例有所上升，升至 69.4%；2012 年上升到 71.22%；2013 年进一步上升至

78.36%。

2006年有33.98%的被调查对象的打分在8分以上，属于较为满意；2007年这一比例为34.51%；2008年这一比例上升至35.19%；2009年继续上升至36.58%；2010年这一比例继续上升至36.6%；2011年这一比例有所下降，降至35.30%；2012年回升至35.41%；2013年上升到39.42%（见表4-91和图4-20）。

表4-91　居民对医保定点医院的满意度（2006~2013年）

单位：%

分值	2006年	2007年	2008年	2009年	2010年	2011年	2012年	2013年
0	4.98	3.30	2.21	2.53	2.43	1.2	1.37	0.82
1	1.58	1.06	1.63	0.84	0.66	0.3	0.40	0.47
2	3.52	2.83	2.67	3.13	2.84	3.0	2.02	1.52
3	4.37	3.77	3.14	3.61	4.96	6.4	4.25	2.57
4	7.04	7.18	5.23	5.42	6.73	5.7	5.41	4.33
5	16.26	17.20	14.29	15.52	13.57	14.1	15.33	11.93
6	14.68	13.66	17.42	17.09	14.84	15.5	17.65	16.73
7	13.59	16.49	18.23	15.28	17.37	18.6	18.16	22.22
8	18.20	19.43	18.93	18.17	20.00	19.8	19.98	21.87
9	6.80	8.48	7.32	9.51	6.68	8.0	7.13	10.64
10	8.98	6.60	8.94	8.90	9.92	7.5	8.30	6.90
加权平均	61.10	62.79	64.76	64.67	64.60	64.69	65.55	68.39

资料来源：调查问卷。

相对于医保定点医院的服务，居民对医疗费用分担机制的满意度较低。2006年问卷调查中，有40.58%的被调查对象对医疗自费比例的合理度打分在6分以上，属于基本满意；2007年这一比例为47.88%；2008年这一比例为54.95%，连续两年有显著提高；但2009年这一比例有所下降，下降至54.15%；2010年这一比例有所回升，升至54.66%；2011年这一比例继续上升至60.30%；2012年略有下降至60.19%；2013年上升至68.77%。

2006年问卷调查中，仅有13.97%的被调查对象打分在8分以上，属于较为满意；2007年这一比例为20.28%；2008年这一比例为19.32%，

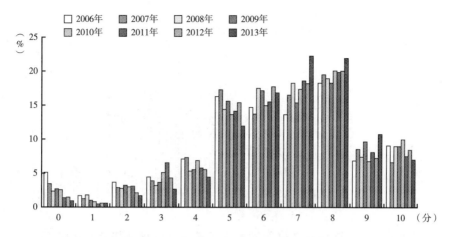

图 4 - 20　对医保定点医院的满意度样本分布图（2006 ~ 2013 年）

比 2007 年略有下降；2009 年这一比例有明显上升，升至 22.26%；但 2010 年这一比例有所下降，降至 20.47%；2011 年这一比例有较大幅度上升，升至 23.8%；2012 年下降至 22.51%；2013 年上升至 27.13%（见表 4 - 92 和图 4 - 21）。

表 4 - 92　居民对医疗自费比例的满意度（2006 ~ 2013 年）

单位：%

分值	2006 年	2007 年	2008 年	2009 年	2010 年	2011 年	2012	2013 年
0	9.96	6.13	5.36	4.09	4.15	2.8	2.48	1.17
1	2.67	1.06	1.63	1.93	0.96	0.7	0.71	0.70
2	7.78	5.42	5.01	4.45	4.66	3.5	3.34	2.46
3	7.05	8.25	7.22	5.78	6.38	5.9	4.96	3.04
4	12.52	11.67	8.03	7.34	8.71	8.1	9.10	6.20
5	19.44	19.58	17.81	22.26	20.47	18.7	19.22	17.66
6	16.28	13.92	18.63	17.93	17.17	18.5	18.87	21.40
7	10.33	13.68	17.00	13.96	17.02	18.0	18.82	20.23
8	9.11	13.68	13.62	13.96	13.58	15.6	13.96	18.01
9	1.82	3.30	3.26	3.97	4.10	5.1	4.35	6.43
10	3.04	3.30	2.44	4.33	2.79	3.1	4.20	2.69
加权平均	47.63	53.27	54.80	56.49	56.22	59.04	59.25	62.68

资料来源：调查问卷。

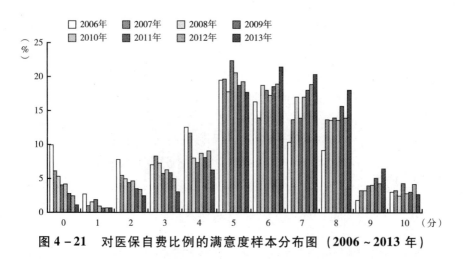

图 4-21　对医保自费比例的满意度样本分布图（2006~2013 年）

4.5　财政国际化评价指数

相对而言，在公共财政建设进程中，财政国际化是一个新的命题。在经济全球化的今天，中国的公共财政建设必须具有开阔的思路和国际化的视角。任何对于政府、公共部门行为和决策的研究，都不可能脱离对于国际环境的考虑，不可能脱离来自复杂的国际环境的影响。财政国际化是用于考评公共财政建设融入国际潮流并在国际公共物品和服务的供给、国际财税协作等方面发挥作用状况的指标。

随着我国对外开放的深入和国际地位的提升，中国作为负责任的大国参与的国际事务不断增加，国家间财政税收事务的协调与交流日益密切。目前，我国在政府收支分类体系、政府预算会计准则等方面与国际通行的标准相差较大，在国际反避税和国际税收协作等方面需要进一步扩大交流与合作。

2014 报告年度，我们以与我国签订税收协定的国家与所有建交国家数的比计算的该指标得分为 56.97 分。2007 报告年度该指标的得分为 53.25 分，2008 报告年度为 54.71 分，2009 报告年度为 53.76 分，2010 报告年度和 2011 报告年度均为 54.34 分，2012 年度报告为 56.65 分，2013 年度为 56.32 分。[①]

---

① 财政国际化指标仅作为参考指标使用，不纳入综合评价。

5. 数据汇总与分析（2014 年）

2014 报告年度，中国公共财政建设综合指数的得分为 69.08 分，比 2013 报告年度的得分 67.53 分提高了 1.55 分；比 2007 报告年度的得分 62.37 分提高了 6.71 分（各层次指标的具体得分情况参见附录一）。

5.1 分项指数得分及其对综合指数变动的影响

2014 报告年度，基础环境分项指数的得分为 71.58 分，比 2013 报告年度的得分 70.41 分提高了 1.17 分，对综合指数的贡献为 0.59 分；制度框架分项指数的得分为 64.68 分，比 2013 报告年度的得分 62.94 分提高了 1.74 分，对综合指数的贡献为 0.57 分；运行绩效分项指数的得分为 70.16 分，比 2013 报告年度的得分 67.86 分提高了 2.30 分，对综合指数的贡献为 0.40 分。

从分项指数来看，2014 报告年度基础环境分项指数对综合指数提高的贡献最大，制度框架分项指数的贡献次之，运行绩效分项指数的贡献最小。

2014 报告年度，基础环境分项指数比 2007 报告年度的得分 67.31 分提高了 4.27 分，对综合指数的贡献为 2.14 分，贡献率为 31.89%；制度框架分项指数比 2007 报告年度的得分 58.27 分提高了 6.41 分，对综合指数的贡献为 2.09 分，贡献率为 31.15%；运行绩效分项指数比 2007 报告年度的得分 55.73 分提高了 14.43 分，对综合指数的贡献为 2.48 分，贡献率为 36.96%。

因此，七年来运行绩效分项指数对综合指数提高的贡献最大，其次是基础环境分项指数，制度框架分项指数的贡献最小。

5.2　因素指标排名及其对综合指数变动的影响

表 5-1 是 2007～2014 报告年度纳入考评范围的九大因素指标分值的排序情况，从表中可以看出：

表 5-1　因素指标得分排序对比表（2007～2014 年）

位次	2007 年		2008 年		2009 年		2010 年	
	因素指标	得分	因素指标	得分	因素指标	得分	因素指标	得分
1	非营利化	76.74	非营利化	75.35	非营利化	73.99	收支集中度	76.04
2	收支集中度	68.46	收支集中度	68.47	收支集中度	71.70	非营利化	73.23
3	绩效改善度	60.99	绩效改善度	64.07	绩效改善度	63.46	财政均等化	65.42
4	财政法治化	59.76	财政法治化	62.78	财政均等化	62.72	政府干预度	64.89
5	财政均等化	59.65	财政均等化	61.23	财政法治化	62.63	绩效改善度	64.74
6	财政民主化	58.31	财政民主化	58.93	政府干预度	61.70	可持续性	64.42
7	政府干预度	56.88	政府干预度	58.85	分权规范度	59.07	财政法治化	62.96
8	分权规范度	55.03	分权规范度	56.27	财政民主化	58.42	分权规范度	61.09
9	可持续性	42.42	可持续性	48.50	可持续性	56.07	财政民主化	59.91
位次	2011 年		2012 年		2013 年		2014 年	
	因素指标	得分	因素指标	得分	因素指标	得分	因素指标	得分
1	收支集中度	78.03	收支集中度	81.35	收支集中度	82.71	收支集中度	88.89
2	非营利化	71.67	政府干预度	69.18	政府干预度	72.59	政府干预度	74.08
3	政府干预度	67.36	财政均等化	67.53	可持续性	68.94	可持续性	74.03
4	财政均等化	67.00	财政法治化	65.74	财政均等化	68.13	财政均等化	69.18
5	绩效改善度	64.56	可持续性	65.01	绩效改善度	66.08	绩效改善度	68.23
6	财政法治化	63.87	绩效改善度	64.83	财政法治化	64.73	财政法治化	66.32
7	财政民主化	60.35	非营利化	64.11	非营利化	63.28	财政民主化	63.83
8	分权规范度	59.71	财政民主化	60.88	分权规范度	61.9	分权规范度	62.93
9	可持续性	59.15	分权规范度	60.84	财政民主化	61.57	非营利化	61.67

2014 报告年度，纳入考评范围的九大因素指标得分的排名情况是，收支集中度指标继续排名第一，而且得分继续提高，是因素指标中唯一超过 80 分的指标。在九大因素指标中，非营利化与财政民主化 2013 报告年度与 2014 报告年度的排名发生对调，其他七项指标 2013 报告年度与 2014 报告年度的排名均未发生变化。

政府干预度指标 2007 报告年度、2008 报告年度排名第七位，2009 报告年度上升至第六位，2010 报告年度上升至第四位，2011 报告年度则超过财政均等化指标升至第三位，2012 报告年度则进一步升至第二位，2013 报告年度与 2014 报告年度排名维持在第二位，是因素指标中上升位次较多的指标。

可持续性指标 2007～2009 报告年度排名倒数第一，2010 年升至第六位，2011 年又排名倒数第一，2012 报告年度可持续性指标升至第五位，2013 报告年度排名进一步升至第三位，2014 报告年度排名维持在第三位。

财政均等化指标 2007 报告年度、2008 报告年度排名第五位，2009 报告年度上升至第四位，2010 报告年度进一步升至第三位，2011 报告年度为第四位，2012 报告年度重新回到第三位，2013 报告年度稍有下降，排名第四位，2014 报告年度排名维持在第四位。

绩效改善度指标 2007～2009 报告年度排名第三位，2010～2011 报告年度排名第五位，2012 报告年度排名第六位，2013 报告年度与 2014 报告年度排名第五位。

财政法治化指标 2007 报告年度、2008 报告年度均排在第四位，2009 报告年度降至第五位，2010 报告年度降至第七位，2011 报告年度回升至第六位，2012 报告年度进一步升至第四位，2013 报告年度排名有所下滑，降至第六位，2014 报告年度排名维持在第六位。

财政民主化指标 2007～2008 报告年度排名第六位，2009 报告年度、2010 报告年度、2011 报告年度、2012 报告年度分别排名第八位、第九位、第七位和第八位，2013 报告年度该指标排名第九位，2014 报告年度该指标排名有所回升，位列第七。

分权规范度指标除 2009 报告年度排名第七位，2007、2008、2010、

2011 四个报告年度均排名第八位，2012 报告年度该指标排名第九位，2013 报告年度与 2014 报告年度排名为第八位。

非营利化指标 2007~2009 报告年度排名第一，2010 报告年度与 2011 报告年度排名降为第二，2012 报告年度与 2013 报告年度排名大幅下降，排名第七，2014 年排名倒数第一。

表 5-2 是 2013、2014 两个报告年度用于评价的九大因素指标的得分及 2014 报告年度九大因素指标变动对综合指数变动的影响。从表中可以看出，2014 报告年度，收支集中度是增幅最大的指标，增幅为 7.47%；其次是可持续性，增幅为 7.38%。与 2013 报告年度相比，非营利化指标得分下降，降幅分别为 2.54%，其对综合指数的影响为 -0.34 分，而其他所有八个因素指标对综合指数增长的影响共计 1.89 分，因此，2014 报告年度综合指数比 2013 报告年度提高了 1.55 分。

表 5-2　因素指标对综合指数变动的影响（2014 年比 2013 年）

因素评价指标	得分		差异值	增（减）幅（%）	对综合指数的影响
	2013 年	2014 年			
政府干预度	72.29	74.08	1.79	2.48	0.36
非营利化	63.28	61.67	-1.61	-2.54	-0.34
收支集中度	82.71	88.89	6.18	7.47	0.57
财政法治化	64.73	66.32	1.59	2.46	0.21
财政民主化	61.57	63.83	2.26	3.67	0.29
分权规范度	61.90	62.93	1.03	1.66	0.07
财政均等化	68.13	69.18	1.05	1.54	0.10
可持续性	68.94	74.03	5.09	7.38	0.21
绩效改善度	66.08	68.23	2.15	3.25	0.08

注：差异值和变化率按小数点后三位计算，部分指标与按小数点后两位计算的结果略有不同。

2014 报告年度，对综合指数提高贡献最大的指标是收支集中度，为综合指数贡献了 0.57 分；其次是政府干预度与财政民主化，分别贡献了 0.36 分、0.29 分；财政法治化与可持续性均贡献 0.21 分；其他三个因素指标的贡献均未超过 0.1 分。

　　表 5 - 3 是用于评价的九大因素指标 2014 报告年度的得分与 2007 报告年度得分的对比表。2014 报告年度的综合指数比 2007 报告年度提高了 6.71 个百分点。从表中可以看出，对综合指数贡献最大的因素指标是政府干预度，贡献了 3.48 分；其次是收支集中度，贡献了 1.89 分；可持续性、财政法治化与财政均等化三个指标分别贡献了 1.33 分、0.88 分和 0.87 分；财政民主化、分权规范度和绩效改善度的贡献较小，分别只有 0.71 分、0.50 分和 0.28 分；非营利化是唯一对综合指数贡献为负的因素指标，对综合指数的影响是 - 3.20 分。[①] 如果不考虑非营利化指标，其他八个因素指标对综合指数的贡献合计为 9.94 分。

表 5 - 3　因素指标对综合指数变动的影响（2014 年比 2007 年）

因素评价指标	得分		差异值	增（减）幅（%）	对综合指数的影响
	2007 年	2014 年			
政府干预度	56.88	74.08	17.2	30.24	3.48
非营利化	76.74	61.67	- 15.07	- 19.64	- 3.20
收支集中度	68.46	88.89	20.43	29.84	1.89
财政法治化	59.76	66.32	6.56	10.98	0.88
财政民主化	58.31	63.83	5.52	9.47	0.71
分权规范度	55.03	62.93	7.9	14.36	0.50
财政均等化	59.65	69.18	9.53	15.98	0.87
可持续性	42.42	74.03	31.61	74.52	1.33
绩效改善度	60.99	68.23	7.24	11.87	0.28

　　注：差异值和变化率按小数点后三位计算，部分指标与按小数点后两位计算的结果略有不同。

5.3　基础环境指标评价

　　2014 报告年度，基础环境分项指数的得分为 71.58 分，比 2013 报告

[①]　由于数据四舍五入的原因，2014 报告年度与 2007 报告年度相比，各因素指数对综合指数的贡献合计为 6.74 分，与直接按综合指数计算的差 6.71 分稍有不同。

年度的得分 70.41 分提高了 1.17 分；构成基础环境分项指数的三大因素评价指标，政府干预度与收支集中度的得分比 2013 报告年度有不同程度的提高，非营利化指标得分与 2013 报告年度得分相比，稍有下降。

5.3.1　政府干预度

基础环境中增长最明显的指标是政府干预度指标。从表 4-3 可以看出，构成政府干预度指标的三个二级指标 2014 报告年度比 2013 报告年度均有不同程度提高。二级指标中，社会保障与收入分配的得分相对较低，但近年来有显著的增长。

从表 5-4 中可以看出，构成社会保障与收入分配的五个具体评价指标中，养老保险覆盖度指标增长最为显著。养老保险覆盖度指标 2013 报告年度得分增长最为明显，幅度高达 61.60%，主要原因是 2011 年农村社会养老保险参保人数较 2010 年有显著增加，使得该指标得分明显提高。2014 报告年度，养老保险覆盖度得分增长 7.69%。基本医疗覆盖度指标得分从 2007 报告年度开始，一直呈现增长态势，2014 报告年度增长较为显著。最低生活保障覆盖度指标在 2009 年后就达到了 100%。社会保险基金占 GDP 比重的指标 2007~2011 报告年度保持了持续增长，2012 报告年度的得分有所下降，2013 报告年度又出现明显回升，2014 报告年度继续

表 5-4　社会保障与收入分配具体评价指标对比表（2007~2014 年）

序号	指标名称	2007 年	2008 年	2009 年	2010 年	2011 年	2012 年	2013 年	2014 年
F103.1	养老保险覆盖度	31.51	32.73	33.95	36.33	39.97	45.44	73.43	79.08
F103.2	基本医疗保险覆盖度	24.52	26.99	36.80	50.99	62.23	64.59	68.53	75.36
F103.3	最低生活保障覆盖度	73.55	85.74	100.00	100.00	100.00	100.00	100.00	100.00
F103.4	社会保险基金占 GDP 的比重	42.38	44.90	45.70	49.00	53.12	52.67	57.13	62.58
F103.5	税收的收入分配功能指数	22.45	21.74	21.53	21.17	20.46	20.37	20.81	17.82

增长，增幅 9.54%。由于个人所得税占税收收入的比重 2005 年以来持续下降，因此税收的收入分配功能指数的得分连续五年下滑，2013 年度报告该指标得分稍有回升，但 2014 报告年度得分再次下降，降幅 14.37%。

5.3.2 非营利化

2014 报告年度，非营利化指标的得分为 61.67 分，比 2013 报告年度的得分 63.28 分下降了 1.61 分，与 2007 报告年度的得分 76.74 分相比，七年来已累计下降了 15.07 分。

非营利化指标得分下滑的主要原因是各级政府预算内资金投资的行业不断增加。根据《中国固定资产投资统计年鉴》的数据，2011 年竞争性行业 614 个行业小类中有 392 个行业小类有国家预算内资金投入，比 2010 年的 381 个增加了 11 个行业，比 2004 年的 252 个行业增加了 140 个行业；有国家预算内投资的行业占全部竞争性行业小类的比重由 2004 年的 41.04% 提高至 2011 年的 63.84%（见表 4 - 17）。

因此，2014 报告年度，该指标得分仅为 36.16 分，比 2013 报告年度的 37.95 分下降了 1.79 分，比 2007 报告年度该指标 58.96 分的得分下降了 22.80 分。

5.3.3 收支集中度

2014 报告年度，收支集中度的得分为 88.89 分，比 2013 报告年度的得分 82.71 提高了 6.18 分，比 2007 报告年度该指标得分 68.46 累积提高了 20.43 分。与 2013 报告年度相比，2014 报告年度收支集中度指标得分显著增加的主要原因是，2014 报告年度我们调整了预算外收支占政府收支的比重指标的赋分方式。[1] 如果将 2013 报告年度预算外收支占政府收支的比重指标得分也赋为 100 分，则 2013 年度收支集中度得分为 88.86 分。2014 报告年度收支集中度得分仅比 2013 报告年度提高 0.03 分。

---

[1] 如果将 2013 报告年度中政府预算外收支占政府收支的比重与地方预算外收入与财政收入的比两项指标赋为 100，则相关分项指标、因素指标的分数调整情况详见第四章"2. 地方预算外收入与财政收入的比"的相关脚注。

5.4 制度框架指标评价

2014 报告年度，制度框架分项指数的得分为 64.68 分，比 2013 报告年度的得分 62.94 分提高了 1.74 分。从总体上看，制度框架分项指数的得分低于运行绩效分项指数的得分，而构成制度框架的三个因素指标——财政法治化、财政民主化和分权规范度在用于评价的九大因素指标中分别排在第六位、第七位、第八位（见表 5-1 和表 5-2）。

5.4.1 财政法治化

2014 报告年度，财政法治化的得分为 66.32 分，比 2013 报告年度的 64.73 分增加了 1.59 分。构成财政法治化的四个二级指标中，财政立法的得分为 65.13 分，财政权利保障的得分为 66.45 分，财政执法的得分为 69.14 分，财政司法的得分为 64.54 分。与 2013 报告年度、2007 报告年度相比，四个二级指标的得分均有不同程度的提高（见表 4-21）。

与 2013 报告年度相比，2014 报告年度财法治化七个具体评价指标中，仅有一个指标得分出现下降，行政复议下降 1.99 分，其他六个指标得分均有不同程度的提高；与 2007 报告年度相比，财政法治化七个具体评价指标的得分均有不同程度的提高（见表 4-22）。

5.4.2 财政民主化

2014 报告年度，财政民主化的得分为 63.83 分，比 2013 报告年度的得分 61.57 分提高了 2.26 分，在用于评价的九大因素指标中排名第七位。

2014 报告年度，财政法治化的得分为 66.32 分，比 2013 报告年度的得分 64.73 分高出 1.59 分。这说明，中国当前公共财政制度框架建设中，财政民主化的进程要仍相对滞后于财政法治化。

2014 报告年度，知情权指数的得分为 62.61 分，参与权指数的得分为 63.94 分，监督权指数的得分为 64.95 分，均比 2013 报告年度有不同程度的提高（见表 4-31）。

财政民主化的十个具体评价指标，均来自调查问卷。从表 5－5、表 5－6、表 5－7、表 5－8 中可以看出，2007～2014 年八个报告年度中，尽管具体评价指标的得分均有不同程度的提高，但对财政收支事项的关注度的得分始终位居第一位；财政收支的透明度、参与财政问题的可能性两个

表 5－5　社会保障与收入分配具体评价指标对比表（2007～2008 年）

位次	2007 年		2008 年	
	指标	得分	指标	得分
1	对财政收支事项的关注度	67.38	对财政收支事项的关注度	66.48
2	听证制度的有效性	61.18	反映财政问题的积极性	60.77
3	反映财政问题的积极性	61.02	社会舆论和媒体	60.47
4	政府的回应性	59.00	获取信息的便利度	60.15
5	社会舆论和媒体	58.61	政府的回应性	60.01
6	媒体对财政收支的报道	58.45	政府及财政部门受监督程度	59.49
7	政府及财政部门受监督程度	58.45	媒体对财政收支的报道	59.24
8	获取信息的便利度	56.87	听证制度的有效性	57.88
9	财政收支的透明度	53.37	财政收支的透明度	53.40
10	参与财政问题的可能性	50.42	参与财政问题的可能性	51.73

表 5－6　社会保障与收入分配具体评价指标对比表（2009～2010 年）

位次	2009 年		2010 年	
	指标	得分	指标	得分
1	对财政收支事项的关注度	67.44	对财政收支事项的关注度	67.70
2	反映财政问题的积极性	62.42	听证制度的有效性	63.07
3	听证制度的有效性	60.84	社会舆论和媒体	62.23
4	社会舆论和媒体	60.23	反映财政问题的积极性	61.48
5	政府及财政部门受监督程度	58.48	政府及财政部门受监督程度	60.24
6	政府的回应性	57.83	媒体对财政收支的报道	59.82
7	获取信息的便利度	57.40	获取信息的便利度	59.47
8	媒体对财政收支的报道	56.71	政府的回应性	59.42
9	财政收支的透明度	53.44	财政收支的透明度	54.56
10	参与财政问题的可能性	51.57	参与财政问题的可能性	52.35

表 5 – 7　社会保障与收入分配具体评价指标对比表（2011～2012 年）

位次	2011 年		2012 年	
	指标	得分	指标	得分
1	对财政收支事项的关注度	65.51	对财政收支事项的关注度	66.44
2	社会舆论和媒体	63.11	社会舆论和媒体	64.15
3	政府及财政部门受监督程度	61.60	媒体对财政收支的报道	62.50
4	媒体对财政收支的报道	61.32	反映财政问题的积极性	61.90
5	反映财政问题的积极性	61.15	政府及财政部门受监督程度	60.78
6	听证制度的有效性	60.88	政府的回应性	60.40
7	政府的回应性	60.08	获取信息的便利度	60.36
8	获取信息的便利度	59.77	听证制度的有效性	59.81
9	财政收支的透明度	56.18	财政收支的透明度	56.61
10	参与财政问题的可能性	53.89	参与财政问题的可能性	56.03

表 5 – 8　社会保障与收入分配具体评价指标对比表（2013～2014 年）

位次	2013 年		2014 年	
	指标	得分	指标	得分
1	对财政收支事项的关注度	64.27	对财政收支事项的关注度	67.23
2	社会舆论和媒体	64.27	社会舆论与媒体	66.48
3	反映财政问题的积极性	62.88	政府及财政部门受监督程度	65.26
4	政府及财政部门受监督程度	62.08	反映财政问题的积极性	64.87
5	媒体对财政收支的报道	61.78	听证制度的有效性	64.09
6	政府的回应性	61.71	媒体对财政收支的报道	63.57
7	听证制度的有效性	61.47	获取信息的便利度	63.40
8	获取信息的便利度	61.39	政府的回应性	63.11
9	参与财政问题的可能性	58.11	财政收支的透明度	60.86
10	财政收支的透明度	57.87	参与财政问题的可能性	59.58

指标则始终排在倒数第二位和倒数第一位。这说明现阶段中国公共财政建设中，财政收支的透明度和参与财政问题的可能性与社会公众对财政收支事项关注度的差距是财政民主化建设面临的主要问题。

5.4.3 分权规范度

2014 报告年度，分权规范度得分为 62.93 分，比 2013 报告年度的 61.90 分提高了 1.03 分，在用于评价的九大因素指标中排名倒数第二位。

表 5 - 9 是构成分权规范度的六个具体评价指标的得分情况，从表中可以看出，与 2013 报告年度相比，中央财政收入比重合理度、财政资金在公共部门间分配的合理度与均衡性转移支付占一般性转移支付的比重指标得分有所下降，其他三个指标的得分均有不同程度的提高。[①] 其中，基层政府公共服务能力保持了持续增长。

值得的注意的是，均衡性转移支付占一般性转移支付的比重的得分较低，且波动明显。

表 5 - 9　分权规范度具体评价指标（2007 ~ 2014 年）

序号	指标名称	2007 年	2008 年	2009 年	2010 年	2011 年	2012 年	2013 年	2014 年
F601. 1	中央财政收入比重合理度	82. 67	83. 76	86. 74	84. 91	82. 59	80. 05	76. 20	72. 82
F602. 1	财政资金在公共部门间分配的合理度	58. 66	60. 10	57. 69	61. 06	62. 37	63. 84	66. 14	65. 94
F602. 2	基层政府公共服务能力	33. 94	36. 83	38. 15	40. 51	41. 44	43. 92	45. 13	47. 25
F603. 1	地方税收立法权接受度	60. 61	61. 82	61. 67	59. 85	58. 98	61. 40	64. 21	64. 53
F603. 2	地方预算外收入与财政收入的比	62. 93	64. 67	70. 95	76. 73	79. 76	85. 54	85. 54	100. 00
F604. 2	均衡性转移支付占一般性转移支付的比重	29. 38	29. 60	35. 32	40. 37	34. 62	35. 96	40. 89	40. 05

5.5　运行绩效指标评价

2014 报告年度，运行绩效分项指数的得分为 70.16 分，比 2013 报告

---

① 2014 报告年度 F603.2 地方预算外收入与财政收入的比，赋分方式的变化导致分数增幅较大。2013 报告年度使用 2012 报告年度的基础数据，因此，该指标 2013 报告年度与 2012 报告年度得分相同。

年度的得分 7.86 分提高了 2.30 分；构成运行绩效分项指数的三大因素评价指标——财政均等化、可持续性、绩效改善度的得分均比 2013 报告年度有不同程度的提高（见表 5 - 2）。

5.5.1　财政均等化

2014 报告年度，构成财政均等化的四个二级指标中，除公共服务区域均等化指标比 2013 报告年度下降了 1.70 分外，其他三个二级指标的得分均有不同程度上升（见表 4 - 60）。

表 5 - 10 是构成财政均等化的 14 个具体评价指标的得分情况，从表中可以看出：与 2013 报告年度相比，2014 报告年度，省际人均医疗卫生的均等化出现较为明显的下降，下降了 2.28 分。

城乡义务教育经费的均等化程度要显著高于城乡医疗卫生服务的均等化程度，其中城乡医疗卫生服务的均等化是 14 个具体评价指标中得分最低的，仅有 45.20 分。尽管农村内部医疗卫生服务均等化的程度相对较高，但农村医疗服务的绝对水平较低。此外，农村义务教育阶段教育经费的均等化水平要低于城乡义务教育经费的均等化水平，而且 2014 报告年度两个指标的差距进一步扩大，这说明教育经费在农村内部的均衡配置是下一步教育均等化要关注的重要问题。

相对于采用客观指标进行评价的财政支出和具体公共服务项目的均等化，税收负担的公平度指标来自调查问卷，反映社会公众对税负轻重和税负分配公平程度的主观评价。从表 5 - 10 中可以看出，2014 报告年度，该指标的得分比 2013 报告年度有所提高，但这一指标在八个报告年度的得分均未超过 60 分，这说明社会公众对税收负担的主观评价尚未达到基本满意的水平。

5.5.2　可持续性

表 5 - 11 是构成可持续性指标的三个具体评价指标 2007 ~ 2014 报告年度的得分情况，从表中可以看出，单位 GDP 能耗下降导致资源补偿度得分的迅速提高，而 2005 ~ 2008 年积极财政政策转为稳健财政政策，中央财政赤字规模和占 GDP 比重的下降导致赤字率指数的得分在 2007 ~ 2010 报告年度的持续提高。

表 5 - 10　财政均等化具体评价指标一览表（2007～2014 年）

序号	指标名称	2007年	2008年	2009年	2010年	2011年	2012年	2013年	2014年	2014年比2013年	2014年比2007年
F701.1	省际人均财政支出的均等化	69.25	70.38	71.30	71.77	69.89	65.16	63.89	63.06	-0.83	-6.19
F701.2	省际人均财政性教育经费的均等化	67.78	71.58	71.97	75.01	77.42	76.07	73.35	71.38	-1.97	3.60
F701.3	省际人均医疗卫生支出的均等化	62.21	63.83	65.62	71.05	74.37	75.28	79.53	77.25	-2.28	15.04
F702.1	城乡义务教育经费的均等化	64.68	68.98	71.97	76.93	82.34	84.66	85.32	89.01	3.69	24.33
F702.2	城乡医疗卫生服务的均等化	43.18	42.79	42.28	44.26	45.60	45.78	44.87	45.20	0.33	2.02
F703.1A	城市燃气普及率的均等化	81.68	83.68	86.24	87.68	90.05	90.22	90.87	90.21	-0.66	8.53
F703.1B	生活垃圾无害化处理率的均等化	58.77	56.78	67.47	72.21	73.02	78.57	80.03	81.72	1.69	22.95
F703.1C	城市污水（处理厂）集中处理率的均等化	57.32	59.97	66.91	72.64	75.56	80.73	85.48	87.53	2.05	30.21
F703.1D	城市每千人口医疗机构床位数的均等化	69.07	70.31	72.35	72.57	74.84	71.41	76.66	78.70	2.04	9.63
F703.2A	每千农业人口乡镇卫生院卫生床位数的均等化	74.57	73.31	74.99	76.11	77.52	76.15	74.53	74.24	-0.29	-0.33
F703.2B	农村义务教育阶段生均教育经费的均等化	59.53	61.67	62.96	65.57	67.59	66.24	63.31	62.43	-0.88	2.9
F703.2C	农村卫生厕所普及率的均等化	68.83	66.53	67.95	71.29	72.31	75.33	75.39	78.48	3.09	9.65
F704.1	税收负担的公平性	51.33	54.64	54.78	55.96	55.45	55.51	56.21	59.22	3.01	7.89
F704.2	省际人均财政收入的均等化	50.79	51.34	51.58	53.72	53.96	57.14	59.76	62.65	2.89	11.86

表 5 – 11　可持续性具体评价指标一览表（2007～2014 年）

指标序号	指标名称	2007 年	2008 年	2009 年	2010 年	2011 年	2012 年	2013 年	2014 年
F801.1	资源补偿度	18.78	25.73	38.17	50.51	58.69	67.34	71.58	78.65
F802.1	赤字率指数	63.96	71.76	83.28	87.26	51.11	55.72	60.07	65.78
F802.2	国债负担率指数	68.17	70.78	64.64	69.38	68.10	69.63	72.51	73.08

然而，2008 年下半年以来，为应对国际金融危机的影响，财政政策由稳健再次转为积极，2009 年中央财政赤字达到了 7500 亿元，是 2008 年 1800 亿元的 4.17 倍，2010 年则增至 8000 亿元，由此导致赤字率指数的得分由 2010 年的 87.26 分下降至 2011 年的 51.11 分。2012 年，赤字率指数的得分为 55.72 分，比 2011 年有所回升。2013 年，该指标得分进一步提高，达到 60.07 分。2014 年得分上升为 65.78 分。

5.5.3　绩效改善度

表 5 – 12 是绩效改善度的九个具体评价指标得分的排序情况。从表中可以看出，与 2013 报告年度相比，2014 报告年度，九项公共服务中，对义务教育的满意度排在第一位，对公共基础设施、市政设施的满意度分列第二位、第三位。

2007～2014 八个报告年度中，对医疗卫生的满意度在九项公共服务中都排在倒数第一，但得分保持了持续提高，而且 2010 报告年度后连续五年的得分也都超过了 60 分。

客观指标中与医疗卫生服务水平直接相关的指标主要有两个：

F103.2 基本医疗保险覆盖度，2014 报告年度的得分为 75.36 分。

F702.2 城乡医疗卫生服务的均等化，2014 报告年度的得分为 45.20 分。

上述客观指标的得分与来自问卷调查的主观指标的得分是一致的，都说明现阶段医疗保障和医疗卫生服务是政府公共服务的薄弱环节。

表 5 - 12　九项公共服务满意度得分排序对比表（2007～2014 年）

位次	2007 年		2008 年		2009 年		2010 年	
	公共服务项目	得分	公共服务项目	得分	公共服务项目	得分	公共服务项目	得分
1	市政设施	66.04	义务教育	69.33	义务教育	68.20	义务教育	69.96
2	公共基础设施	65.58	公共基础设施	67.69	市政设施	67.98	公共基础设施	67.46
3	政府部门公共服务	62.98	市政设施	67.36	公共基础设施	66.60	市政设施	67.46
4	义务教育	62.85	政府部门公共服务	63.82	政府部门公共服务	62.47	政府部门公共服务	64.60
5	环境保护	61.25	高等教育和科研	63.35	高等教育和科研	61.97	环境保护	64.01
6	治安和司法	59.25	环境保护	62.92	环境保护	61.63	社会保障	63.52
7	高等教育和科研	58.84	治安和司法	62.34	社会保障	61.37	治安和司法	62.79
8	社会保障	57.79	社会保障	61.82	治安和司法服务	61.18	高等教育和科研	62.28
9	医疗卫生	54.37	医疗卫生	58.03	医疗卫生	59.78	医疗卫生	60.58

位次	2011 年		2012 年		2013 年		2014 年	
	公共服务项目	得分	公共服务项目	得分	公共服务项目	得分	公共服务项目	得分
1	义务教育	69.76	义务教育	69.34	公共基础设施	69.28	义务教育	71.13
2	市政设施	67.03	市政设施	67.40	市政设施	68.81	公共基础设施	70.51
3	公共基础设施	66.70	公共基础设施	66.77	义务教育	68.52	市政设施	70.43
4	社会保障	64.48	社会保障	64.36	治安和司法	66.04	治安和司法	68.6
5	治安和司法	64.13	高等教育和科研	63.71	社会保障	65.58	社会保障	68.24
6	环境保护	63.43	治安和司法服务	63.64	环境保护	65.20	环境保护	67.11
7	政府部门公共服务	62.83	环境保护	63.49	政府部门公共服务	64.86	高等教育和科研	66.64
8	高等教育和科研	62.28	政府部门公共服务	62.90	高等教育和科研	64.07	政府部门公共服务	65.88
9	医疗卫生	60.41	医疗卫生	61.87	医疗卫生	62.40	医疗卫生	65.53

附录一 中国公共财政建设指标体系各层级指标得分一览表（2014 年）

分项指数	因素指标	序号	二级指标	序号	三级指标	得分
基础环境 71.58	政府干预度 74.08	F101	建立规范与维护市场秩序 74.52	F101.1	市场经济法律体系的完备度	参考指标
				F101.2	维护市场经济秩序满意度	67.71
				F101.3	消费者权益保护满意度	63.40
				F101.4	监督抽查产品的合格率	92.46
		F102	环境保护与资源综合利用 80.76	F102.1	工业废水排放达标率	96.02
				F102.2	工业二氧化硫排放达标率	98.24
				F102.3	城市污水(处理厂)集中处理率	82.50
				F102.4	城市生活垃圾无害化处理率	84.80
				F102.5	农村卫生厕所普及率	71.71
				F102.6	城市用水重复利用率	80.10
				F102.7	工业固体废物综合利用率	51.93
		F103	社会保障与收入分配 66.97	F103.1	养老保险覆盖度	79.08
				F103.2	基本医疗保险覆盖度	75.36
				F103.3	最低生活保障覆盖度	100.00
				F103.4	社会保险基金收入占 GDP 的比重	62.58
				F103.5	税收的收入分配功能指数	17.82
		F104	行政管制	F104.1	行政审批项目的范围与数量变化	参考指标
				F104.2	政府定价的范围与比重	参考指标
				F104.3	垄断行业市场准入标准的变化	参考指标
				F104.4	利率管制项目占项目总数的比重	参考指标
				F104.5	资本项下管制的项目占项目总数的比重	参考指标
		F105	政府收支规模合理度	F105.1	政府收入占 GDP 的比重	参考指标
				F105.2	政府支出占 GDP 的比重	参考指标

续表

分项指数	因素指标	序号	二级指标	序号	三级指标	得分
基础环境 71.58	非营利化 61.67	F201	国有经济 规模合理度	F201.1	国有经济增加值占 GDP 的比重	参考指标
				F201.2	国有经济在全社会固定资产投资中的比重	参考指标
		F202	财政投资的 非营利化 61.67	F202.1	预算内资金对竞争性行业投资的比重	87.17
				F202.2	预算内资金对竞争性行业投资的范围	36.16
	收支 集中度 88.89	F301	政府资金 收支集中度 88.89	F301.1	预算外收支占政府收支的比重	100.00
				F301.2	行政事业单位财政拨款占全部收入的比重	77.77
		F302	政府资金 管理集中度	F302.1	非财税部门组织的收入占政府收入的比重	参考指标
				F302.2	预算外资金收支自主权	参考指标
制度框架 64.68	财政 法治化 66.32	F401	财政立法 65.13	F401.1	税收立法指数	参考指标
				F401.2	立法机关在财政收支中的作用	65.13
				F401.3	预决算差异度	参考指标
		F402	财政权利保障 66.45	F402.1	纳税人权利保障满意度	67.07
				F402.2	财政收支与个人利益的联系程度	65.83
		F403	财政执法 69.14	F403.1	税务机关依法征税程度	72.68
				F403.2	行政复议指数	65.60
		F404	财政司法 64.54	F404.1	司法机关在财政收支中的作用	63.89
				F404.2	行政诉讼指数	65.19
	财政 民主化 63.83	F501	知情权指数 62.61	F501.1	财政收支的透明度	60.86
				F501.2	媒体对财政收支的报道	63.57
				F501.3	获取信息的便利度	63.40
		F502	参与权指数 63.94	F502.1	对财政收支事项的关注度	67.24
				F502.2	反映财政问题的积极性	64.87
				F502.3	参与财政问题的可能性	59.58
				F502.4	听证制度的有效性	64.09
		F503	监督权指数 64.95	F503.1	社会舆论与媒体	66.48
				F503.2	政府及财政部门受监督程度	65.26
				F503.3	政府的回应性	63.11

续表

分项指数	因素指标	序号	二级指标	序号	三级指标	得分
制度框架 64.68	分权规范度 62.93	F601	中央财政收入合理度 72.82	F601.1	中央财政收入占财政收入的比重	72.82
		F602	财力与事权的匹配度 56.60	F602.1	财政资金在公共部门间分配的合理度	65.94
				F602.2	基层政府公共服务能力	47.25
		F603	地方财政制度规范度 82.27	F603.1	地方税收立法权接受度	64.53
				F603.2	地方预算外收入与财政收入的比	100.00
		F604	转移支付制度规范度 40.05	F604.1	专项转移支付制度规范度	参考指标
				F604.2	均衡性转移支付占一般性转移支付的比重	40.05
运行绩效 70.16	财政均等化 69.18	F701	公共服务区域均等化 70.56	F701.1	省际人均财政支出的均等化	63.06
				F701.2	省际人均财政性教育经费的均等化	71.38
				F701.3	省际人均医疗卫生支出的均等化	77.25
		F702	公共服务城乡均等化 67.10	F702.1	城乡义务教育经费的均等化	89.01
				F702.2	城乡医疗卫生服务的均等化	45.20
		F703	公共服务城乡内部均等化 78.13	F703.1	城市公共服务均等化	84.54
				F703.2	农村公共服务均等化	71.72
		F704	公共收入的公平度 60.94	F704.1	税收负担的公平性	59.22
				F704.2	省际人均财政收入的均等化	62.65
	可持续性 74.03	F801	财政补偿度 78.65	F801.1	资源补偿度	78.65
				F801.2	生态补偿度	参考指标
		F802	财政的可持续性 69.42	F802.1	赤字率指数	65.78
				F802.2	国债负担率指数	73.05

续表

分项指数	因素指标	序号	二级指标	序号	三级指标	得分
运行绩效 70.16	绩效 改善度 68.23	F901	对公共基础设施的满意度			70.51
		F902	对市政设施的满意度			70.43
		F903	对义务教育的满意度			71.13
		F904	对高等教育和科研的满意度			66.64
		F905	对社会保障的满意度			68.24
		F906	对政府部门公共服务的满意度			65.88
		F907	对环境保护的满意度			67.11
		F908	对治安和司法的满意度			68.60
		F909	对医疗卫生的满意度			65.53
财政 国际化 56.97	财政 国际化 56.97	F1001	政府会计 核算体系 国际化	F1001.1	政府预算会计差异指数	参考指标
				F1001.2	政府财务报告差异指数	参考指标
				F1001.3	政府收支统计差异指数	参考指标
		F1002	财税对外协作 与国际交流 56.97	F1002.1	双边与多边税收协定覆盖度	参考指标
				F1002.2	国际反避税协作指数	参考指标
				F1002.3	财税问题国际交流指数	参考指标
		F1003	国际援助与 参与国际公 共物品供给	F1003.1	接受援助指数	参考指标
				F1003.2	对外援助指数	参考指标
				F1003.3	参与国际公共物品供给指数	参考指标

附录二　公共财政建设
调查问卷

公共财政建设调查问卷（政府、事业单位）

Q1. 请问您对目前政府在维护市场经济正常运行方面的满意程度如何？

（0＝非常不满意，10＝非常满意）＿＿＿＿

Q2. 您对目前纳税人各项权利（比如立法听证权、减免税收的申请权、平等对待权等）受保障状况的满意程度如何？

（0＝非常不满意，10＝非常满意）＿＿＿＿

Q3. 您认为目前各项财政制度改革措施（国库集中支付、部门预算改革等）与本单位的关系是否密切？

（0＝完全没有关系，10＝关系非常密切）＿＿＿＿

Q4. 您认为目前政府在进行财政收支活动时受监督的程度如何？

（0＝政府的财政收支行为完全没有监督，10＝政府的财政收支行为受到严格监督）＿＿＿＿

Q5－1. 您认为全国人大在财政收支中发挥的作用如何？

（0＝完全没有作用，10＝发挥了应有的作用）＿＿＿＿

Q5－2. 您认为您单位所在省的省级人大在财政收支中发挥的作用如何？

（0＝完全没有作用，10＝发挥了应有的作用）＿＿＿＿

Q5－3. 您认为您单位所在的地级市人大在财政收支中发挥的作用如

何？

（0 = 完全没有作用，10 = 发挥了应有的作用）＿＿＿＿

Q5 - 4. 您认为法院和检察院在监督政府财政收支中发挥的作用如何？

（0 = 完全没有作用，10 = 发挥了应有的作用）＿＿＿＿

Q6. 您认为目前您单位的财政资金在使用过程中受监督的程度如何？

（0 = 没有监督，10 = 受到了非常严格的监督）＿＿＿＿

Q7 - 1. 您单位是否有行政事业性收费？

1. 有

2. 不实行——请直接回答 Q8

Q7 - 2. 您认为目前您单位在行政事业性收费筹集过程中受监督的程度如何？

（0 = 没有监督，10 = 受到了非常严格的监督）＿＿＿＿

Q8. 您认为下列哪个部门在您单位财政资金收支中起到最重要的监督功能？

（1 = 本单位的内部监督，2 = 财政部门的监督，3 = 预算及地方人大的监督，4 = 司法机关的监督，5 = 媒体及社会公众的监督）＿＿＿＿

Q9. 您认为目前本市在财政收入和财政支出方面信息的透明度如何？

（0 = 非常低，10 = 非常高）＿＿＿＿

Q10. 您认为媒体对财政收支事项（如税法修订、政府出台新的收费政策、财政支出结构、决策方式等）的报道频率如何？

（0 = 根本没报道，10 = 非常频繁）＿＿＿＿

Q11. 您认为社会舆论和媒体对各种财政行为（如征税、财政支出流向等）的影响程度如何？

（0 = 根本没影响，10 = 影响力很强）＿＿＿＿

Q12. 您认为政府有关部门回应各类财政税收问题的及时性如何？

（0 = 根本没回应，10 = 非常及时）＿＿＿＿

Q13. 从您单位的角度出发，您认为目前财政资金的分配程序是否合理？

（0 = 非常不合理，10 = 非常合理）＿＿＿＿

Q14. 从您单位的角度出发，您认为目前财政资金在政府各部门之间的分配（结果）是否合理？

（0＝非常不合理，10＝非常合理）＿＿＿＿

Q15. 从您单位的角度出发，您认为目前本地各政府部门在人员待遇和办公经费等方面的均等化程度如何？

（0＝差别非常大，10＝完全没有差别）＿＿＿＿

Q16. 您认为您单位目前获得的财政资金与单位履行法定职责所需的经费之间差距如何？

（0＝差距很大，难以有效履行职责，10＝没有差距，能够完全满足职能需要）＿＿＿＿

Q17. 如果您单位认为财政资金拨付等方面存在问题，您首先会考虑向下列哪个部门反映？

（1＝本地财政部门，2＝当地人大或人大常委会，3＝上级主管部门，4＝本地政府领导，5＝根本不反映）＿＿＿＿

Q18. 您认为有关部门对您单位反映的财政收支问题的回应性如何？

（0＝完全没有回应，10＝回应非常及时）＿＿＿＿

Q19－1. 您是否能够接受省级人民代表大会拥有开征新税和减免旧税的权力？

（0＝完全不能接受，10＝完全能接受）＿＿＿＿

Q19－2. 您是否能够接受地级市人民代表大会拥有开征新税和减免旧税的权力？

（0＝完全不能接受，10＝完全能接受）＿＿＿＿

Q20－1. 您认为目前纳税人的税收负担状况如何？

（0＝非常重，不能承担，10＝负担合理，完全可以承担）＿＿＿＿

Q20－2. 您认为目前各类纳税人（包括自然人和法人）的税收负担分配的公平性如何？

（0＝非常不公平，10＝非常公平）＿＿＿＿

Q21. 从贵单位的角度考虑，请问您对本地的公共设施（如铁路、机场、高速公路等）的满意程度如何？

（0 = 非常不满意，10 = 非常满意）____

Q22. 从贵单位的角度考虑，请问您对本地市政基础设施（如自来水、电力、燃气、市政道路等）的满意程度如何？

（0 = 非常不满意，10 = 非常满意）____

Q23. 请问您对目前政府在高等教育和科研方面投入的满意程度如何？

（0 = 非常不满意，10 = 非常满意）____

Q24. 从贵单位的角度考虑，请问您对本地社会保障状况（包括对养老、失业、患病、工伤、生育等）的满意程度如何？

（0 = 非常不满意，10 = 非常满意）____

Q25. 从贵单位的角度考虑，请问您对本地政府部门服务的总体满意程度如何？

（0 = 非常不满意，10 = 非常满意）____

Q26. 请问您对本地环境保护方面的满意程度如何？

（0 = 非常不满意，10 = 非常满意）____

Q27. 请问您对本地治安及司法服务的满意程度如何？

（0 = 非常不满意，10 = 非常满意）____

公共财政建设调查问卷（企业）

Q1. 从贵单位的角度考虑，请问您对目前政府在维护市场经济正常运行方面的满意程度如何？

（0 = 非常不满意，10 = 非常满意）____

Q2. 您对目前纳税人各项权利（比如立法听证权、减免税收的申请权、平等对待权等）受保障状况的满意程度如何？

（0 = 非常不满意，10 = 非常满意）____

Q3. 您认为目前政府的财政收支与本单位的关系是否密切？

（0 = 根本没关系，10 = 非常密切）____

Q4. 您认为目前政府在进行财政收支活动时受监督的程度如何？

（0 = 政府的财政收支行为完全没有监督，10 = 政府的财政收支行为受到严格监督）____

Q5 – 1. 您认为全国人大在财政收支中发挥的作用如何？

（0 = 完全没有作用，10 = 发挥了应有的作用）＿＿＿＿

Q5 – 2. 您认为您单位所在省的省级人大在财政收支中发挥的作用如何？

（0 = 完全没有作用，10 = 发挥了应有的作用）＿＿＿＿

Q5 – 3. 您认为您单位所在的地级市人大在财政收支中发挥的作用如何？

（0 = 完全没有作用，10 = 发挥了应有的作用）＿＿＿＿

Q5 – 4. 您认为法院和检察院在监督政府财政收支中发挥的作用如何？

（0 = 完全没有作用，10 = 发挥了应有的作用）＿＿＿＿

Q6. 您认为目前税务机关及征税人员依法征税程度如何？

（0 = 没有依法征税，10 = 完全依法征税）＿＿＿＿

Q7. 在出现税收争议时，贵单位是否会通过行政复议（行政复议指向上级税务机关申诉）方式解决问题？

（0 = 完全不考虑　10 = 毫不犹豫）＿＿＿＿

Q8. 在出现税收争议时，贵单位是否会通过行政诉讼（行政诉讼指以税务机关为被告人，向人民法院提起诉讼）方式解决问题？

（0 = 完全不考虑，10 = 毫不犹豫）＿＿＿＿

Q9. 您认为目前本地在财政收入和财政支出方面信息的透明度如何？

（0 = 非常低，10 = 非常高）＿＿＿＿

Q10. 您认为从各种渠道（如电视、报纸、网络、广播、市长公开电话等）获取关于财政收支信息的方便程度如何？

（0 = 非常不方便，10 = 非常方便）＿＿＿＿

Q11 – 1. 从贵单位的角度考虑，您是否关注财政收入各类事项（如税法修订、政府出台新的收费政策）？

（0 = 根本不关注，10 = 非常关注）＿＿＿＿

Q11 – 2. 从贵单位的角度考虑，您是否关注财政支出各类事项（如财政支出结构、决策方式等）？

（0 = 根本不关注，10 = 非常关注）＿＿＿＿

Q12. 您认为媒体对财政收支事项（如税法修订、政府出台新的收费政策、财政支出结构、决策方式等）的报道频率如何？

（0 = 根本没报道，10 = 非常频繁） ＿＿＿＿

Q13. 您认为社会舆论和媒体对各种财政行为（如征税、财政支出流向等）的影响程度如何？

（0 = 根本没影响，10 = 影响力很强） ＿＿＿＿

Q14. 如果对所在地区政府的财政收支活动或公共事务有意见或建议，贵单位是否愿意直接向政府有关部门或地方人大反映？

（0 = 根本不愿意，10 = 非常愿意） ＿＿＿＿

Q15. 如果对所在地区政府的财政收支活动或公共事务有意见或建议，贵单位是否愿意通过非政府组织（如行业协会）向政府或地方人大反映这些意见或建议？

（0 = 根本不愿意，10 = 非常愿意） ＿＿＿＿

Q16. 如果您对政府财政收支活动或公共事务有意见或建议，您是否知道如何向政府反映这些意见或建议？

（0 = 完全不知道，10 = 非常清楚地知道） ＿＿＿＿

Q17. 您认为政府有关部门回应各类财政税收问题的及时性如何？

（0 = 根本没回应，10 = 非常及时） ＿＿＿＿

Q18 – 1. 您是否能够接受省级人民代表大会拥有开征新税和减免旧税的权力？

（0 = 完全不能接受，10 = 完全能接受） ＿＿＿＿

Q18 – 2. 您是否能够接受地级市人民代表大会拥有开征新税和减免旧税的权力？

（0 = 完全不能接受，10 = 完全能接受） ＿＿＿＿

Q19 – 1. 您认为目前纳税人的税收负担状况如何？

（0 = 非常重，10 = 非常轻）

Q19 – 2. 您认为目前各类纳税人（包括自然人和法人）的税收负担分配的公平性如何？

（0 = 非常不公平，10 = 非常公平） ＿＿＿＿

Q20. 您认为目前政府向企业征收的各种费用（如排污费、由企业承担的养老金、失业保险等）是否合理？

（0＝非常不合理，10＝非常合理）＿＿＿＿

Q21. 从贵单位的角度考虑，请问您对本地的公共基础设施（如铁路、机场、高速公路等）的满意程度如何？

（0＝非常不满意，10＝非常满意）＿＿＿＿

Q22. 从贵单位的角度考虑，请问您对本地市政基础设施（如自来水、电力、燃气、市政道路等）的满意程度如何？

（0＝非常不满意，10＝非常满意）＿＿＿＿

Q23. 请问您对目前政府在高等教育和科研方面投入的满意程度如何？

（0＝非常不满意，10＝非常满意）＿＿＿＿

Q24. 从贵单位的角度考虑，请问您对本地社会保障（如养老、失业、医疗、工伤、生育等）的满意程度如何？

（0＝非常不满意，10＝非常满意）＿＿＿＿

Q25. 从贵单位的角度考虑，请问您对本地政府部门服务（办事的便利性、工作人员的态度）的满意程度如何？

（0＝非常不满意，10＝非常满意）＿＿＿＿

Q26. 从贵单位的角度考虑，请问您对本地环境保护方面的满意程度如何？

（0＝非常不满意，10＝非常满意）＿＿＿＿

Q27. 从贵单位的角度考虑，请问您对本地治安及司法服务的满意程度如何？

（0＝非常不满意，10＝非常满意）＿＿＿＿

公共财政建设调查问卷（居民）

Q1. 请问您对本地公共基础设施（如铁路、机场、高速公路等）的满意程度如何？

（0＝非常不满意，10＝非常满意）＿＿＿＿

Q2. 请问您对本地市政基础设施（如自来水、电力、燃气、市政道路等）的满意程度如何？

（0 = 非常不满意，10 = 非常满意）＿＿＿

Q3. 请问您对本地义务教育状况的满意程度如何？

（0 = 非常不满意，10 = 非常满意）＿＿＿

Q4. 请问您对目前政府在高等教育和科研方面投入的满意程度如何？

（0 = 非常不满意，10 = 非常满意）＿＿＿

Q5. 请问您对本地社会保障状况（包括对养老、失业、医疗、最低生活保障等）的满意程度如何？

（0 = 非常不满意，10 = 非常满意）＿＿＿

Q6. 请问您对本地政府部门服务（办事的便利性、工作人员态度）的总体满意程度如何？

（0 = 非常不满意，10 = 非常满意）＿＿＿

Q7. 请问您对本地环境保护方面的满意程度如何？

（0 = 非常不满意，10 = 非常满意）＿＿＿

Q8. 请问您对本地治安及司法服务的满意程度如何？

（0 = 非常不满意，10 = 非常满意）＿＿＿

Q9 – 1. 您认为目前的医保定点医院能否满足您就医的需求？

（0 = 完全无法满足，10 = 能够完全满足）＿＿＿

Q9 – 2. 您认为目前就医时居民自费的比例是否合理？

（0 = 非常不合理，10 = 非常合理）＿＿＿

Q10 – 1. 您认为本地自来水、燃气、电力、通信、公园门票等价格是否合理？

（0 = 完全不合理，10 = 非常合理）＿＿＿

Q10 – 2. 请问您本地自来水、燃气、电力、通信、公园门票等价格的调整是否实行听证会制度？

1. 实行

2. 不实行——跳问 Q11

3. 不知道——跳问 Q11

Q10 – 3. 您认为自来水、燃气、电力、通信、公园门票等价格的听证会能否反映您的要求？

（0 = 完全不反映，10 = 能够全面反映）＿＿＿

Q11. 您对目前消费者权益受保护状况的满意程度如何？

（0 = 非常不满意，10 = 非常满意）＿＿＿

Q12. 您对目前纳税人各项权利（比如立法听证权、减免税收的申请权、平等对待权等）受保障状况的满意程度如何？

（0 = 非常不满意，10 = 非常满意）＿＿＿

Q13 – 1. 您认为目前政府征税与收费政策与您个人利益是否非常密切？（如个人所得税、燃油税改革、物业税改革、增值税转型、政府行政事业收费）

（0 = 根本没关系，10 = 非常密切）＿＿＿

Q13 – 2. 您认为目前政府的财政支出政策与您个人利益是否非常密切？（如教育、医疗、养老、公共设施支出）

（0 = 根本没关系，10 = 非常密切）＿＿＿

Q14. 您认为目前政府在进行财政收支活动时受监督的程度如何？

（0 = 政府的财政收支行为完全没有监督，10 = 政府的财政收支行为受到严格监督）＿＿＿

Q15 – 1. 您认为全国人大在财政收支中发挥的作用如何？

（0 = 完全没有作用，10 = 发挥了应有的作用）＿＿＿

Q15 – 2. 您认为您所在省的省级人大在财政收支中发挥的作用如何？

（0 = 完全没有作用，10 = 发挥了应有的作用）＿＿＿

Q15 – 3. 您认为您所在地级市人大在财政收支中发挥的作用如何？

（0 = 完全没有作用，10 = 发挥了应有的作用）＿＿＿

Q15 – 4. 您认为法院和检察院在监督政府工作人员的财政收支行为中发挥的作用如何？

（0 = 完全没有作用，10 = 发挥了应有的作用）＿＿＿

Q16. 您认为目前财政收入和财政支出方面信息的透明度如何？

（0 = 非常低，10 = 非常高）＿＿＿

Q17. 您认为从各种渠道（如电视、报纸、网络、广播、市长公开电话等）获取关于财政收入和财政支出信息的方便程度如何？

（0＝非常不方便，10＝非常方便）＿＿＿＿

Q18－1. 您是否关注财政收入各类事项（如税法修订、政府出台新的收费政策等）？

（0＝根本不关注，10＝非常关注）＿＿＿＿

Q18－2. 您是否关注财政支出各类事项（如财政资金投向教育、医疗、社会保障的数量）？

（0＝根本不关注，10＝非常关注）＿＿＿＿

Q19. 您认为媒体对财政收支事项（如税法修订，政府出台新的收费政策，财政资金投向教育、医疗、社会保障的数量等）的报道频率如何？

（0＝根本没报道，10＝非常频繁）

Q20. 您认为社会舆论和媒体对各种财政行为（如征税、财政支出流向等）的影响程度如何？

（0＝根本没影响，10＝影响力很强）＿＿＿＿

Q21. 如果您对所在地区的财政收支活动或公共事务（如学校、医院、最低生活保障发放等）有意见或建议，您在多大程度上愿意直接向政府有关部门或地方人大反映？

（0＝根本不愿意，10＝非常愿意）＿＿＿＿

Q22. 如果您对所在地区的财政收支活动或公共事务（如学校、医院、最低生活保障发放）有意见或建议，您是否愿意通过单位、业主委员会或其他组织向政府有关部门或地方人大反映这些意见或建议？

（0＝根本不愿意，10＝非常愿意）＿＿＿＿

Q23. 如果您对政府财政收支活动或公共事务有意见或建议，您是否知道如何向政府反映这些意见或建议？

（0＝完全不知道，10＝非常清楚地知道）＿＿＿＿

Q24. 您认为政府有关部门回应居民反映的各类问题（如市政设施、政府收费、公共工程质量、水电气的定价等）的及时性如何？

（0＝根本没回应，10＝非常及时）＿＿＿＿

Q25－1. 您是否能够接受省级人民代表大会拥有开征新税和减免旧税

的权力？

（0＝完全不能接受，10＝完全能接受）＿＿＿＿

Q25－2. 您是否能够接受地级市人民代表大会拥有开征新税和减免旧税的权力？

（0＝完全不能接受，10＝完全能接受）＿＿＿＿

Q26－1. 您认为目前纳税人的税收负担状况如何？

（0＝非常重，10＝非常轻）＿＿＿＿

Q26－2. 您认为目前各类纳税人（包括自然人和法人）的税收负担（纳税人因履行纳税义务而承受的一种经济负担）分配的公平性如何？

（0＝非常不公平，10＝非常公平）＿＿＿＿

Q27. 请问您对目前政府在维护市场经济正常运行方面的满意程度如何？

（0＝非常不满意，10＝非常满意）＿＿＿＿

附录三　公共财政建设指标体系调研数据报告（2013 年）

北京美兰德信息公司

一　调查组织过程

（一）调查背景

社会主义市场经济体制同公共财政体制相辅相成。要加快完善社会主义市场经济体制的步伐，就必须全力推进中国公共财政体制的建设。在今后的几年以至更长的时间，中国财政税收体制改革将面临一场加快公共财政建设的攻坚战。而对公共财政建设的实施方案和验收标准进行考量的基本方法，就是运用综合评价技术，构建公共财政建设指标体系。

中国社科院财贸所课题组对中国公共财政建设指标体系进行了深入研究，理顺了构建公共财政建设指标体系的基本思路，并从基础环境、制度框架、运行绩效、开放条件下的公共财政建设 4 个方面着手，选取了政府干预度、非营利化、收支集中度等 10 个指标来构建公共财政建设指标体系。通过科学的调查研究获取翔实的一手资料，为中国公共财政建设指标体系研究提供基础数据支持，并使理论研究成果得到实践的检验。

通过社会调查机构以科学抽样调查为主获取数据，使课题研究工作更加客观公正，确保了课题研究工作的科学性、真实性、准确性，经得起时间的检验，经得起历史的检验。

北京美兰德信息公司受财政部和社科院财贸所的委托，于 2013 年 6 月 3 日至 8 月 12 日，在中国大陆东、中、西三大区域的 12 个地级市，分别对政府机关、事业单位、企业和居民进行了实地调研。调研采用进入单位和社区，对相关人员进行面对面访问的形式完成，并对调查得来的数据进行审核、双向录入及汇总分析，完成本调研技术和数据报告。

（二）调查目的

本次调研主要有两大目的：

（1）依据指标体系要求，获取财政公共化程度的相关数据；

（2）为建立中国财政公共度评价体系提供依据。

（三）组建调查队伍

1. 督导员的选拔要求

（1）拥有丰富的项目管理经验，可独立运作大型的面访项目；

（2）从我公司多次与各部委的合作项目中挑选出有相关经验的督导；

（3）工作态度认真，严守数据机密。

2. 调查员的筛选要求

（1）项目前期，美兰德做了充足的人员储备工作；

（2）调查员必须具备良好的沟通及应变能力；

（3）调查员必须具有良好的工作态度。

（四）问卷设计

问卷主要内容由社科院财经院（财贸所）设计，经试访后双方讨论确定。问卷内容主要包括：

（1）政府对市场的干预度；

（2）财政的法治化；

（3）财政的民主化；

（4）财政绩效改善度；

（5）政府间财政关系的规范度；

（6）背景资料。

（五） 抽样与调查

1. 调查范围

除省会城市和计划单列市之外的全国所有地级市。

2. 调查对象

（1）市政府、市财政局、市地税局、市国税局等；

（2）教育、卫生等享受财政拨款的事业单位；

（3）企业（包括个别民间非营利组织）；

（4）居民。

3. 抽样

（1）城市抽取

● 抽样原则

—保证随机抽样原则

—兼顾各地经济发展水平

● 抽样方法

为保证本次调查的科学性，对城市的抽选，采用随机抽样抓阄法。

—根据地理位置，将大陆地区划分为东、中、西三大区域；

—在每个区域内部，根据各地级市的年 GDP 总量，把地级市划分为高、中上、中下、低四种类型（美兰德拥有全国所有地级市年 GDP 的最新数据）；

—对各类型内的城市按 GDP 大小进行统一编号；

—根据各类型需要调查的城市数量，进行随机抽样（GDP 中位数城市）。

（2）政府及其所属部门的抽取

采用典型抽样法。

（3）事业单位样本的抽取

采用典型抽样法。

在抽中城市内，根据样本量选取典型的享受财政拨款的事业单位。

（4）企业样本的抽取

对企业样本的抽选，兼顾行业、规模、性质样本分配。

（5）居民样本的抽取

各城市随机抽取市区年龄在 20～60 岁且文化程度在大专以上的常驻居民，同时兼顾性别与职业的分配。

4. 调查方式：面对面问卷访问

5. 样本量

东、中、西三大区域，在每个区域内，按照经济发展水平高、中上、中下、低四种类型各调查 1 个城市，每个区域 4 个城市，全国共调查 12 个地级市。每个城市内四类访问对象，政府部门、事业单位、企业、居民按照 10：20：25：45 的比例分配，样本量总量为 2000 个，有效样本不低于 1800 个，详见附表 1（表中数据为有效样本量）。

附表 1　有效样本量分布表

区域	政府部门	事业单位	企业	居民	合计
东	15 个/市 × 4 市 = 60 个	30 个/市 × 4 市 = 120 个	37 个/市 × 4 市 = 148 个	68 个/市 × 4 市 = 272 个	600 个
中	15 个/市 × 4 市 = 60 个	30 个/市 × 4 市 = 120 个	37 个/市 × 4 市 = 148 个	68 个/市 × 4 市 = 272 个	600 个
西	15 个/市 × 4 市 = 60 个	30 个/市 × 4 市 = 120 个	37 个/市 × 4 市 = 148 个	68 个/市 × 4 市 = 272 个	600 个
合计	180 个	360 个	444 个	816 个	1800 个

6. 本方案达到的抽样精度

一个抽样调查方案所能达到的精度取决于总体调查指标的性质、有效样本量及抽样设计的效率。本方案中，有效样本量已固定。总体调查指标的性质包括指标的类型（总量、平均数或比例等）及变异程度（总体方差或变异系数）。因此，本次调查的精度随不同目标指标而异。抽样设计的效率用设计效应（$deff$）表示。

抽样理论上，当设计为（不放回）简单随机抽样时，在置信度为 α 时，为达到要求的最大相对误差（也称相对误差限）γ，所需的简单随机

抽样的样本量 n，在忽略有限总体修正系数时等于：

$$n = \frac{u_\alpha^2 S^2}{(\gamma \bar{y})^2} = \frac{u_\alpha^2}{\gamma^2} C^2$$

其中，$C = \dfrac{S}{\bar{y}}$ 为指标的（总体指标的）变异系数；u_α 为标准正态分布的 α 分位数；$\bar{y}$、S 分别为（总体指标的）均值和标准差。

记本次调查的实际样本量 $n^* = 1800$，则等价的（能达到相同的效果）简单随机抽样的样本量等于：

$$n = n^* / deff$$

由于所采用的方案并非严格的简单随机抽样，根据我们的实践经验，本方案的 $deff$ 估计约为 3，因而与方案等价的简单随机抽样的样本量约为 600。

根据美兰德公司以往社会调查经验，满意率变异系数在 0.5 左右。据此计算，在本次抽样设计下，就全国目标量而言，在 95% 置信水平下的最大相对误差为：

$$\gamma^* = u_\alpha \times C \times \sqrt{deff/n^*} = 1.96 \times 0.5 \times \sqrt{3/1800} = 4.0\%$$

（六）现场访问及质量控制

为保证问卷访问的质量，访问之前，对参与调查各环节的执行人员都进行了严格培训。

（1）正确理解和熟悉问卷；

（2）访问员之间相互模拟访问练习；

（3）督导带领访问员现场试访，合格方可上岗。

在访问过程中，督导对访问过程进行全程监控。

（1）对访问员随时进行现场抽查；

（2）发现不清楚的新情况和新问题及时处理。

全部调查问卷审核利用机械和人工双重手段，共采取四级审核，即：

（1）访问完毕时，访问员首先对问卷进行自检，把有漏填和逻辑矛盾的问卷筛选出来，并进行回访补充。

（2）对前一天完成的问卷，在第二天组织专门力量进行二次审核。

（3）问卷在录入计算机之前，由专人对问卷的编号、内容等填写结果进行第三次人工核对。

（4）由美兰德公司开发的专门软件，在问卷数据通过双向录入时，自动检查错误，进行第四次机械审核。

（七）数据管理与录入

全部问卷完成后，用数据库 EPI6 进行数据录入，采用双向录入法，将数据错误率控制在最小。

（八）数据统计分析

采用 SPSS 统计软件进行统计分析出表。

（九）调查技术报告撰写

由公司研究人员负责撰写本报告。

二　样本概况

（一）政府部门样本

1. 总样本量

本次调查设计的政府部门样本量为180。实地调查共发放问卷252份，实际回收有效问卷252份，有效回收率为100.00%。

2. 单位级别

样本中，市级政府机构占46.40%，区县级政府部门占53.60%，详见附表2。

附表2　样本单位级别构成

单位：%

政府部门级别构成	比　例
市级政府机构	46.40
区县级政府机构	53.60
合　计	100.00

3. 单位性质

政府部门样本中，行政机关占 94.80%，事业单位占 5.20%，详见附表 3。

附表 3　样本单位性质构成

单位：%

政府部门级别构成	比　例
行政机关	94.80
事业单位	5.20
合　计	100.00

4. 单位人数

政府部门样本中，单位人数在 50 人及以下的占 62.30%，51 ~ 100 人的占 15.08%，101 ~ 500 人的占 19.44%，501 人及以上的占 1.59%，详见附表 4。

附表 4　样本单位人数构成

单位：%

单位人数	比　例
50 人及以下	62.30
51 ~ 100 人	15.08
101 ~ 500 人	19.44
501 人及以上	1.59
不愿回答	1.59
合　计	100.00

5. 年财政拨款金额

政府部门样本中，年财政拨款 10 万元及以下的占 12.30%，10 万 ~ 100 万元的占 23.41%，100 万 ~ 500 万元的占 28.97%，500 万 ~ 1000 万元的占 9.92%，1000 万 ~ 5000 万元的占 5.56%，5000 ~ 10000 万元的占 1.19%，1 亿元及以上的占 2.38%，详见附表 5。

附表5 样本年财政拨款金额状况

单位：%

年财政拨款金额	比 例
10 万元及以下	12.30
11 万 ~ 100 万元	23.41
101 万 ~ 500 万元	28.97
501 万 ~ 1000 万元	9.92
1001 万 ~ 5000 万元	5.56
5001 万 ~ 10000 万元	1.19
1 亿元及以上	2.38
不愿回答	16.27
合　计	100.00

（二）事业单位样本

1. 总样本量

本次调查设计的事业单位样本量为360份问卷，美兰德在原设计样本量基础上增加约10.00%的样本备份。实地调查共发放问卷396份，实际回收有效问卷367份，有效回收率为92.68%。

2. 单位人数

事业单位样本中，单位人数在50人及以下的占59.67%，51~100人的占16.62%，101~500人的占20.71%，501人及以上的占3.00%，详见附表6。

附表6 样本单位人数构成

单位：%

单位人数	比 例
50 人及以下	59.67
51 ~ 100 人	16.62
101 ~ 500 人	20.71
501 人及以上	3.00
合　计	100.00

3. 年财政拨款金额

事业单位样本中，年财政拨款 10 万元及以下的占 19.62%，11 万～100 万元的占 44.69%，101 万～500 万元的占 18.53%，501 万～1000 万元的占 9.81%，1001 万～5000 万元的占 3.81%，5001 万元～1 亿元的占 0.27%，1 亿元及以上的占 0.27%，详见附表 7。

附表 7 样本年财政拨款金额状况

单位：%

年财政拨款金额	比 例
10 万元及以下	19.62
11 万～100 万元	44.69
101 万～500 万元	18.53
501 万～1000 万元	9.81
1001 万～5000 万元	3.81
5001 万元～10000 万元	0.27
1 亿元及以上	0.27
不愿回答	3.00
合 计	100.00

（三）企业样本

1. 总样本量

本次调查设计的企业样本量为 444 份问卷，美兰德在原设计样本量基础上增加约 16.22% 样本备份。本次调查共发放问卷 516 份，实际回收有效问卷为 466 份，有效回收率为 90.31%。

2. 企业性质

企业样本中，民营企业占 78.11%，国有企业（含国有控股公司）占 10.52%，外资企业占 6.22%，集体企业占 3.22%，民间非营利组织占 1.93%，详见附表 8。

3. 企业人数

企业样本中，单位人数在 50 人及以下的占 78.54%，51～100 人的占 6.87%，101～500 人的占 11.37%，501 人及以上的占 3.00%，详见附表 9。

附表 8　样本性质构成

单位：%

企业性质	比　例
民间非营利组织	1.93
国有企业（含国有控股公司）	10.52
外资企业	6.22
集体企业	3.22
民营企业	78.11
合　计	100.00

附表 9　样本单位人数构成

单位：%

企业人数	比　例
50 人及以下	78.54
51～100 人	6.87
101～500 人	11.37
501 人及以上	3.00
拒答或不知道	0.21
合　计	100.00

4. 年销售收入

企业样本中，年销售收入 10 万元及以下的占 29.40%，11 万～100 万元的占 34.76%，101 万～500 万元的占 17.38%，501 万～1000 万元的占 5.58%，1001 万～5000 万元的占 5.58%，5001 万～10000 万元的占 1.93%，1 亿元及以上的占 4.94%，详见附表 10。

（四）居民样本

1. 总样本量

本次调查设计的居民样本量为 816 份问卷，美兰德在原设计样本量基础上增加约 14.71% 的样本备份。本次调查共发放问卷 936 份，实际回收有效问卷为 855 份，有效回收率为 91.35%。

附表 10 样本年销售收入状况

单位：%

年销售收入	比 例
10 万元及以下	29.40
11 万 ~ 100 万元	34.76
101 万 ~ 500 万元	17.38
501 万 ~ 1000 万元	5.58
1001 万 ~ 5000 万元	5.58
5001 万 ~ 10000 万元	1.93
1 亿元及以上	4.94
不愿回答	0.43
合 计	100.00

2. 性别构成

居民样本性别构成为：男性占 50.29%，女性占 49.71%，详见附表 11。

附表 11 居民样本的性别构成

单位：%

性 别	比 例
男	50.29
女	49.71
合 计	100.00

3. 年龄构成

居民样本年龄构成为：20 ~ 35 岁的占 56.02%，36 ~ 55 岁的占 40.70%，56 岁及以上占 3.28%，详见附表 12。

4. 收入构成

居民样本收入构成为：0 ~ 3000 元的占 12.63%，3001 ~ 4000 元的占 14.85%，4001 ~ 5000 元的占 23.16%，5001 ~ 7500 元的占 26.20%，7501 ~ 10000 元的占 16.37%，10001 ~ 15000 元的占 4.91%，15001 ~ 20000 元的占 1.29%，20001 元及以上的占 0.35%，详见附表 13。

附表12　居民样本年龄构成

单位：%

年　　龄	比　　例
20～35 岁	56.02
36～55 岁	40.70
56 岁及以上	3.28
合　　计	100.00

附表13　居民样本的收入构成

单位：%

收　　入	比　　例
0～3000 元	12.63
3001～4000 元	14.85
4001～5000 元	23.16
5001～7500 元	26.20
7501～10000 元	16.37
10001～15000 元	4.91
15001～20000 元	1.29
20001 元及以上	0.35
不知道	0.23
不愿回答	0
合　　计	100.0

5. 职业状况

居民样本中，城市一般职工/服务人员占 17.43%，公务员（含公检法工作人员）占 4.33%，企业管理人员/经理/厂长占 6.20%，专业技术人员/医生/教师占 14.97%，事业单位非专业技术类工作人员占5.61%，公司职员占 21.29%，个体工商业者占 11.93%，自由职业者占 4.21%，离退休人员占 2.57%，待业人员占 2.22%，下岗失业人员占 1.87%，学生占 3.74%，家庭妇女占 2.92%，其他职业的占 0.70%，详见附表 14。

附表 14　居民样本职业状况

单位：%

职业状况	比　例
城市一般职工/服务人员	17.43
公务员（含公检法工作人员）	4.33
企业管理人员/经理/厂长	6.20
专业技术人员/医生/教师	14.97
事业单位非专业技术类工作人员	5.61
公司职员	21.29
个体工商业者	11.93
自由职业者	4.21
军人	0.00
离退休人员	2.57
待业人员	2.22
下岗失业人员	1.87
学生	3.74
家庭妇女	2.92
其他职业	0.70
合　计	100.00

从总体上看，本次抽样的样本分布覆盖面广、结构比较合理，符合本次调查要求，有较好的代表性。

三　公共财政建设调研体系的设立和说明

（一）指标体系说明

此次调研，分别对政府部门、事业单位、企业和居民进行调查，对四类被访者调查所使用指标基本一致。同时，根据被访者不同的社会特征和社会背景，具体指标略有调整。

（二）满意度计算说明

满意度是通过评价分值的加权计算，得到测量满意程度（深度）的一种指数概念。

在本次调研中，每道题的评价均在 0 ~ 10 分之间。计算满意度时，将回答每个得分的有效样本比例乘以分值，汇总得出一个十分制的满意度得分，然后换算成百分制计算的满意度得分。计算方法如下：

1. 满意度十分制计算公式为：

满意度(十分制) = 0 × 该项比例 + 1 × 该项比例 + … + 10 × 该项比例

2. 满意度百分制计算公式为：

满意度(百分制) = 满意度得分(十分制) × 10

四 中国财政公共化程度调查数据结果

(一) 政府部门

1. 对政府干预度与职能绩效相关问题的评价

(1) 对政府维护市场经济正常运行方面的工作比较满意

调查显示，政府部门对政府维护市场经济正常运行方面的满意度为 70.52 分，属于比较满意程度，详见附表 15。

附表 15　对政府维护市场经济正常运行方面的满意情况

评价的分值(分)	比例(%)	评价的分值(分)	比例(%)
0	0.00	6	13.10
1	0.00	7	20.63
2	2.38	8	21.03
3	2.38	9	16.27
4	5.16	10	7.94
5	11.11	满意度(分)	70.52

(2) 对目前纳税人的税收负担与税收公平性的满意度均较低

调查显示，政府部门税收负担满意度略高于及格水平，为 63.53 分；而政府部门对纳税人的税收负担分配公平性的满意度将将达到及格水平，为 60.40 分，详见附表 16 和附表 17。

附表 16　对目前纳税人税收负担的满意情况

评价的分值(分)	比例(%)	评价的分值(分)	比例(%)
0	1.19	6	15.08
1	1.19	7	17.86
2	3.57	8	15.87
3	7.94	9	8.33
4	6.75	10	9.52
5	12.70	满意度(分)	63.53

附表 17　对目前纳税人税收负担分配公平性的满意情况

评价的分值(分)	比例(%)	评价的分值(分)	比例(%)
0	1.59	6	12.70
1	3.17	7	13.10
2	5.56	8	17.86
3	6.35	9	11.11
4	10.71	10	5.56
5	12.30	满意度(分)	60.40

（3）对本地公共基础设施比较满意

调查显示，政府部门对本地公共基础设施（如铁路、机场、高速公路等）的满意度为 71.67 分，属于比较满意范围，详见附表 18。

附表 18　对本地公共基础设施的满意情况

评价的分值(分)	比例(%)	评价的分值(分)	比例(%)
0	1.98	6	11.51
1	0.79	7	14.29
2	1.19	8	27.78
3	1.98	9	16.67
4	4.37	10	10.32
5	9.13	满意度(分)	71.67

（4）对本地市政基础建设基本满意

调查显示，政府部门对本地市政基础建设（如自来水、电力、燃气、市政道路等）的满意度为 68.85 分，属于基本满意范围，详见附表 19。

附表 19　对本地市政基础建设的满意情况

评价的分值（分）	比例（%）	评价的分值（分）	比例（%）
0	1.59	6	14.68
1	1.19	7	17.06
2	1.59	8	19.44
3	4.37	9	18.65
4	4.76	10	7.54
5	9.13	满意度（分）	68.85

（5）对在高等教育和科研方面投入比较满意

调查显示，政府部门对政府在高等教育和科研方面投入情况的满意度为 66.71 分，属于基本满意范围，详见附表 20。

附表 20　对政府在高等教育和科研方面投入的满意情况

评价的分值（分）	比例（%）	评价的分值（分）	比例（%）
0	0.79	6	15.08
1	1.59	7	14.68
2	3.17	8	22.22
3	5.56	9	15.48
4	6.75	10	6.35
5	8.33	满意度（分）	66.71

（6）对本地社会保障状况比较满意

调查显示，政府部门对本地社会保障状况的满意度为 70.44 分，属于比较满意范围，详见附表 21。

（7）对本地治安和司法服务比较满意

调查显示，政府部门对本地治安和司法服务的满意度为 73.29 分，属于比较满意水平，详见附表 22。

附表 21 对本地社会保障状况的满意情况

评价的分值(分)	比例(%)	评价的分值(分)	比例(%)
0	0.00	6	11.90
1	1.59	7	19.05
2	2.38	8	21.03
3	2.78	9	18.65
4	3.97	10	7.94
5	10.71	满意度(分)	70.44

附表 22 对本地治安和司法服务的满意情况

评价的分值(分)	比例(%)	评价的分值(分)	比例(%)
0	0.00	6	11.11
1	1.19	7	17.46
2	0.40	8	25.79
3	2.78	9	18.65
4	3.17	10	9.92
5	9.52	满意度(分)	73.29

（8）对本地环境保护方面感到基本满意

调查显示，政府部门对本地环境保护方面的满意度为 64.80 分，刚达到基本满意，详见附表 23。

附表 23 对本地环境保护方面的满意情况

评价的分值(分)	比例(%)	评价的分值(分)	比例(%)
0	2.78	6	13.89
1	0.79	7	14.68
2	5.95	8	19.05
3	7.54	9	14.68
4	4.76	10	8.73
5	7.14	满意度(分)	64.80

（9）对本地政府行政部门总体服务比较满意

调查显示，政府部门人员对本地政府行政部门总体服务比较满意，满意度为 73.57 分，详见附表 24。

附表 24 对本地政府行政部门总体服务的满意情况

评价的分值（分）	比例（%）	评价的分值（分）	比例（%）
0	0.00	6	15.48
1	0.00	7	18.25
2	0.79	8	23.41
3	1.19	9	21.03
4	3.57	10	7.54
5	8.73	满意度（分）	73.57

2. 政府部门对制度框架相关问题的评价

（1）对目前纳税人各项权利受保障状况基本满意

调查显示，政府部门对纳税人各项权利受保障状况感到基本满意，满意度为 69.64 分，详见附表 25。

附表 25 对纳税人各项权利受保障状况的满意情况

评价的分值（分）	比例（%）	评价的分值（分）	比例（%）
0	0.00	6	19.44
1	1.98	7	17.06
2	1.19	8	18.65
3	2.78	9	16.27
4	4.76	10	8.73
5	9.13	满意度（分）	69.64

（2）政府及财政部门在进行财政收支活动时受监督的程度较高

调查显示，政府部门认为，政府及财政部门在进行财政收支活动中受监督程度为 72.50 分，表明政府在进行财政收支活动时受到了比较严格的监督，详见附表 26。

附表 26 政府及财政部门在进行财政收支活动中受监督程度

评价的分值（分）	比例（%）	评价的分值（分）	比例（%）
0	0.40	6	13.89
1	0.00	7	17.86
2	3.97	8	21.03
3	4.76	9	13.89
4	3.17	10	16.67
5	4.37	受监督程度（分）	72.50

（3）全国及地方（省、地市）人大及其常委会在财政收支中发挥了一定作用

调查显示，政府部门认为，从全国到省级到地级市人大，在财政收支中发挥的作用近似。政府部门认为全国人大及其常委会在财政收支中发挥了一定作用，对其发挥作用的评价为 69.13 分，省级人大稍低，为 65.95 分，地级市人大在财政收支中发挥的作用与省级人大相似，为 65.91 分，详见附表 27、附表 28、附表 29。

附表 27 对全国人大及其常委会在财政中发挥作用的评价

评价的分值（分）	比例（%）	评价的分值（分）	比例（%）
0	0.00	6	9.52
1	1.59	7	11.11
2	3.17	8	22.22
3	5.95	9	15.87
4	4.37	10	12.30
5	13.89	满意度（分）	69.13

（4）法院和检察院在监督政府财政收支中发挥的作用一般

调查显示，政府部门认为，法院和检察院在监督政府财政收支中发挥的作用一般，对其发挥作用的评价为 61.90 分，详见附表 30。

附表 28　对省级人大及其常委会在财政中发挥作用的评价

评价的分值（分）	比例（%）	评价的分值（分）	比例（%）
0	1.19	6	15.87
1	1.59	7	14.29
2	3.57	8	17.06
3	4.76	9	13.49
4	7.14	10	9.92
5	11.11	满意度（分）	65.95

附表 29　对地级市人大及其常委会在财政中发挥作用的评价

评价的分值（分）	比例（%）	评价的分值（分）	比例（%）
0	1.98	6	14.68
1	0.00	7	11.11
2	4.76	8	16.67
3	3.57	9	12.70
4	8.73	10	12.30
5	13.49	满意度（分）	65.91

附表 30　对法院和检察院在监督政府财政中发挥作用的评价

评价的分值（分）	比例（%）	评价的分值（分）	比例（%）
0	2.38	6	19.44
1	1.98	7	13.89
2	5.16	8	14.29
3	6.75	9	11.51
4	5.95	10	7.54
5	11.11	满意度（分）	61.90

（5）本单位财政资金的使用受到严格的监督

调查显示，政府部门认为，本单位的财政资金在使用过程中受到严格的监督，受监督程度得分达 78.02 分，详见附表 31。

附表 31　对本单位财政资金使用受监督程度的评价

评价的分值(分)	比例(%)	评价的分值(分)	比例(%)
0	0.00	6	7.94
1	0.40	7	10.32
2	2.38	8	20.63
3	1.19	9	18.65
4	4.76	10	26.19
5	7.54	受监督程度(分)	78.02

（6）本单位在行政事业性收费筹集中受到了更为严格的监督

调查显示，在被调查的政府部门中，有 47.22% 的单位有行政事业性收费，详见附图 1。

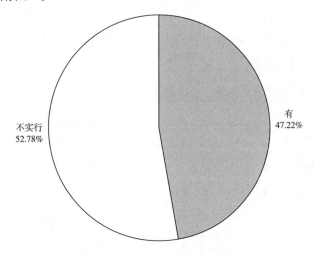

附图 1　被访单位中有行政事业性收费的比例

有行政收费的政府部门认为，本单位在行政事业性收费筹集过程中受到较严格的监督，对受监督程度的评价达到了 78.57 分，详见附表 32。

多数政府部门认为，在本单位财政资金收支中起重要监督功能的是财政部门，选择比例为 55.16%；其次是本单位的内部监督，选择比例为 25.00%；预算及地方人大的监督列第三位，选择比例为 10.71%；其他监督渠道较少，详见附表 33。

附表 32　对本单位在筹集行政事业性收费过程中受监督程度的评价

评价的分值（分）	比例（%）	评价的分值（分）	比例（%）
0	0.84	6	9.24
1	0.00	7	5.88
2	0.84	8	15.13
3	3.36	9	23.53
4	4.20	10	28.57
5	8.40	受监督程度（分）	78.57

附表 33　对政府有重要监督功能的部门

监督部门	比例（%）
财政部门的监督	55.16
本单位的内部监督	25.00
预算及地方人大的监督	10.71
司法机关的监督	7.94
媒体及社会公众的监督	1.19
合　计	100.00

（7）目前财政收支方面信息的透明度得分基本满意

调查显示，政府部门认为财政收入和财政支出方面信息的透明度得分为 65.91 分，基本满意，详见附表 34。

附表 34　财政收支方面信息的透明度得分

评价的分值（分）	比例（%）	评价的分值（分）	比例（%）
0	1.59	6	13.89
1	0.79	7	15.08
2	3.57	8	16.27
3	5.95	9	15.08
4	5.95	10	9.13
5	12.70	透明度（分）	65.91

（8）媒体对财政收支事项的报道频率适度

调查显示，政府部门认为，目前媒体对财政收支事项（如税法修订、政府出台新的收费政策、财政收支结构、决策方式等）的报道频率得分为 61.71 分，对此基本满意，详见附表 35。

附表 35　媒体对财政收支事项报道频率得分

评价的分值（分）	比例（%）	评价的分值（分）	比例（%）
0	1.59	6	19.84
1	1.98	7	20.63
2	4.37	8	13.49
3	5.56	9	8.73
4	3.17	10	4.76
5	15.87	报道频率（分）	61.71

（9）社会舆论和媒体对各种财政行为有一定的影响

调查显示，政府部门认为，目前社会舆论和媒体对各种财政行为（如征税、财政支出流向等）具有一定的影响，影响度得分为 64.72 分，详见附表 36。

附表 36　社会舆论和媒体对各种财政行为的影响程度

评价的分值（分）	比例（%）	评价的分值（分）	比例（%）
0	1.98	6	17.86
1	0.40	7	16.67
2	2.38	8	15.08
3	5.95	9	13.10
4	6.75	10	7.14
5	12.70	影响度（分）	64.72

（10）对省级人大拥有开征新税和减免旧税的权力接受度高于地方人大

调查显示，政府部门对省级人民代表大会拥有开征新税和减免旧税的权力基本接受，接受度为 65.71 分，对地方（如地级市）人民代表大会拥有开征新税和减免旧税的权力接受度较低，得分为54.88分，详见附表37和附表38。

附表37 对省级人大拥有开征新税和减免旧税的权力的接受程度

评价的分值（分）	比例（%）	评价的分值（分）	比例（%）
0	5.56	6	7.94
1	1.98	7	13.49
2	3.97	8	14.68
3	3.97	9	13.49
4	5.56	10	17.06
5	12.30	接受度（分）	65.71

附表38 对地级市人大拥有开征新税和减免旧税的权力的接受程度

评价的分值（分）	比例（%）	评价的分值（分）	比例（%）
0	14.29	6	8.33
1	4.76	7	10.71
2	4.37	8	12.30
3	5.95	9	10.71
4	4.76	10	11.90
5	11.90	接受度（分）	54.88

（11）政府有关部门回应各类财政税收问题基本及时

调查显示，政府部门认为，政府有关部门回应各类财政税收问题的及时性得分为67.74分，详见附表39。

附表39 政府有关部门回应各类财政税收问题的及时性

评价的分值（分）	比例（%）	评价的分值（分）	比例（%）
0	0.00	6	17.06
1	0.40	7	14.68
2	1.98	8	20.63
3	5.16	9	13.49
4	6.75	10	7.94
5	11.90	及时性得分（分）	67.74

（12）政府有关部门对被访单位反映的财政收支问题回应性相对及时

调查显示，政府部门在遇到财政资金拨付等问题时，首先想到的是向本地财政部门反映情况，选择的比例分别为 37.30%；其次是向上级主管部门反映，选择比例为 31.75%；再次是本地政府领导，选择比例为 24.60%；向当地人大或人大常委会反映较少，仅为 4.37%；还有 1.98% 的单位根本不反映，详见附表 40。

附表 40　遇到财政问题向各部门反映的情况

上级部门	比例（%）
本地财政部门	37.30
上级主管部门	31.75
本地政府领导	24.60
当地人大或人大常委会	4.37
根本不反映	1.98
合　计	100.00

政府部门认为，政府有关部门回应本单位反映的财政收支问题相对及时，对其评价得分为 68.65 分，详见附表 41。

附表 41　政府有关部门回应本单位财政收支问题的及时性

评价的分值（分）	比例（%）	评价的分值（分）	比例（%）
0	0.79	6	10.32
1	0.79	7	17.46
2	1.59	8	17.86
3	7.14	9	17.06
4	5.95	10	10.32
5	10.71	及时性得分（分）	68.65

3. 政府部门对财政资金分配合理程度的评价

（1）各项财政制度改革措施与被访单位的关系密切度很高

调查显示，政府部门认为，目前各项财政制度改革措施（如国库集中支付、部门预算改革等）与本单位的关系比较密切，密切度得分达 79.05 分，详见附表 42。

附表 42　各项财政制度改革措施与本单位关系的密切度

评价的分值（分）	比例（%）	评价的分值（分）	比例（%）
0	0.79	6	8.73
1	0.00	7	5.56
2	0.79	8	14.68
3	5.16	9	19.44
4	3.17	10	33.73
5	7.94	密切度（分）	79.05

（2）财政资金的分配程序比较合理

调查显示，政府部门认为，从本单位的角度出发，目前财政资金的分配程序合理程度为 70.79 分，属于比较合理，详见附表 43。

附表 43　财政资金的分配程序合理度

评价的分值（分）	比例（%）	评价的分值（分）	比例（%）
0	0.00	6	13.49
1	0.40	7	16.27
2	1.98	8	21.43
3	3.57	9	18.65
4	5.95	10	8.73
5	9.52	合理度（分）	70.79

（3）财政资金在各部门之间的分配基本合理

调查显示，政府部门认为，从本单位的角度出发，目前财政资金在各部门之间的分配合理程度为 66.63 分，属于基本合理范围，详见附表 44。

（4）各政府部门对人员待遇和办公经费等方面的均等化程度基本满意

调查显示，政府部门认为，目前各政府部门在人员待遇和办公经费等方面的均等化程度为 62.38 分，属于基本满意，详见附表 45。

附表 44　财政资金在各部门之间的分配合理度

评价的分值(分)	比例(%)	评价的分值(分)	比例(%)
0	0.40	6	16.67
1	0.79	7	21.03
2	1.59	8	15.48
3	5.56	9	15.87
4	5.16	10	4.76
5	12.70	合理度(分)	66.63

附表 45　各政府部门在人员待遇和办公经费等方面的均等化程度

评价的分值(分)	比例(%)	评价的分值(分)	比例(%)
0	0.40	6	20.63
1	0.79	7	11.51
2	4.37	8	20.63
3	7.54	9	9.52
4	8.33	10	4.37
5	11.90	均等化度(分)	62.38

（5）单位获得的财政资金与其履行法定职责所需的经费之间基本匹配

调查显示，政府部门认为，目前本单位获得的财政资金与单位履行法定职责所需的经费之间基本匹配，对其评价得分为 62.62 分，详见附表 46。

附表 46　单位获得的财政资金与其履行法定职责所需的经费之间的匹配程度

评价的分值(分)	比例(%)	评价的分值(分)	比例(%)
0	1.59	6	15.08
1	2.78	7	16.27
2	2.38	8	21.83
3	6.35	9	10.71
4	8.73	10	3.57
5	10.71	匹配度(分)	62.62

（二）事业单位

1. 对政府干预度与职能绩效相关问题的评价

（1）对政府在维护市场经济正常运行方面所做的工作比较满意

调查显示，事业单位对政府在维护市场经济正常运行方面所做工作的满意度为 72.64 分，属于比较满意，详见附表 47。

附表 47 对政府维护市场经济正常运行方面的满意情况

评价的分值（分）	比例（%）	评价的分值（分）	比例（%）
0	0.82	6	12.81
1	0.27	7	15.53
2	1.09	8	29.43
3	3.00	9	13.62
4	4.36	10	11.72
5	7.36	满意度（分）	72.64

（2）对目前纳税人的税收负担和税收公平性基本满意

调查显示，事业单位对纳税人的税收负担状况基本满意，为 64.74 分，对税收负担分配的公平性满意度也达到基本满意水平，为 64.17 分，详见附表 48 和附表 49。

附表 48 对目前纳税人税收负担的满意情况

评价的分值（分）	比例（%）	评价的分值（分）	比例（%）
0	0.82	6	17.98
1	0.27	7	18.26
2	2.45	8	21.25
3	4.36	9	7.90
4	8.45	10	5.45
5	12.81	满意度（分）	64.74

（3）对本地的公共基础设施建设比较满意

调查显示，事业单位对本地公共基础设施（如铁路、机场、高速公路等）的满意度为 72.02 分，属于比较满意范围，详见附表 50。

附表 49　对目前纳税人税收负担分配公平性的满意情况

评价的分值（分）	比例（%）	评价的分值（分）	比例（%）
0	1.36	6	15.80
1	0.54	7	19.35
2	2.72	8	20.71
3	4.63	9	8.99
4	10.35	10	5.18
5	10.35	满意度（分）	64.17

附表 50　对本地公共基础设施的满意情况

评价的分值（分）	比例（%）	评价的分值（分）	比例（%）
0	0.82	6	11.72
1	0.54	7	18.80
2	1.91	8	26.98
3	3.81	9	14.99
4	3.54	10	10.63
5	6.27	满意度（分）	72.02

（4）对本地的市政基础建设比较满意

调查显示，事业单位对本地的市政基础建设（如自来水、电力、燃气、市政道路等）的满意度为 71.74 分，属于比较满意，详见附表 51。

附表 51　对本地市政基础建设的满意情况

评价的分值（分）	比例（%）	评价的分值（分）	比例（%）
0	0.27	6	13.08
1	0.27	7	17.17
2	1.63	8	23.98
3	3.27	9	19.35
4	4.90	10	7.90
5	8.17	满意度（分）	71.74

（5）对政府在高等教育和科研方面的投入基本满意

调查显示，事业单位对政府在高等教育和科研方面投入情况的满意度为 68.77 分，属于基本满意，详见附表 52。

附表 52　对政府在高等教育和科研方面投入的满意情况

评价的分值(分)	比例(%)	评价的分值(分)	比例(%)
0	0.82	6	15.26
1	0.27	7	17.98
2	1.09	8	26.70
3	3.00	9	10.90
4	6.81	10	6.81
5	10.35	满意度(分)	68.77

（6）对本地社会保障状况比较满意

调查显示，事业单位对本地社会保障状况的满意度为 70.54 分，属于比较满意，详见附表 53。

附表 53　对本地社会保障状况的满意情况

评价的分值(分)	比例(%)	评价的分值(分)	比例(%)
0	0.82	6	13.90
1	0.27	7	19.89
2	1.63	8	25.61
3	2.72	9	10.08
4	5.72	10	11.17
5	8.17	满意度(分)	70.54

（7）对本地治安和司法服务比较满意

调查显示，事业单位对本地治安和司法服务的满意度为 71.47 分，属于比较满意水平，详见附表 54。

（8）对本地环境保护方面感到基本满意

调查显示，事业单位对本地环境保护方面的满意度为 68.64 分，属于基本满意水平，详见附表 55。

附表 54 对本地治安和司法服务的满意情况

评价的分值(分)	比例(%)	评价的分值(分)	比例(%)
0	1.09	6	11.17
1	0.27	7	20.98
2	0.54	8	26.16
3	3.27	9	13.90
4	2.72	10	8.99
5	10.90	满意度(分)	71.47

附表 55 对本地环境保护方面的满意情况

评价的分值(分)	比例(%)	评价的分值(分)	比例(%)
0	1.36	6	13.62
1	0.82	7	22.07
2	1.91	8	26.43
3	3.54	9	11.72
4	4.63	10	5.99
5	7.90	满意度(分)	68.64

（9）对本地政府部门的总体服务比较满意

调查显示，事业单位对本地政府部门的总体服务比较满意，满意度为 72.13 分，详见附表 56。

附表 56 对本地政府部门总体服务的满意情况

评价的分值(分)	比例(%)	评价的分值(分)	比例(%)
0	0.82	6	15.53
1	0.54	7	22.07
2	0.54	8	23.98
3	1.63	9	13.35
4	4.36	10	10.35
5	6.81	满意度(分)	72.13

2. 事业单位对制度框架相关问题的评价

（1）对目前纳税人各项权利受保障状况比较满意

调查显示，事业单位对纳税人各项权利受保障状况感到比较满意，满意度为 70.08 分，详见附表 57。

附表 57　对纳税人各项权利受保障状况的满意情况

评价的分值（分）	比例（%）	评价的分值（分）	比例（%）
0	1.09	6	11.72
1	0.00	7	16.62
2	1.36	8	24.80
3	5.18	9	15.53
4	5.72	10	8.99
5	8.99	满意度（分）	70.08

（2）认为政府及财政部门在进行财政收支活动时受监督的程度较高

调查显示，事业单位认为，政府及财政部门在进行财政收支活动中受监督程度打分为 70.76 分，即认为政府在进行财政收支活动时受到了较为严格的监督，详见附表 58。

附表 58　政府及财政部门在进行财政收支活动中受监督的程度

评价的分值（分）	比例（%）	评价的分值（分）	比例（%）
0	1.36	6	13.90
1	0.00	7	13.62
2	1.36	8	23.71
3	4.63	9	12.26
4	5.72	10	14.44
5	8.99	受监督程度（分）	70.76

（3）全国人大在财政收支中发挥了较大作用

调查显示，事业单位认为，全国人大在财政收支中发挥了较大作用，对其发挥作用的评价为 71.01 分，详见附表 59。

附表 59　对全国人大在财政中发挥作用的评价

评价的分值（分）	比例（%）	评价的分值（分）	比例（%）
0	0.54	6	16.89
1	0.27	7	19.62
2	1.09	8	17.44
3	3.00	9	14.44
4	4.36	10	12.26
5	10.08	满意度（分）	71.01

（4）省级人大在财政收支中发挥了一定作用

调查显示，事业单位认为，省级人大在财政收支中发挥了一定作用，对其发挥作用的评价为 68.56 分，详见附表 60。

附表 60　对省级人大在财政中发挥作用的评价

评价的分值（分）	比例（%）	评价的分值（分）	比例（%）
0	1.36	6	15.53
1	0.54	7	16.62
2	1.63	8	23.43
3	4.09	9	10.35
4	4.63	10	10.35
5	11.44	满意度（分）	68.56

（5）地级市人大在财政收支中发挥了一定作用

调查显示，事业单位认为，地级市人大在财政收支中也发挥了一定作用，对其发挥作用的评价为 68.58 分，详见附表 61。

（6）法院和检察院在监督政府财政收支中发挥了一定作用

调查显示，事业单位认为，法院和检察院在政府财政收支的监督中发挥了一定的作用，对其发挥作用的评价为 67.06 分，详见附表 62。

附表 61　对地级市人大在财政中发挥作用的评价

评价的分值（分）	比例（%）	评价的分值（分）	比例（%）
0	0.54	6	15.26
1	0.82	7	14.71
2	2.45	8	22.34
3	4.36	9	12.81
4	4.09	10	9.81
5	12.81	满意度（分）	68.58

附表 62　对法院和检察院在监督政府财政中发挥作用的评价

评价的分值（分）	比例（%）	评价的分值（分）	比例（%）
0	1.63	6	12.26
1	0.54	7	17.17
2	1.36	8	25.07
3	5.45	9	10.35
4	6.81	10	7.90
5	11.44	满意度（分）	67.06

（7）本单位财政资金的使用受到严格的监督

调查显示，事业单位认为，本单位的财政资金在使用过程中受到严格的监督，受监督程度得分达 75.64 分，详见附表 63。

附表 63　对本单位财政资金使用受监督程度的评价

评价的分值（分）	比例（%）	评价的分值（分）	比例（%）
0	0.27	6	10.08
1	2.18	7	11.99
2	3.81	8	22.34
3	2.45	9	13.62
4	2.18	10	25.89
5	5.18	受监督程度（分）	75.64

（8）本单位在行政事业性收费筹集中受到了严格的监督

调查显示，在被调查的事业单位中，有 39.51% 的单位有行政事业性收费，详见附图 2。

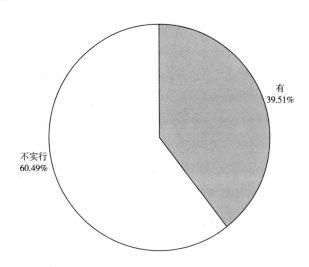

附图 2　被访单位中有行政事业性收费的比例

有行政收费的事业单位认为，本单位在行政事业性收费筹集过程中受到较严格的监督，对受到的监督程度评价为 76.41 分，详见附表 64。

附表 64　对本单位在筹集行政事业性收费过程中受监督程度的评价

评价的分值（分）	比例（%）	评价的分值（分）	比例（%）
0	2.07	6	7.59
1	0.69	7	12.41
2	2.76	8	33.10
3	1.38	9	8.28
4	0.69	10	24.83
5	6.21	受监督程度（分）	76.41

多数事业单位认为，对本单位财政资金收支的监督起最重要作用的是财政部门，选择比例为 65.67%；其次是本单位的内部监督，选择比例为 17.44%；来自其他渠道的监督较少，详见附表 65。

附表 65　对事业单位有重要监督功能的部门

监督部门	比例（%）
财政部门的监督	65.67
本单位的内部监督	17.44
司法机关的监督	6.27
预算及地方人大的监督	5.72
媒体及社会公众的监督	4.90
合　计	100.00

（9）目前本市财政收支方面信息的透明度得分为 69.32 分

调查显示，事业单位认为本市在财政收入和财政支出方面信息的透明度得分为 69.32 分，详见附表 66。

附表 66　财政收支方面信息的透明度得分

评价的分值（分）	比例（%）	评价的分值（分）	比例（%）
0	1.36	6	11.72
1	0.82	7	14.99
2	3.54	8	29.97
3	4.36	9	13.90
4	5.45	10	8.17
5	5.72	透明度（分）	69.32

（10）媒体对财政收支事项的报道频度属于正常范围

调查显示，事业单位认为，目前媒体对财政收支事项（如税法修订、政府出台新的收费政策、财政收支结构、决策方式等）的报道频率属于正常范围，评价得分为 67.03 分，详见附表 67。

（11）认为社会舆论和媒体能对财政行为有一定的影响

调查显示，事业单位认为，目前社会舆论和媒体对各种财政行为（如征税、财政支出流向等）具有一定的影响，影响度得分为 70.57 分，详见附表 68。

附表 67 媒体对财政收支事项报道频率得分

评价的分值(分)	比例(%)	评价的分值(分)	比例(%)
0	0.82	6	13.08
1	0.54	7	18.80
2	1.36	8	23.16
3	5.72	9	12.53
4	8.17	10	5.99
5	9.81	报道频率(分)	67.03

附表 68 社会舆论和媒体对各种财政行为的影响程度

评价的分值(分)	比例(%)	评价的分值(分)	比例(%)
0	0.27	6	15.26
1	0.82	7	14.99
2	1.09	8	26.70
3	1.91	9	12.81
4	6.81	10	9.54
5	9.81	影响度(分)	70.57

（12）更能接受省级人大拥有开征新税和减免旧税的权力

调查显示，事业单位对省级人民代表大会拥有开征新税和减免旧税的权力持比较接受态度，接受度得分为 70.16 分。对地级市人大拥有开征新税和减免旧税的权力基本接受，接受度得分为 65.42 分，详见附表 69 和附表 70。

附表 69 对省级人大拥有开征新税和减免旧税的权力的接受程度

评价的分值(分)	比例(%)	评价的分值(分)	比例(%)
0	2.72	6	11.17
1	1.09	7	16.62
2	0.82	8	21.25
3	1.91	9	10.35
4	4.09	10	16.08
5	13.90	接受度(分)	70.16

附表 70　对地级市人大拥有开征新税和减免旧税的权力的接受程度

评价的分值（分）	比例（%）	评价的分值（分）	比例（%）
0	6.27	6	11.44
1	1.09	7	13.90
2	1.36	8	22.34
3	3.00	9	10.90
4	5.72	10	11.17
5	12.81	接受度（分）	65.42

（13）政府有关部门回应各类财政税收问题基本及时

调查显示，事业单位认为，政府有关部门回应社会各界提出的财政税收方面问题的及时性得分为 69.65 分，详见附表 71。

附表 71　政府有关部门回应各类财政税收问题的及时性

评价的分值（分）	比例（%）	评价的分值（分）	比例（%）
0	0.54	6	12.26
1	1.09	7	19.35
2	1.09	8	29.16
3	3.00	9	11.17
4	5.72	10	7.08
5	9.54	及时性（分）	69.65

（14）政府有关部门回应被访单位反映的财政收支问题相对及时

调查显示，事业单位在遇到财政资金拨付等问题时，首先想到的是向上级主管部门反映情况，选择的比例为 48.77%；其次是本地财政部门，选择比例为 29.97%；选择向本地政府领导或当地人大或人大常委会反映的比例较少，分别为 13.35% 和 6.54%；还有 1.36% 的单位选择根本不反映，详见附表 72。

事业单位认为，政府有关部门回应本单位所反映的财政收支问题相对及时，对回应及时性的评价得分为 68.34 分，详见附表 73。

附表 72 遇到财政问题向各部门反映的情况

上级部门	比例（%）
上级主管部门	48.77
本地财政部门	29.97
本地政府领导	13.35
当地人大或人大常委会	6.54
根本不反映	1.36
合 计	100.00

附表 73 政府有关部门回应本单位财政收支问题的及时性

评价的分值（分）	比例（%）	评价的分值（分）	比例（%）
0	1.09	6	18.26
1	0.54	7	19.07
2	0.54	8	24.25
3	3.54	9	8.99
4	3.54	10	7.63
5	12.53	及时性（分）	68.34

3. 事业单位对财政资金的分配合理性的评价

（1）各项财政制度改革措施与被访单位的关系密切程度较高

调查显示，事业单位认为，目前各项财政制度改革措施（如国库集中支付、部门预算改革等）与本单位的关系比较密切，密切度得分为73.65 分，详见附表 74。

附表 74 各项财政制度改革措施与本单位关系的密切度

评价的分值（分）	比例（%）	评价的分值（分）	比例（%）
0	1.09	6	13.90
1	0.82	7	10.90
2	0.54	8	22.62
3	2.45	9	17.98
4	6.81	10	16.62
5	6.27	密切度（分）	73.65

（2）财政资金的分配程序比较合理

调查显示，事业单位认为，从本单位的角度出发，目前财政资金的分配程序较为合理，合理度为 70.57 分，详见附表 75。

附表 75　财政资金的分配程序合理度

评价的分值（分）	比例（%）	评价的分值（分）	比例（%）
0	1.91	6	10.90
1	0.54	7	22.62
2	0.54	8	25.89
3	2.45	9	14.99
4	5.18	10	7.08
5	7.90	合理度（分）	70.57

（3）财政资金在各部门之间的分配基本合理

调查显示，事业单位认为，从本单位的角度出发，目前财政资金在各部门之间的分配合理度为 67.28 分，属于基本合理，详见附表 76。

附表 76　财政资金在各部门之间的分配合理度

评价的分值（分）	比例（%）	评价的分值（分）	比例（%）
0	0.82	6	18.26
1	0.82	7	19.35
2	1.63	8	28.07
3	4.36	9	9.81
4	5.72	10	3.81
5	7.36	合理度（分）	67.28

（4）各政府部门在人员待遇和办公经费等方面基本均等

调查显示，事业单位认为，目前各政府部门在人员待遇和办公经费等方面基本均等，得分为 64.50 分，详见附表 77。

（5）单位获得的财政资金与其履行法定职责所需的经费之间基本匹配

调查显示，事业单位认为，目前本单位获得的财政资金与单位履行法定职责所需的经费基本匹配，匹配度为 62.07 分，详见附表 78。

附表 77　各政府部门在人员待遇和办公经费等方面的均等化程度

评价的分值(分)	比例(%)	评价的分值(分)	比例(%)
0	1.63	6	14.71
1	0.82	7	20.98
2	1.63	8	21.25
3	4.90	9	9.81
4	7.63	10	3.81
5	12.81	均等化度(分)	64.50

附表 78　单位获得的财政资金与履行法定职责所需的经费之间的匹配程度

评价的分值(分)	比例(%)	评价的分值(分)	比例(%)
0	4.09	6	19.35
1	0.54	7	20.98
2	1.91	8	20.16
3	4.90	9	7.08
4	7.63	10	3.27
5	10.08	匹配度(分)	62.07

（三）企业

1. 对政府干预度和职能绩效相关问题的评价

（1）企业对政府在维护市场经济正常运行方面所做的工作比较满意

调查显示，企业对政府维护市场经济正常运行方面的工作比较满意，满意度得分为 72.08 分，详见附表 79。

附表 79　对政府维护市场经济正常运行方面的满意情况

评价的分值(分)	比例(%)	评价的分值(分)	比例(%)
0	0.43	6	19.96
1	0.00	7	18.03
2	0.43	8	30.04
3	0.86	9	9.23
4	1.07	10	8.80
5	11.16	满意度(分)	72.08

（2）对目前纳税人的税收负担和税收负担分配公平性均不满意

调查显示，企业对纳税人税收负担状况的满意度仅为 54.18 分，对税收负担分配的公平性满意度得分也不高，为 59.61 分，两者均属于不满意范围，详见附表 80 和附表 81。

附表 80　对目前纳税人税收负担状况的满意情况

评价的分值（分）	比例（%）	评价的分值（分）	比例（%）
0	5.36	6	18.67
1	2.15	7	16.95
2	4.29	8	10.73
3	8.80	9	6.22
4	7.30	10	1.07
5	18.45	满意度（分）	54.18

附表 81　对目前纳税人税收负担分配公平性的满意情况

评价的分值（分）	比例（%）	评价的分值（分）	比例（%）
0	2.15	6	19.31
1	1.07	7	16.09
2	2.58	8	14.81
3	5.36	9	6.44
4	8.15	10	3.22
5	20.82	满意度（分）	59.61

（3）企业认为政府向企业征收的各种费用基本合理

调查显示，企业认为政府征收的各种费用是基本合理的，合理度得分为 62.06 分，详见附表 82。

（4）对本地公共基础设施状况基本满意

调查显示，企业对本地公共基础设施（如铁路、机场、高速公路等）状况的满意度为 68.84 分，属于基本满意，详见附表 83。

附表 82　政府征收各种费用的合理度情况

评价的分值(分)	比例(%)	评价的分值(分)	比例(%)
0	1.93	6	17.17
1	0.64	7	18.67
2	2.79	8	15.88
3	4.29	9	6.65
4	6.87	10	5.58
5	19.53	合理度(分)	62.06

附表 83　对本地公共基础设施的满意情况

评价的分值(分)	比例(%)	评价的分值(分)	比例(%)
0	1.29	6	17.81
1	0.21	7	17.81
2	2.58	8	30.26
3	2.36	9	10.52
4	2.79	10	4.94
5	9.44	满意度(分)	68.84

（5）对本地市政基础建设比较满意

调查显示，企业对本地市政基础建设（如自来水、电力、燃气、市政道路等）状况的满意度为 70.86 分，属于比较满意范围，详见附表 84。

附表 84　对本地市政基础建设状况的满意情况

评价的分值(分)	比例(%)	评价的分值(分)	比例(%)
0	0.64	6	15.02
1	0.00	7	23.61
2	1.07	8	26.82
3	1.93	9	12.88
4	2.15	10	5.36
5	10.52	满意度(分)	70.86

（6）对政府在高等教育和科研方面的投入基本满意

调查显示，企业对政府在高等教育和科研方面的投入情况基本满意，满意度为 66.50 分，详见附表 85。

附表 85　对政府在高等教育和科研方面投入的满意情况

评价的分值（分）	比例（%）	评价的分值（分）	比例（%）
0	1.07	6	23.82
1	0.43	7	22.96
2	1.50	8	21.46
3	2.15	9	7.08
4	3.00	10	4.29
5	12.23	满意度（分）	66.50

（7）对本地社会保障状况基本满意

调查显示，企业对本地社会保障状况的满意度为 67.21 分，属于基本满意范围，详见附表 86。

附表 86　对本地社会保障状况的满意情况

评价的分值（分）	比例（%）	评价的分值（分）	比例（%）
0	1.29	6	22.32
1	0.21	7	18.67
2	1.07	8	23.61
3	2.15	9	7.73
4	3.43	10	5.79
5	13.73	满意度（分）	67.21

（8）对本地治安和司法服务状况基本满意

调查显示，企业对本地治安和司法服务状况的满意度为 69.25 分，属于基本满意，详见附表 87。

（9）对本地环境保护方面感到基本满意

调查显示，企业对本地环境保护方面的满意度为 68.11 分，属于基本满意，详见附表 88。

附表 87 　对本地治安和司法服务的满意情况

评价的分值(分)	比例(%)	评价的分值(分)	比例(%)
0	0.64	6	17.81
1	0.43	7	22.75
2	0.86	8	21.46
3	3.00	9	12.66
4	2.36	10	6.01
5	12.02	满意度(分)	69.25

附表 88 　对本地环境保护方面的满意情况

评价的分值(分)	比例(%)	评价的分值(分)	比例(%)
0	1.72	6	17.60
1	0.43	7	21.46
2	0.43	8	24.25
3	2.15	9	11.59
4	3.00	10	4.08
5	13.30	满意度(分)	68.11

（10）各项财政收支与本企业的关系不是很密切

调查显示，企业认为，政府的各项财政收支与本企业的关系一般，密切度得分为 61.70 分，详见附表 89。

附表 89 　各项财政收支与企业关系的密切度

评价的分值(分)	比例(%)	评价的分值(分)	比例(%)
0	6.01	6	17.17
1	1.50	7	16.31
2	2.58	8	15.88
3	2.36	9	7.94
4	3.43	10	7.94
5	18.88	密切度(分)	61.70

（11）对本地政府部门总体服务基本满意

调查显示，企业对本地政府部门所提供服务的满意度为 63.58 分，属于基本满意水平，详见附表90。

附表90　对本地政府部门总体服务的满意情况

评价的分值（分）	比例（%）	评价的分值（分）	比例（%）
0	3.00	6	17.38
1	0.86	7	19.31
2	1.72	8	17.81
3	2.15	9	10.94
4	5.58	10	3.22
5	18.03	满意度（分）	63.58

2. 企业对制度框架相关问题的评价

（1）对目前纳税人各项权利受保障的状况基本满意

调查显示，企业对纳税人各项权利受保障状况的满意度为 69.83 分，详见附表91。

附表91　对纳税人各项权利受保障状况的满意情况

评价的分值（分）	比例（%）	评价的分值（分）	比例（%）
0	1.29	6	18.45
1	0.21	7	24.89
2	0.64	8	22.10
3	1.29	9	10.52
4	3.00	10	7.30
5	10.30	满意度（分）	69.83

（2）政府及财政部门在进行财政收支活动时受到的监督程度一般

调查显示，企业认为，政府及财政部门在进行财政收支活动中受到了一定程度的监督，得分为 63.99 分，详见附表92。

附表 92 政府及财政部门在进行财政收支活动中受监督的程度

评价的分值(分)	比例(%)	评价的分值(分)	比例(%)
0	2.58	6	22.75
1	0.64	7	19.96
2	2.58	8	18.03
3	3.22	9	7.08
4	2.36	10	5.36
5	15.45	受监督程度(分)	63.99

(3) 对全国人大在财政收支中发挥的作用表示认可

调查显示,企业认为,全国人大在财政收支中发挥了一定作用,满意度为 66.95 分,详见附表 93。

附表 93 对全国人大在财政收支中发挥作用的评价

评价的分值(分)	比例(%)	评价的分值(分)	比例(%)
0	0.64	6	24.46
1	0.64	7	18.24
2	1.29	8	21.46
3	2.15	9	7.73
4	2.79	10	6.01
5	14.59	满意度(分)	66.95

(4) 对省级人大在财政收支中发挥的作用表示认可

调查显示,企业认为,省级人大在财政收支中发挥了一定作用,满意度为 63.22 分,详见附表 94。

附表 94 对省级人大在财政收支中发挥作用的评价

评价的分值(分)	比例(%)	评价的分值(分)	比例(%)
0	1.93	6	20.17
1	0.86	7	22.75
2	1.72	8	19.74
3	2.58	9	6.22
4	2.79	10	1.72
5	19.53	满意度(分)	63.22

（5）对地级市人大在财政收支中发挥的作用表示认可

调查显示，企业认为，地级市人大在财政收支中也发挥了一定作用，满意度为 63.15 分，详见附表 95。

附表 95　对地级市人大在财政收支中发挥作用的评价

评价的分值（分）	比例（%）	评价的分值（分）	比例（%）
0	1.50	6	22.10
1	1.07	7	20.60
2	2.15	8	19.31
3	3.86	9	5.79
4	3.00	10	3.22
5	17.38	满意度（分）	63.15

（6）法院和检察院在政府财政收支的监督方面发挥了一定作用

调查显示，企业认为，法院和检察院在监督政府财政收支方面发挥了一定作用，企业对其所起作用的评分为 64.74 分，详见附表 96。

附表 96　对法院和检察院在监督政府财政中发挥作用的评价

评价的分值（分）	比例（%）	评价的分值（分）	比例（%）
0	1.50	6	22.32
1	1.07	7	25.32
2	1.29	8	15.88
3	2.15	9	7.94
4	4.29	10	3.86
5	14.38	满意度（分）	64.74

（7）对税务机关及征税人员依法征税状况评价较好

调查显示，企业对税务机关及征税人员依法征税感到比较满意，得分为 72.68 分，详见附表 97。

附表 97 对税务机关及征税人员依法征税的评价

评价的分值(分)	比例(%)	评价的分值(分)	比例(%)
0	0.00	6	14.81
1	0.21	7	26.39
2	0.64	8	27.04
3	1.07	9	9.66
4	1.72	10	9.23
5	9.23	满意度(分)	72.68

（8）在出现税收争议时，企业有可能选择通过行政复议解决问题

调查显示，在出现税收争议时，企业通过行政复议解决问题的可能性得分为 65.60 分，详见附表 98。

附表 98 企业通过行政复议解决问题的可能性

评价的分值(分)	比例(%)	评价的分值(分)	比例(%)
0	4.08	6	16.31
1	1.29	7	19.96
2	1.72	8	19.53
3	2.15	9	8.80
4	3.00	10	8.80
5	14.38	可能性(分)	65.60

（9）在出现税收争议时，企业有一定可能选择通过行政诉讼解决问题

调查显示，在出现税收争议时，企业通过行政诉讼解决问题的可能性得分为 65.19 分，详见附表 99。

（10）企业认为本地财政收支信息透明度一般

调查显示，企业对本地财政收入和财政支出信息透明度的打分为 60.47 分，仅达及格水平，详见附表 100。

附表99　企业通过行政诉讼解决问题可能程度

评价的分值(分)	比例(%)	评价的分值(分)	比例(%)
0	3.86	6	19.10
1	1.07	7	17.38
2	1.72	8	18.24
3	2.36	9	8.58
4	3.65	10	9.23
5	14.81	可能性(分)	65.19

附表100　财政收支方面信息的透明度得分

评价的分值(分)	比例(%)	评价的分值(分)	比例(%)
0	2.15	6	20.60
1	1.50	7	20.17
2	1.50	8	11.59
3	4.08	9	7.30
4	5.79	10	3.00
5	22.32	透明度(分)	60.47

（11）媒体基本保证对财政收支事项的报道频率

调查显示，企业认为，目前媒体对财政收支事项（如税法修订、政府出台新的收费政策、财政收支结构、决策方式等）的报道频率基本正常，评价得分为64.53分，详见附表101。

附表101　媒体对财政收支事项报道频率得分

评价的分值(分)	比例(%)	评价的分值(分)	比例(%)
0	1.07	6	20.39
1	0.43	7	23.82
2	1.07	8	22.32
3	3.43	9	5.58
4	3.43	10	1.72
5	16.74	报道频率(分)	64.53

（12）从各种渠道获取关于财政收支信息基本方便

调查显示，企业认为，目前从各种渠道获取财政收支方面的信息较方便，方便程度得分为 66.70 分，详见附表 102。

附表 102 各种渠道获取关于财政收支信息的方便程度

评价的分值（分）	比例（%）	评价的分值（分）	比例（%）
0	1.29	6	17.81
1	0.64	7	19.53
2	0.21	8	22.96
3	6.01	9	9.66
4	3.65	10	5.58
5	12.66	方便度（分）	66.70

（13）对财政收入和财政支出的各类事项关注度较高

调查显示，企业对财政收入各类事项和财政支出各类事项均较为关注，其关注度得分分别为 68.93 分和 67.94 分，详见附表 103 和附表 104。

附表 103 对目前财政收入各类事项的关注情况

评价的分值（分）	比例（%）	评价的分值（分）	比例（%）
0	1.50	6	21.03
1	0.43	7	18.03
2	1.29	8	23.61
3	1.72	9	6.44
4	2.58	10	10.94
5	12.45	关注度（分）	68.93

（14）企业认为社会舆论和媒体对财政行为能发挥一定的影响

调查显示，企业认为，目前社会舆论和媒体对各种财政行为（如征税、财政支出流向等）具有一定的影响力，影响程度得分为 68.28 分，详见附表 105。

附表 104　对目前财政支出各类事项的关注情况

评价的分值（分）	比例（%）	评价的分值（分）	比例（%）
0	1.72	6	17.38
1	0.00	7	22.96
2	1.29	8	21.03
3	2.58	9	7.94
4	1.93	10	8.15
5	15.02	关注度（分）	67.94

附表 105　社会舆论和媒体对各种财政行为的影响程度

评价的分值（分）	比例（%）	评价的分值（分）	比例（%）
0	0.86	6	16.31
1	0.00	7	22.96
2	0.86	8	23.61
3	2.58	9	9.23
4	4.08	10	5.79
5	13.73	影响度（分）	68.28

（15）对所在地区政府财政收支活动或公共事务有意见或建议，企业有向政府有关部门或人大直接反映的意愿

调查显示，企业对所在地区政府的财政收支活动或公共事务有意见或建议时，直接向政府有关部门或人大反映的意愿得分为 64.87 分，表示企业有一定的意愿就该类问题向政府反映，详见附表 106。

附表 106　对政府财政收支有意见，直接向政府有关部门或人大反映的意愿

评价的分值（分）	比例（%）	评价的分值（分）	比例（%）
0	2.15	6	20.39
1	1.07	7	20.60
2	1.29	8	18.45
3	3.22	9	7.94
4	3.65	10	5.79
5	15.45	意愿度（分）	64.87

（16）对所在地区政府财政收支活动或公共事务有意见或建议时，企业有通过非政府组织向政府反映的意愿

调查显示，企业对政府财政收支或公共事务有意见或建议，通过非政府组织向政府反映的意愿得分为 65.34 分，详见附表 107。

附表 107　对政府财政收支有意见，间接向政府有关部门或人大反映的意愿

评价的分值（分）	比例（%）	评价的分值（分）	比例（%）
0	2.58	6	18.88
1	0.43	7	20.17
2	1.72	8	21.67
3	2.36	9	6.01
4	3.65	10	6.65
5	15.88	意愿度（分）	65.34

（17）对向政府反映关于财政收支活动的意见或建议的有效方式了解程度一般

调查显示，企业对向政府反映财政收支活动意见或建议渠道的了解程度得分仅为 60.13 分，即不是很了解，详见附表 108。

附表 108　对向政府反映财政收支活动意见或建议渠道的了解程度

评价的分值（分）	比例（%）	评价的分值（分）	比例（%）
0	6.01	6	18.24
1	1.07	7	21.67
2	3.43	8	17.38
3	3.65	9	5.79
4	4.08	10	4.08
5	14.59	了解程度（分）	60.13

（18）企业对政府有关部门回应各类财政税收问题的及时性基本满意

调查显示，企业对政府有关部门回应各类财政税收问题的及时性基本满意，得分为 62.94 分，详见附表 109。

附表109　政府有关部门回应各类财政税收问题的及时性

评价的分值(分)	比例(%)	评价的分值(分)	比例(%)
0	1.07	6	22.96
1	0.43	7	20.60
2	1.93	8	15.45
3	3.65	9	7.30
4	4.08	10	2.79
5	19.74	及时性(分)	62.94

（19）基本接受地方人大拥有开征新税和减免旧税的权力

调查显示，企业对省级人民代表大会拥有开征新税和减免旧税的权力基本能够接受，接受度得分为68.28分。对地级市人民代表大会拥有该项权力的接受度为66.27分，也属于基本能接受的水平，详见附表110和附表111。

附表110　对省级人大拥有开征新税和减免旧税的权力的接受程度

评价的分值(分)	比例(%)	评价的分值(分)	比例(%)
0	2.36	6	16.95
1	0.64	7	16.74
2	0.43	8	22.96
3	1.93	9	7.51
4	2.79	10	11.16
5	16.52	接受度(分)	68.28

附表111　对地级市人大拥有开征新税和减免旧税的权力的接受程度

评价的分值(分)	比例(%)	评价的分值(分)	比例(%)
0	3.43	6	15.88
1	1.29	7	22.96
2	1.29	8	17.17
3	2.36	9	6.65
4	3.22	10	11.37
5	14.38	接受度(分)	66.27

（四）居民

1. 对政府干预度及职能绩效相关问题的评价

（1）对政府在维护市场经济正常运行方面所做的工作基本满意

调查显示，居民对政府维护市场经济正常运行方面的满意度为 62.47 分，属于基本满意范围，详见附表 112。

附表 112 对政府维护市场经济正常运行方面的满意情况

评价的分值（分）	比例（%）	评价的分值（分）	比例（%）
0	1.40	6	17.31
1	1.17	7	20.94
2	2.46	8	20.00
3	4.33	9	5.85
4	8.30	10	3.63
5	14.62	满意度（分）	62.47

（2）对目前纳税人的税收负担和分配的公平性均不满意

调查显示，居民对纳税人税收负担状况的满意度为 56.57 分，对税收负担分配公平性的满意度为 58.58 分，两者均属于不满意范围，详见附表 113 和附表 114。

附表 113 对目前纳税人税收负担的满意情况

评价的分值（分）	比例（%）	评价的分值（分）	比例（%）
0	2.57	6	20.12
1	1.40	7	21.17
2	4.80	8	10.64
3	6.55	9	4.09
4	8.42	10	1.87
5	18.36	满意度（分）	56.57

（3）对本地公共基础设施比较满意

调查显示，居民对本地公共基础设施（如铁路、机场、高速公路等）状况的满意度为 70.51 分，属于比较满意范围，详见附表 115。

附表 114　对目前纳税人税收负担分配公平性的满意情况

评价的分值(分)	比例(%)	评价的分值(分)	比例(%)
0	1.99	6	20.23
1	1.64	7	17.89
2	2.92	8	12.40
3	6.67	9	5.38
4	7.25	10	3.39
5	20.23	满意度(分)	58.58

附表 115　对本地公共基础设施的满意情况

评价的分值(分)	比例(%)	评价的分值(分)	比例(%)
0	0.47	6	16.37
1	0.12	7	19.30
2	0.35	8	28.54
3	1.29	9	9.36
4	3.27	10	7.37
5	13.57	满意度(分)	70.51

（4）对本地市政基础设施基本满意

调查显示，居民对本地市政基础设施（如自来水、电力、燃气、市政道路等）的满意度为 69.96 分，属于基本满意，详见附表 116。

附表 116　对本地市政基础建设的满意情况

评价的分值(分)	比例(%)	评价的分值(分)	比例(%)
0	0.35	6	18.36
1	0.23	7	19.06
2	0.70	8	25.15
3	1.52	9	10.18
4	4.33	10	7.84
5	12.28	满意度(分)	69.96

（5）对政府在高等教育和科研方面的投入基本满意

调查显示，居民对政府在高等教育和科研方面的投入情况基本满意，满意度为 65.74 分，详见附表 117。

附表 117　对政府在高等教育和科研方面投入的满意情况

评价的分值（分）	比例（%）	评价的分值（分）	比例（%）
0	1.40	6	17.31
1	0.35	7	24.44
2	1.75	8	20.58
3	3.98	9	7.60
4	4.44	10	5.03
5	13.10	满意度（分）	65.74

（6）对当地义务教育状况比较满意

调查显示，居民对当地义务教育的状况比较满意，满意度为 71.13 分，详见附表 118。

附表 118　对当地义务教育状况的满意情况

评价的分值（分）	比例（%）	评价的分值（分）	比例（%）
0	0.35	6	13.57
1	0.23	7	21.05
2	0.94	8	27.02
3	2.22	9	10.53
4	3.16	10	9.12
5	11.81	满意度（分）	71.13

（7）对本地社会保障状况基本满意

调查显示，居民对本地社会保障状况基本满意，满意度为 67.31 分，详见附表 119。

（8）对本地治安和司法服务基本满意

调查显示，居民对本地治安和司法服务的满意度为 65.92 分，属于基本满意，详见附表 120。

附表 119　对本地社会保障状况的满意情况

评价的分值（分）	比例（%）	评价的分值（分）	比例（%）
0	0.35	6	18.01
1	0.35	7	17.89
2	1.40	8	21.87
3	4.21	9	8.30
4	5.26	10	8.30
5	14.04	满意度（分）	67.31

附表 120　对本地治安和司法服务的满意情况

评价的分值（分）	比例（%）	评价的分值（分）	比例（%）
0	1.29	6	20.00
1	0.82	7	20.00
2	2.22	8	18.83
3	2.69	9	9.59
4	4.33	10	6.08
5	14.15	满意度（分）	65.92

（9）对本地环境保护方面感到基本满意

调查显示，居民对本地环境保护方面的满意度为 66.39 分，属于基本满意，详见附表 121。

附表 121　对本地环境保护方面的满意情况

评价的分值（分）	比例（%）	评价的分值（分）	比例（%）
0	1.17	6	16.37
1	0.58	7	21.87
2	2.11	8	23.27
3	2.81	9	8.89
4	4.91	10	4.68
5	13.33	满意度（分）	66.39

（10）认为本地自来水、燃气、电力、公园门票等价格基本合理

调查显示，居民对本地自来水、燃气、电力、公园门票等价格的合理性基本满意，满意度得分为 67.63 分，详见附表 122。

附表 122　对本地自来水、燃气、电力、公园门票等价格合理性的满意情况

评价的分值（分）	比例（％）	评价的分值（分）	比例（％）
0	0.23	6	16.73
1	0.47	7	21.17
2	1.87	8	22.46
3	1.87	9	9.47
4	4.91	10	5.85
5	14.97	满意度（分）	67.63

（11）自来水、燃气、电力、公园门票等价格调整的听证会基本能反映居民的要求

调查显示，仅有 34.04％ 的居民在调查中明确表示，知道自来水、燃气、电力、公园门票等价格的调整举行了听证会，详见附表 123。

附表 123　自来水、燃气、电力、公园门票等价格调整的听证会举办情况

	比例（％）
实　行	34.04
不实行	21.87
不知道	44.09
合　计	100.00

居民表示本地自来水、燃气、电力、公园门票等价格听证会基本能反映居民自己的要求，得分为 64.09 分，详见附表 124。

（12）目前定点医院基本能满足居民的需要

调查显示，居民对到目前定点医院就医的情况基本满意，满意度为 68.39 分，详见附表 125。

附表 124   本地价格听证会反映居民要求的程度

评价的分值（分）	比例（%）	评价的分值（分）	比例（%）
0	0.69	6	17.87
1	0.00	7	21.65
2	2.75	8	20.27
3	4.47	9	5.84
4	6.19	10	4.47
5	15.81	反映居民要求的程度（分）	64.09

附表 125   对本地定点医院的满意情况

评价的分值（分）	比例（%）	评价的分值（分）	比例（%）
0	0.82	6	16.73
1	0.47	7	22.22
2	1.52	8	21.87
3	2.57	9	10.64
4	4.33	10	6.90
5	11.93	满意度（分）	68.39

（13）就医时居民自费的比例基本合理

调查显示，居民认为目前就医时自费承担的比例基本合理，得分为 62.68 分，详见附表 126。

附表 126   就医自费比例的合理度

评价的分值（分）	比例（%）	评价的分值（分）	比例（%）
0	1.17	6	21.40
1	0.70	7	20.23
2	2.46	8	18.01
3	3.04	9	6.43
4	6.20	10	2.69
5	17.66	合理度（分）	62.68

（14）对本地政府部门总体服务基本满意

调查显示，居民对本地政府部门总体服务状况基本满意，得分为 62.68 分，详见附表 127。

附表 127　对本地政府部门总体服务的满意情况

评价的分值（分）	比例（%）	评价的分值（分）	比例（%）
0	0.82	6	19.53
1	0.94	7	18.83
2	3.16	8	16.14
3	4.56	9	7.49
4	6.32	10	4.80
5	17.43	满意度（分）	62.68

2. 居民对制度框架相关问题的评价

（1）对目前纳税人各项权利受保障状况基本满意

调查显示，居民对纳税人各项权利受保障状况感到基本满意，满意度为 63.63 分，详见附表 128。

附表 128　对纳税人各项权利受保障状况的满意度

评价的分值（分）	比例（%）	评价的分值（分）	比例（%）
0	1.17	6	20.12
1	0.35	7	22.69
2	2.46	8	20.00
3	2.69	9	7.49
4	5.03	10	1.17
5	16.84	满意度（分）	63.63

（2）对目前消费者权益受保护状况也基本满意

调查显示，居民对目前消费者权益受保护状况基本满意，满意度得分为 63.40 分，详见附表 129。

附表 129　对消费者权益受保护的满意情况

评价的分值（分）	比例（%）	评价的分值（分）	比例（%）
0	1.64	6	20.35
1	1.29	7	23.16
2	1.52	8	20.94
3	2.46	9	6.08
4	6.32	10	1.87
5	14.39	满意度（分）	63.40

（3）认为政府及财政部门在进行财政收支活动时受到了一定程度的监督

调查显示，居民基本认可政府及财政部门在进行财政收支活动中受到了监督，受到的监督程度得分为 61.92 分，详见附表 130。

附表 130　政府及财政部门在进行财政收支活动中受监督程度

评价的分值（分）	比例（%）	评价的分值（分）	比例（%）
0	3.74	6	21.64
1	0.58	7	22.81
2	1.52	8	17.43
3	4.91	9	5.96
4	4.56	10	3.16
5	13.68	受监督程度（分）	61.92

（4）全国人大在财政收支中发挥一定作用

调查显示，居民认为，全国人大在财政收支中发挥了一定作用，对其发挥的作用评价得分为 64.46 分，详见附表 131。

（5）省级人大在财政收支中发挥一定作用

调查显示，居民认为，地方人大在财政收支中发挥了一定作用，对其发挥的作用评价为 63.47 分，详见附表 132。

附表131 对全国人大在财政中发挥作用的评价

评价的分值（分）	比例（%）	评价的分值（分）	比例（%）
0	2.57	6	16.96
1	0.82	7	23.16
2	1.40	8	18.95
3	2.57	9	8.42
4	5.38	10	4.33
5	15.44	满意度（分）	64.46

附表132 对地方人大在财政中发挥作用的评价

评价的分值（分）	比例（%）	评价的分值（分）	比例（%）
0	2.81	6	20.58
1	0.35	7	23.16
2	1.52	8	19.65
3	1.75	9	4.68
4	4.44	10	3.63
5	17.43	满意度（分）	63.47

（6）地市级人大在财政收支中发挥了一定作用

调查显示，居民认为，地市级人大在财政收支中发挥了一定作用，对其发挥的作用评价为61.66分，详见附表133。

附表133 对地方人大在财政中发挥作用的评价

评价的分值（分）	比例（%）	评价的分值（分）	比例（%）
0	2.92	6	21.05
1	0.23	7	23.27
2	1.75	8	14.85
3	2.57	9	5.73
4	5.38	10	2.57
5	19.65	满意度（分）	61.66

（7）法院和检察院在监督政府财政收支中发挥了一定作用

调查显示，居民认为，法院和检察院在监督政府财政收支中起到了一定程度的作用，对其发挥的作用评价得分为62.46分，详见附表134。

附表134　对法院和检察院在监督政府财政中发挥作用的评价

评价的分值（分）	比例（%）	评价的分值（分）	比例（%）
0	2.57	6	19.42
1	0.58	7	20.47
2	1.99	8	16.96
3	4.33	9	6.90
4	6.08	10	4.33
5	16.37	满意度（分）	62.46

（8）对省级人大拥有开征新税和减免旧税权的接受度比地级市人大高

调查显示，居民对省级人民代表大会或地级市人民代表大会拥有开征新税权和减免旧税权均能接受，但对省级人大拥有开征新税和减免旧税权的接受度高于对地级市人大拥有此项权力的接受度，对省级人大开征新税和减免旧税接受度得分为63.42分，对地级市人大的接受度为61.59分，详见附表135和附表136。

附表135　对省级人大拥有开征新税和减免旧税的权力的接受程度

评价的分值（分）	比例（%）	评价的分值（分）	比例（%）
0	3.86	6	20.00
1	0.23	7	18.01
2	1.87	8	16.14
3	3.51	9	6.90
4	4.80	10	7.95
5	16.73	接受度（分）	63.42

附表 136　对地级市人大拥有开征新税和减免旧税的权力的接受程度

评价的分值(分)	比例(%)	评价的分值(分)	比例(%)
0	5.03	6	16.84
1	0.58	7	21.64
2	1.99	8	14.04
3	3.39	9	6.08
4	6.67	10	7.25
5	16.49	接受度(分)	61.59

（9）政府的征税与收费政策与居民个人利益关系较密切

调查显示，居民认为，目前政府征税与收费政策与个人利益有比较密切的关系，密切度得分为 68.18 分，详见附表 137。

附表 137　政府征税与收费政策与居民个人利益的密切度

评价的分值(分)	比例(%)	评价的分值(分)	比例(%)
0	1.87	6	15.20
1	0.23	7	18.60
2	0.82	8	24.21
3	3.27	9	9.01
4	5.03	10	9.01
5	12.75	密切度(分)	68.18

（10）财政支出政策与居民个人利益密切度较高

调查显示，居民认为，目前财政支出政策与个人利益的关系密切，密切度得分为 68.09 分，详见附表 138。

（11）居民对财政收支方面信息的透明度打分较低

调查显示，居民认为目前财政收支信息的透明度较差，得分仅为 56.20 分，详见附表 139。

附表 138　财政支出政策与居民个人利益的密切度

评价的分值（分）	比例（%）	评价的分值（分）	比例（%）
0	1.40	6	15.32
1	0.35	7	19.42
2	1.64	8	21.75
3	3.39	9	10.29
4	5.15	10	9.12
5	12.16	密切度（分）	68.09

附表 139　财政收支方面信息的透明度得分

评价的分值（分）	比例（%）	评价的分值（分）	比例（%）
0	5.61	6	21.52
1	1.05	7	19.77
2	3.86	8	11.35
3	4.56	9	4.33
4	6.78	10	1.87
5	19.30	透明度（分）	56.20

（12）居民基本认可媒体对财政收支事项的报道频率

调查显示，居民认为，目前媒体对财政收支事项（如税法修订、政府出台新的收费政策、财政收支结构、决策方式等）的报道频率属于正常范围，评价得分为 61.92 分，详见附表 140。

附表 140　媒体对财政收支事项报道频率的满意度得分

评价的分值（分）	比例（%）	评价的分值（分）	比例（%）
0	1.40	6	23.86
1	0.70	7	22.69
2	1.29	8	17.19
3	3.74	9	3.63
4	6.67	10	2.34
5	16.49	报道频率（分）	61.92

（13）从各种渠道获取关于财政收支方面的信息较为方便

调查显示，居民认为，目前可以比较方便地从各种渠道获取财政收支方面的信息，方便度得分为 61.57 分，详见附表 141。

附表 141　各种渠道获取关于财政收支信息的方便程度

评价的分值（分）	比例（%）	评价的分值（分）	比例（%）
0	2.57	6	16.26
1	1.05	7	19.65
2	1.40	8	16.84
3	5.96	9	5.61
4	7.72	10	5.61
5	17.31	方便度（分）	61.57

（14）对财政收入和财政支出的各类事项有一定关注

调查显示，居民对财政收入各类事项和财政支出各类事项的关注度分别为 65.17 分和 67.96 分，详见附表 142 和附表 143。

附表 142　对目前财政收入各类事项的关注情况

评价的分值（分）	比例（%）	评价的分值（分）	比例（%）
0	2.92	6	18.60
1	0.47	7	18.13
2	2.46	8	19.18
3	3.04	9	7.49
4	4.56	10	8.77
5	14.39	关注度（分）	65.17

（15）社会舆论和媒体对各种财政行为有一定影响力

调查显示，居民认为，目前社会舆论和媒体对各种财政行为（如征税、财政支出流向等）具有一定的影响力，影响程度得分为 64.05 分，详见附表 144。

附表 143　对目前财政支出各类事项的关注情况

评价的分值（分）	比例（%）	评价的分值（分）	比例（%）
0	1.40	6	16.14
1	0.47	7	20.94
2	1.52	8	20.82
3	2.69	9	7.13
4	4.33	10	10.76
5	13.80	关注度（分）	67.96

附表 144　社会舆论和媒体对各种财政行为的影响程度

评价的分值（分）	比例（%）	评价的分值（分）	比例（%）
0	1.17	6	17.08
1	0.82	7	24.21
2	1.29	8	16.37
3	4.21	9	7.49
4	5.50	10	4.56
5	17.31	影响度（分）	64.05

（16）间接向政府有关部门或人大反映财政收支意见的意愿相对较高

调查显示，居民对所在地区政府财政收支活动或公共事务（如学校、医院、最低生活保障发放）有意见或建议，通过单位、业主委员会或其他组织间接向政府有关部门或人大反映的意愿较高，意愿度得分为 65.09 分，而直接向政府有关部门或地方人大反映的意愿稍低，得分为 64.37 分，详见附表 145 和附表 146。

附表 145　通过单位等其他组织向政府有关部门或人大
反映关于政府财政收支意见的意愿

评价的分值（分）	比例（%）	评价的分值（分）	比例（%）
0	1.40	6	16.26
1	0.12	7	21.05
2	3.63	8	18.95
3	4.09	9	7.84
4	5.96	10	7.37
5	13.33	意愿度（分）	65.09

附表 146　直接向政府有关部门或人大反映政府财政收支意见的意愿

评价的分值(分)	比例(%)	评价的分值(分)	比例(%)
0	1.40	6	18.25
1	0.58	7	20.12
2	1.99	8	17.78
3	5.15	9	7.37
4	5.26	10	6.67
5	15.44	意愿度(分)	64.37

(17) 对如何向政府反映财政收支活动的意见或建议不太了解

调查显示,居民对向政府反映关于财政收支活动的意见或建议的渠道了解不多,了解程度仅为 59.27 分,详见附表 147。

附表 147　向政府反映财政收支活动意见或建议渠道的了解程度

评价的分值(分)	比例(%)	评价的分值(分)	比例(%)
0	5.50	6	17.78
1	0.35	7	18.25
2	2.46	8	16.14
3	6.20	9	4.44
4	6.55	10	5.50
5	16.84	了解程度(分)	59.27

(18) 居民对政府有关部门回应各类问题的及时性不满意

调查显示,居民认为,政府有关部门回应各类问题的及时性不高,对回应的及时性评分为 59.27 分,详见附表 148。

附表 148　政府有关部门回应各类问题的及时性

评价的分值(分)	比例(%)	评价的分值(分)	比例(%)
0	2.57	6	20.58
1	0.94	7	21.05
2	2.57	8	13.45
3	4.68	9	3.63
4	5.73	10	2.92
5	21.87	及时性(分)	59.27

主要参考文献

1. 安体富、高培勇：《社会主义市场经济体制与公共财政的构建》，《财贸经济》1993 年第 4 期。

2. 安体富：《公共财政的实质及其构建》，《当代财经》1999 年第 9 期。

3. 布坎南：《民主过程中的财政》，中译本，上海三联书店，1992。

4. 陈共：《关于"公共财政"商榷》，《财贸经济》1999 年第 3 期。

5. 樊纲、王小鲁主编《中国市场化指数：各地区市场化相对进程报告（2001）》，经济科学出版社，2003。

6. 高培勇：《公共财政的基本特征》，《涉外税务》2000 年第 8 期。

7. 高培勇：《市场经济体制与公共财政框架》，《税务研究》2000 年第 3 期。

8. 高培勇：《公共化：公共财政的实质》，《人民日报》2004 年 10 月 22 日。

9. 高培勇：《"非典型市场经济"启示录》，《中国财经报》2005 年 7 月 28 日。

10. 高培勇主编《为中国公共财政建设勾画"路线图"——重要战略机遇期的公共财政建设》，中国财政经济出版社，2007。

11. 高培勇主编《中国财政政策报告 2008/2009：实行全口径预算管理》，中国财政经济出版社，2009。

12. 高培勇等：《中国公共财政建设指标体系研究》，社会科学文献出版社，2012。

13. 高培勇、张斌、王宁主编《中国公共财政建设报告 2011（地方版）》，2012。

14. 国际货币基金组织编著《财政透明度》，人民出版社，2001。

15. 贾康：《关于建立公共财政框架的探讨》，《国家行政学院学报》2005年第 3 期。

16. 贾康：《对公共财政的基本认识》，《税务研究》2008 年第 2 期。

17. 李岚清：《健全和完善社会主义市场经济下的公共财政和税收体制》，《人民日报》2003 年 2 月 22 日。

18. 李晓西等：《2005 中国市场经济发展报告》，中国商务出版社，2005。

19. 王宁：《中国财政赤字率和政府债务规模警戒线初探》，《财政研究》2005 年第 5 期。

20. 叶振鹏、张馨：《双元结构财政——中国财政模式研究》，经济科学出版社，1995。

21. 张斌：《税收制度与收入分配》，《税务研究》2006 年第 8 期。

22. 张春霖：《如何评估我国政府债务的可持续性》，《经济研究》2000 年第 2 期。

23. 张馨：《公共财政论纲》，经济科学出版社，1999。

24. 张馨：《财政公共化改革：理论创新、制度变革、理念更新》，中国财政经济出版社，2004。

25. 张馨：《构建公共财政框架问题研究》，经济科学出版社，2004。

26. Gwartney J. D. and Lawson R., 1997, *Economic Freedom of the World 1997 Annual Report.* Fraser Institute.

27. Johnson Bryan T., Holmes Kim R., and Melanie Kirkpa-trick, 1998, *Index of Economic Freedom.* Heritage Foundation and Dow Jones & Company, Inc.

图书在版编目（CIP）数据

中国公共财政建设报告：全国版. 2014/高培勇，张斌，王宁主编. —北京：社会科学文献出版社，2014.11
（中国社会科学院财经战略研究院报告）
ISBN 978 - 7 - 5097 - 6743 - 6

Ⅰ. ①中…　Ⅱ. ①高…　②张…　③王…　Ⅲ. ①公共财政 - 财政建设 - 研究报告 - 中国 - 2014　Ⅳ. ①F812

中国版本图书馆 CIP 数据核字（2014）第 262190 号

·中国社会科学院财经战略研究院报告·

中国公共财政建设报告 2014（全国版）

主　　编 / 高培勇　张　斌　王　宁

出 版 人 / 谢寿光
项目统筹 / 恽　薇　林　尧
责任编辑 / 林　尧

出　　　版 / 社会科学文献出版社·经济与管理出版中心（010）59367226
　　　　　　地址：北京市北三环中路甲 29 号院华龙大厦　邮编：100029
　　　　　　网址：www.ssap.com.cn
发　　　行 / 市场营销中心（010）59367081　59367090
　　　　　　读者服务中心（010）59367028
印　　　装 / 北京季蜂印刷有限公司

规　　　格 / 开　本：787mm × 1092mm　1/16
　　　　　　印　张：18　字　数：275 千字
版　　　次 / 2014 年 11 月第 1 版　2014 年 11 月第 1 次印刷
书　　　号 / ISBN 978 - 7 - 5097 - 6743 - 6
定　　　价 / 69. 00 元